应用型本科市场营销专业精品系列规划教材

实用商务礼仪

主　编　邹　亮　王　颖

副主编　王冬梅　王晓宇

参　编　曹洪珍　鲍彩莲　邱　瑛

北京理工大学出版社

BEIJING INSTITUTE OF TECHNOLOGY PRESS

内 容 简 介

本书共 8 章，主要内容包括导论、形体仪态礼仪、职业形象礼仪、商务社交礼仪、商务宴请礼仪、商务办公礼仪、商务会务仪式礼仪、商务涉外礼仪。本书内容翔实、紧跟时代、强调创新、信息量大，具有较强的实践性、实用性、全面性、时代性与趣味性。

本书既可作为高等院校经济管理类专业的教材，也可作为商务企业的培训教材或参考书。

图书在版编目（CIP）数据

实用商务礼仪/邹亮，王颖主编. —北京：北京理工大学出版社，2017.7（2023.7 重印）

ISBN 978-7-5682-4498-5

Ⅰ.①实… Ⅱ.①邹… ②王… Ⅲ.①商务—礼仪—高等学校—教材 Ⅳ.①F718

中国版本图书馆 CIP 数据核字（2017）第 185846 号

出版发行 / 北京理工大学出版社有限责任公司

社　　址 / 北京市海淀区中关村南大街 5 号

邮　　编 / 100081

电　　话 / （010）68914775（总编室）

　　　　　（010）82562903（图书售后服务热线）

　　　　　（010）68948351（其他图书服务热线）

网　　址 / http：//www.bitpress.com.cn

经　　销 / 全国各地新华书店

印　　刷 / 北京紫瑞利印刷有限公司

开　　本 / 787 毫米×1092 毫米　1/16

印　　张 / 11　　　　　　　　　　　　　　　　　　责任编辑 / 陆世立

字　　数 / 256 千字　　　　　　　　　　　　　　　　文案编辑 / 赵　轩

版　　次 / 2017 年 7 月第 1 版　2023 年 7 月第 3 次印刷　责任校对 / 周瑞红

定　　价 / 28.00 元　　　　　　　　　　　　　　　　责任印制 / 施胜娟

前　言

　　商务礼仪是在商务交际中应该遵守的交往艺术，它是无声的"语言"，是衡量一个人与企业形象的重要标准。本书从商务礼仪的各个环节出发，讲述在商务交往过程中需要掌握和了解的礼仪知识和技能。本书内容翔实、紧跟时代、强调创新、信息量大，每个章节都有深入浅出、结合实例的论述，在理论与应用方面都有较大的深度和广度。

　　本书的主要特色如下：

　　（1）实践性。商务礼仪是一门理论性与实践性相结合，突出实践性的学科。本书在编写过程中，充分考虑了应用型本科教育的特色，强调其实践性，特别是书中实践性案例和情景训练的设置，都充分突出了这一特色。

　　（2）实用性。本书在编写过程中，突出应用型本科教材的实用性特征，侧重相关礼仪指导下的案例学习和情景训练，着眼于应用型人才培养的目标和要求，强化礼仪知识的应用性和可操作性，特别是书中相关礼仪知识配图更加直观，突出了实用性的特色。

　　（3）全面性。本书不仅对日常商务交往活动的礼仪知识做了详细的介绍，而且添加了对部分国家的礼仪习俗的介绍，达到了现代商务活动与国际市场接轨的目的，借以提高学生的职业能力和职业素养。

　　（4）趣味性。本书安插了"微型案例"和"案例思考"栏目，增加了教材的趣味性。

　　由于礼仪知识包含面甚广，加之时代发展瞬息万变，书中错漏之处在所难免，恳请广大读者批评指正。

编　者

目 录

第一章

导　论

★学习目标

1. 了解礼仪的历史沿革；
2. 理解礼仪的含义和内容，熟悉礼仪的特点；
3. 掌握商务礼仪的含义、功能及作用。

★本章导读

　　张良辅佐汉高祖刘邦，能够"运筹帷幄之中，决胜千里之外"，据传是喜得《太公兵法》一书之故。据《史记·留侯世家》记载：张良在博浪沙谋刺秦始皇未成，逃匿到下邳（今江苏邳州市）。一天，张良走在圯水桥上，见一穿着十分寒酸的老人迎面走来，张良出于尊老的想法欣然让路。然而，老人又故意将鞋丢落桥下，并以命令的口气要张良将他的鞋子捡回来。面对如此无理的要求，张良起初未免恼怒，转而一想他年事已高，尊老忍让为上，便下桥拾鞋，拂去灰尘，跪下给老人穿好。老人走了一段路，又折回身来，对张良说："你这个孩子是可以培养的！"随即约张良五天后一早原地见面。张良感到事有蹊跷，跪下答应而退。五天后张良天亮时赴约，见老人已先在桥头，老人指责张良："小子，赴老人之约，为什么迟到？过五天后早点来！"五天后，张良三更鸡鸣便去，无奈又落在老人的后面，老人告诉他，五天后再来。又过了五天，张良不到半夜就赶去，等了一会儿老人才到。老人见张良已先到桥头，显得很高兴，感叹说"孺子可教也"，这才把《太公兵法》交与张良。获此兵书，张良潜心研读，如虎添翼，最终成为一位大军事家、大智谋家。他担任刘邦的首席谋士，为破秦灭楚、建立强盛的汉王朝立下了奇功。"圯桥进履"带有明显的传奇色彩和演绎成分，但其中的道理对今天的人们仍不无教益。

中国是文明古国，素有"礼仪之邦"的美称。在商品经济日益发展的今天，商界的尔虞我诈正越来越为人们所不取，人们更加青睐文明经商。商务交际是一门很高深的学问，它有许多的技巧和经验，直接关系到企业、企业家、企业员工的形象甚至命运，因此，商务礼仪的学习和实践是一项非常重要的内容。

第一节　礼仪概述

礼仪是人类文明和社会进步的重要标志，它既是交往活动的重要内容，又是道德、文化的外在表现形式，是指人们在各种社会交往中，用以美化自身，敬重他人的约定俗成的行为规范和程序。它是礼节和仪式的总称，具体表现为礼貌、礼节、仪表、仪式等。

一、礼仪的含义

在我国，最早时的"礼"和"仪"常常是分开使用的。在古代典籍中，"礼"主要有三层意思：一是等级制度及与其相适应的礼节，二是尊敬和礼貌，三是礼物。"仪"在古汉语中也有三层意思：一是指容貌和外表，二是指礼节和仪式，三是指准则和法度。将"礼"和"仪"连用始于《诗经·小雅·楚茨》："为宾为客，献酬交错，礼仪卒度。"此外，《周礼》中也有关于礼仪的说法。

中国古代的"礼仪"从本质上讲是道德教化，它不仅仅指表面的形式，更重要的是指道德的内涵。礼仪是道德的重要内容，又是道德的重要表现形式。"君臣之礼"便是奴隶制和封建制等级制度的表现。

西方国家的"礼仪"一词始于法语，原意为"法庭上的通行证"。古代法国的法庭把法庭规则写在进入法庭的通行证上，发给进入法庭的每个人，让他们了解并在进入法庭后严格遵守。这类似于中国古代"礼仪"一词准则、法度的意思。后来"礼仪"一词进入英语，演变成"人际交往的通行证"。它有三层含义：一是指谦恭有礼的言辞和举动，二是指教养、规矩和礼节，三是指仪式、典礼、习俗等。女王伊丽莎白曾说："礼节乃是一封通行四方的推荐书。"

礼仪是中国传统文化的核心之一，它的内涵极为丰富，涉及人们社会生活的各个方面，它体现的是社会秩序、等级秩序，也是人们交往方式的一种指导，是大家必须遵守的一般行为规范。纵观中外对于"礼仪"含义的理解，我们可以看出"礼仪"一词包含了以下几方面的意思：

（1）礼仪是一种行为规范或行为模式。这种行为规范可能表现在人们的习俗之中，也可能表现在典章制度中，成为典章制度的重要内容。

（2）礼仪是大家共同遵守的一种行为准则。它是在社会实践中形成的，并得到了大多数人的认可。个别人与众不同的行为方式，不能成为礼仪。

（3）礼仪的意义在于实现人际关系的和谐。无论等级制度下的礼仪，还是平等基础上的礼仪，都是实现社会稳定、融洽人际关系的重要手段和途径。

二、礼仪相关概念的区分

与礼仪有着密切关系的一些相关概念，往往容易混淆，有必要做出分辨。

（1）礼貌。礼貌指人们在语言、动作、表情乃至仪表、仪态等方面对他人表示谦虚、恭敬、友好，如讲礼貌、有礼貌等。

（2）礼节。礼节指人们在日常生活与交往时对他人表示尊重、祝贺、致意、问候、感谢、哀悼、慰问等各种惯用形式，如鞠躬、握手、感谢信、致敬电、鸣礼炮、献花圈等。

（3）仪式。仪式指在一定场合，表示郑重、敬意、友好而举行的具有专门程序化行为规范的活动，如开幕仪式、颁奖仪式、结婚仪式等。

（4）仪表。仪表指人的外表，包括容貌、身材、姿态、修饰、风度等。

（5）礼宾。礼宾也是我们经常提到的礼仪词汇，即以礼待宾，指人际的、社会的乃至国际交往过程中表现的尊重、友好的具有一定层次的活动规范，如迎宾式等。

三、礼仪的特点

正确地掌握礼仪的特点，对于我们继承和发扬其优良传统，坚持正确的方向有着非常重要的意义。

1. 规范性

礼仪是人们在社会实践中，特别是人际交往的实践中所形成的惯常的行为模式。其中有一些行为模式被思想家们集中概括出来，融于典章之中，由此便成为人们普遍遵守的行为准则。规范性是礼仪的本质特点，它告诉人们应该怎样做，不应该怎样做；怎样做是对的，怎样做是错的。对此，礼仪都有明确的规定。礼仪的规范性有两方面的重要表现。其一，语言具有规范性，人们无论谈论什么事都要运用礼貌语言。例如，人们见面时相互问候，告别时说声"再见"，以及在交谈中双方所使用的都是比较规范的礼貌语言。其二，行为具有规范性，在礼仪活动中，人们究竟应该怎样施礼都有一定的规范。例如，人们见面时以握手等行为表示问候，告别时用挥手表示再见，关系亲密的甚至以拥抱、亲吻表示问候和告别，甚至对于怎样握手、拥抱等都有严格的规定。

2. 多样性

社会生活的内容是异常丰富多彩和复杂多变的，每一位社会成员都要扮演多重社会角色：一个人在家庭中可能是丈夫、父亲，而到了单位可能是领导，去商店购物又成为顾客，到电影院又是观众，等等。不同场合有不同的人际关系，因而也就产生了各种不同的礼仪要求。所以，社会生活的多样性，决定了礼仪形式的丰富多彩。家庭生活中有夫妻之礼、父子之礼；社会交往中有各种社交礼仪；学校生活中有师生之礼、同学之礼；各种职业也都有自己的职业礼仪。另外，宗教礼仪、国际交往中的礼仪，也都是礼仪内容的重要组成部分。随着社会的不断发展和进步，礼仪的内容必将更趋丰富多彩。

礼仪的种类繁多，表现形式也多种多样。日常交际活动中常用的礼仪就有鞠躬礼、握手礼、亲吻礼、拥抱礼等多种形式，正式交际场合中的礼仪更是多种多样，礼仪的要求也就更为严格。

3. 继承性

任何一种文化现象都具有继承性。礼仪作为一种文化现象，当然也具有继承性。礼仪虽然与一个时代的经济、文化、生活方式等息息相关，但与其他社会现象和行为规范相比，礼仪更是人们心理习惯的积淀。这种积淀在人们心理结构中形成了一定的观念定式、思维定式、价值标准定式，并通过实践活动表现出来。由此，我们也可以把礼仪解读为一个民族或一定地域的人们在长期的历史发展过程中逐渐形成并世代相传的文化传统。所以，现代礼仪与传统礼仪存在着剪不断的联系，许多传统礼仪在今天仍然流行，并得到发扬光大。

当然，礼仪也存在革新的问题。礼仪的继承性，只是相对于某些社会现象和行为规范而言的。没有一成不变的事物，也就不存在尽善尽美的礼仪。我国传统的礼仪不乏优秀内容，诸如尊老、敬贤、温良、谦让、忠孝、仁义等，但也不乏陈腐落后、封建愚昧的糟粕。我们一方面要继承发扬优秀的传统礼仪，另一方面要大力传播现代礼仪的新观念，用现代礼仪的新风俗取代腐朽愚昧的旧礼习。

4. 差异性

礼仪的差异性就是礼仪的民族性和地域性。各民族的文化传统、宗教信仰等方面存在差异，导致了礼仪规范的差异。即使是同一民族，不同地区、不同国度由于生存环境、文化氛围的不同，具体的礼仪规范也千差万别。所谓"十里不同风，百里不同俗"，正说明了礼仪在地域上的差异性。

1990 年 7 月，在孟加拉国的新一届议会召开期间，立法者狂暴地谴责航运部长阿布杜·罗布做出的一个手势，"这不仅是对议会的侮辱，更是对整个国家的侮辱"，孟加拉民族主义政党的议员领袖巴德鲁多扎·乔德呼利愤慨地说。究竟罗布做了什么动作而引起如此强烈的愤怒呢？据说他涉嫌做出"竖起大拇指"的手势。在美国，这个手势意味着"进展顺利"；在中国，很多人用这一姿势表示"真棒"；但是，在孟加拉国，它对人是一种侮辱。

再如帽子，大部分国家和地区客人进入主人家房间，都必须脱下帽子，表示对主人的尊敬。但是如果在墨西哥的富好谷也照此办理，则被视为怀有敌意。在美国、英国，熟人相遇，要把帽子微微揭起，表示敬意；而在意大利的格塞兹诺，熟人相遇要把帽子拉低，连眼睛都要遮住，这才算礼貌。

这样的例子不胜枚举。礼仪的差异性并不否定礼仪的共同性。特别是在现代社会，人们的交往范围日益扩大，交往日益频繁，导致了礼仪向趋同的方向发展，如见面握手，打招呼用"你好"等已成为世界性的礼仪形式。

★微型案例 1-1

重视礼仪的中外差异

数年前，当时的美国总统克林顿访问上海，在参观一个社区时，一群幼儿园的孩子们有组织地用英文高声欢呼"热烈欢迎克林顿爷爷"。克林顿微笑致谢，但有点儿迟疑。就在此刻，一个三岁的男孩却直呼"克林顿、克林顿"。备感亲切的克林顿抱起了这个孩子……所有中外记者都抓拍到了这个镜头，第二天，包括《纽约时报》在内的世界各大报刊都刊登了克林顿与这个中国孩子零距离接触的照片。

[分析提示]

在我国，指名道姓地称呼对方是不礼貌的，甚至是粗鲁的。但是在美国，不论职位、年龄，总是尽量喊对方的名字，以缩短相互间的距离。这个实例说明了由于各国文化传统的差异，人们日常生活中的礼仪也存在广泛的差异。

5. 可行性

切实有效、适用可行、规则简明、易学易会、便于操作，是礼仪的特点。但并非所有的礼仪都是如此，宫廷、官衙中的某些礼节十分烦琐，很难推广，是特权意识的表现。

"礼者，敬人也"，这也是礼仪的精义。该怎么样，不该怎么样，就看能不能敬人、敬大多数人，而不能为造作而礼仪，为礼仪而礼仪。

所以，要促使礼仪简便易行、容易操作，"言之有物""行之有礼"是最佳的选择。

第二节　商务礼仪概述

一、商务礼仪的含义

商务礼仪是商务人员在商务活动中，为了塑造个人和组织的良好形象而应当遵循的对交往对象表示尊敬与友好的规范或程序，是一般礼仪在商务活动中的运用和体现。

商务礼仪是社会礼仪的重要组成部分，但它又不同于一般的人际交往礼仪。它包括商务礼节和仪式两方面的内容：商务礼节就是人们在商务交往中为表示尊重对方而采用的人们共同约定并形成的规范形式；仪式是按程序进行的礼节形式。

一般来讲，在商务活动中言行合情合理、优美、大方、得体、符合要求，按约定俗成的规矩办事、礼貌待人；按约定俗成的、大家都可以接受的理解程序接待客户等都属于商务礼仪的范畴。商务礼仪有很强的规范性和可操作性，并与企业的经济效益密切相关，所以在商务活动中，一定要对商务礼仪有足够的重视。

二、商务礼仪的特点

商务礼仪既然是商务活动中不可或缺的重要内容及商务活动成功的重要条件，它必然有其内在的重要特点。

1. 等级性

不同身份、不同级别的人要求得到的待遇是不一样的。在官方的商务活动中，要确定礼宾的次序，这些次序都要符合国际惯例，具有一定的强制性。不同的等级，规定了不同级别的待遇。这是国际交往秩序的体现，是工作需要和礼仪需要的统一。

2. 信用性

要从事商务活动，必定有双方利益上的需要，而不是单方面的利益要求，因此，在商务活动中，诚实、守信非常重要。所谓诚实，即诚心诚意参加商务活动，力求达成协议，而不是夸夸其谈，不着边际，毫无诚意。所谓守信，就是言必信，行必果。签约之后，一定履行；如果出了意外而不能如期履行，那么应给对方一个满意的结果来弥补，而不应该言而无信，决而不行。

3. 时代性

礼仪一旦形成，则具有世代相传、共同实践的特点。但是礼仪并非一成不变，不同时期的礼仪具有各自的时代特点，随着时代发展变化而吐故纳新，随着内外交往日益频繁而互相借鉴吸收。人们应该关注礼仪的变化，不可照搬。例如，20世纪七八十年代，人们通过电报、信件等传递各种商务信息，而在今天，随着移动互联网技术的广泛普及，人们常用的则是电子邮件、即时通信、电视、电话等这些随着时代进步而产生的新生事物，传统商务礼仪自然也会被赋予许多新鲜的内容。

4. 特殊性

在不同的场合，礼仪就会有所不同。且不说国内礼仪和其他国家礼仪的不同，就是在同一国家，当所处场合不同、所具有的身份不同时，所要使用的礼仪也会不同。比如，相同的手势语在不同国家就会有不同的意义，善意可能会被当作恶意来看待，会造成误解和不必要的麻烦。

三、商务礼仪的功能和作用

礼仪在一定程度上是一个国家的文明标志，国人礼仪素质的提高，也是精神文明建设的重要内容。礼仪是在人际交往中产生的，它影响着人类社会的方方面面，商务礼仪之所以被提倡，并受到社会各界的普遍重视，主要是因为它具有多种重要的功能，是实现文明交往的纽带，是创造良好社会风气和保障社会生活、生产正常进行的基本条件，既有助于个人，又有助于社会。

（一）商务礼仪的功能

1. 塑造形象

礼仪的基本目的就是树立和塑造良好的形象。所谓个人形象就是个人在公众观念中的反映和评价。作为从事商务活动的人员，应该从我做起，从每一件小事上注重礼仪修养，做到"内慧外秀"，只有这样才能树立起良好的个人形象。同时，从事商务活动的人员，必须文明经商，树立良好的企业形象。要坚持礼尚往来，广泛赢得顾客的信任，促进信用的提高。

2. 沟通

商务活动是双向交往活动，交往成功与否，首先要看双方能否融洽地沟通，或者说能否取得对方的信任、好感和尊重。交往的对象是人，而不是被动的客体，他有自己的思想、情感、观点和态度。由于立场、观点不同，人们对同一个问题会有不同的理解和看法，这就使交往双方的沟通有时变得困难，若交往达不到沟通的目的，就会导致误解，给企业造成严重的负面影响。商务礼仪旨在消除差异，使双方相互接近，达到和谐沟通的目的，而和谐的沟通是良好商业合作的平台。

3. 协调

在商贸活动和商务谈判中，难免要碰到沟通不畅的事情，有时客户还可能不高兴。如果处理不当，不仅使客户对商务从业人员的印象不佳，而且还会影响企业的形象。商务礼仪能化解矛盾，消除分歧，使双方相互理解，达成谅解，调适人际关系，使之趋于和谐，从而妥善地解决商务纠纷。

（二）商务礼仪的作用

孔子说："博学于文，约之于礼。"礼仪虽然对人有较强的约束力，但它却是一封永远的介绍信。正如闻名世界的《百万礼仪集萃》的编者埃米莉·波斯所述："表面上礼仪有无数的清规戒律，但其根本目的在于使世界成为一个充满生活乐趣的地方，使人变得平易近人。"商务礼仪不仅是商务活动取得成功的重要手段，而且越来越渗透到社会经济生活中的方方面面，对构建和谐文明社会起着重大的作用。

1. 有助于塑造良好的公众形象

所谓形象，就是双方在对方心目中形成的综合化、系统化的印象。形象是十分重要的，它的形成大多数是通过礼仪来传递的，并且直接影响着交往双方的融洽与否以及交际的成败。不仅如此，一个个体或一个单位，要想扩大知名度、提升美誉度，就要在全社会公众面前树立最佳形象，而与社会公众交往的上佳礼仪形象是你获得成功的重要途径。如果人人都具有良好的礼仪意识，人人都能够身体力行，那么对于塑造良好的公众形象和推动社会文明的教化作用就显而易见了。

2. 有助于培养良好的道德品质

讲究礼仪既是人际交往中增进友谊、联络感情的行为，也是一个人公共道德修养的外在表现。一个严于律己、宽以待人的人，往往也从待人接物、仪表仪态、气质风度、谈吐教养等行为举止各个方面表现出高尚的礼仪，这是其内心所具备的高尚道德和文化素养的反映。物质文明建设需要一个文明知礼的生活环境，要求人们成为有道德、有修养、有文化、有学识、懂得遵守并维护社会公德的人。因此，我们每个人都要加强自身的道德修养，遵守社会公德，用礼仪、礼节、礼貌来造就良好的社会秩序和社会风气，用礼仪文化促进社会文明的发展。

3. 有助于净化社会风气

礼仪能陶冶人们的情操，规范社会成员的行为。礼仪不仅反映出社会的精神面貌和文明程度，还可以形成一种具有约束力的道德力量。每个人都应将自己的言行举止纳入符合社会期望和时代要求的礼的轨道，并按照社会需要和社会效益来调整自己的言行，抛弃有碍于社会文明和民族文明的陋习，选择适合于社会风尚的言行。如果一个人不把自己的本性加以规范约束，不讲究礼仪，无视社会文明，便是野蛮的表现。

4. 有助于提高人们的修养，规范人们的行为

礼仪是构成社会主义精神文明的基本要素。加强社会主义精神文明建设，不可不重视礼仪教育。通过礼仪教育，可以提高人们的修养，规范人们的行为，使人们温文有礼、谈吐不俗，形成有礼貌、讲卫生、自觉遵守公共秩序和劳动纪律、待人以礼、助人为乐的社会风气。

5. 有助于对外开放，加强国际交往

尊重国际礼仪和交际礼仪，尊重各国人民的风俗习惯，是我国对外活动的一贯做法。它反映了我国维护世界和平、加强国际友好合作的真诚愿望。在国际交往中除了正规的官方来往之外，民间的交往也日益增多。这既是我国进一步加强对外开放的成果，也是国际市场走向一体化的必然。

国际经济多元化新格局的形成，使各国经济的发展面临着日益激烈的国际竞争。这对我国来说，既是机遇，又是挑战。在这种情况下，涉外礼仪越来越需要研究和使用，以便让礼仪更好地为我国的对外开放方针政策服务，为我国对外的社会、经济和外事工作服务，在我国经济与国际市场接轨、增强国际竞争力中发挥作用。

在国际交往中，既有各国到我国旅游、访问、学习、工作和经商的，也有我国前往世界各地留学、探亲、访问、考察和经商的。这就要求我们既要继承和发扬我国优良的礼仪传统，保持礼节与礼仪的民族特色，又要吸收外国礼仪中一些好的礼仪和一系列国际通行惯例，为我所用；既要不断创新，又要尊重各国因不同的文化传统和道德规范形成的风俗习惯，要求自己的言谈举止、待人接物合乎礼仪，注重礼仪的实效，以便在实践中取得良好的效果。

四、商务礼仪的原则

随着信息沟通的普遍性和全球一体化的趋势，商务活动已经不只是"一方土地"上的"交易活动了"。因此，商务礼仪随之发展而形成了一系列全球商务人士共同遵守的商务礼仪原则。

（一）平等原则

现代商务礼仪中的平等原则，是指以礼待人，有来有往，既不能盛气凌人，也不能卑躬屈膝。平等原则是现代商务礼仪的基础，是现代商务礼仪有别于以往礼仪最主要的原则。

传统社会是等级森严的社会，有形或无形的等级制度将人们划分为不同的等级。古代印度把人分成婆罗门、刹帝利、吠舍、首陀罗四个等级。中国周代将人分成天子、卿、大夫、士、庶人五个等级。在等级制社会里，上下有序，尊卑有别，"刑不上大夫，礼不下庶人"。礼仪成了维护等级秩序的有力武器。

近代资本主义的兴起，瓦解了旧的等级社会存在的基础，平等成了社会发展的内在要

求。资产阶级启蒙思想家洞察了历史的需要,提出了"自由、平等、博爱"的口号,主张人生而平等,这就为现代礼仪的产生打下了思想基础。

心理学家证明:人都有被爱和受人尊敬的心理需求。在交往中,不要骄狂,不要我行我素,不要自以为是,不要厚此薄彼,更不要傲视一切,目空一切,更不能以貌取人,或以职业、地位、权势压人,而是应该时时处处平等、谦虚待人,这样才能愉悦地沟通,建立起和谐的人际关系,也才能在商务交往中成功应对、游刃有余。

在实践中贯彻平等原则,不仅需要有平等观念,而且要讲究艺术。一位老教授回忆在延安见毛泽东时的情景说:"我去见毛主席,主席拿出纸烟来招待我,可是不巧纸烟只剩下一支了。我想,主席怎么办?他自己吸不请客人吸,客人肯定不同意。而主席将这支烟分成两半,给我半支,他自己半支。从这件事可以看出主席的随和、诚恳、平等和亲切,这使我很感动,终生难忘。"毛泽东就是这样把别人看似非常尴尬的事情,艺术地处理好,既有礼貌,不摆架子,又给人以亲切、诚恳的感觉。

★微型案例 1-2

回去告诉你妈妈

英国著名戏剧家、诺贝尔文学奖获得者萧伯纳有一次访问苏联,在莫斯科街头漫步时遇到一位聪明伶俐的小女孩,便与她玩了很长一段时间。分手时,萧伯纳对小姑娘说:"回去告诉你妈妈,今天同你一起玩的是世界有名的萧伯纳。"小姑娘望了望萧伯纳,学着他的口气说:"回去告诉你妈妈,今天同你一起玩的是苏联小姑娘安妮娜。"这时萧伯纳大吃一惊,立刻意识到自己太傲慢了。后来,他经常回忆起这件事,并感慨万分地说:"一个人不论有多大的成就,对任何人都应该平等相待,要永远谦虚。这就是苏联小姑娘给我的教训,我一辈子也忘不了她。"

[分析提示]

这个故事告诉我们,在人际交往中,只有既不盛气凌人,高人一等,又不卑躬屈膝,低人一头,才能愉悦地沟通,建立起和谐的人际关系。

平等原则是商务礼仪的基础,也是商务礼仪最根本的原则。但平等又是相对的,不是绝对的。由于现实生活中,人们之间存在着经济条件、政治地位、尊卑长幼、男女性别方面的差异,反映到礼仪上来,必然产生礼仪形式上的某种差异。比如,按照中国人的习惯,长者对年幼者可以直呼其名,而如果年幼者对长者也直呼其名则被视为无礼;拍照合影,如果是家庭成员合影,辈分高或年龄大者应安排在中间,如果是组织成员合影,应把领导安排在中间。改革开放后,中国又接受了西方国家盛行的女士优先的礼仪。"女士优先"源自西方的"绅士礼仪",在《泰坦尼克号》等好莱坞大片中,我们经常可以看见女士"养尊处优"般被男士呵护的场面。发表演说,称谓上应先女士,后先生;男士应主动邀请女士跳舞。另外,待客时,主人应首先征询客人的意见。这些礼仪形式的差异以及礼宾过程中的先后顺序,并非"看人下菜碟",而是平等原则的必要补充。

（二）互尊原则

商务交往中的礼仪，实质上体现的就是对对方的尊重。尊重对方是建立友谊、加深交往、发展关系的前提。商务礼仪中的尊重原则，是指致礼施仪时要体现出对他人真诚的尊重，而不能藐视他人。礼仪本身从内容到形式都是尊重他人的具体体现。古人云："敬人者，人恒敬之。"在人际交往尤其是商务社交中，只有相互尊重，人与人之间的关系才会融洽、和谐。

心理学家马斯洛认为，人们对尊重的需要分两类，即自尊和来自他人的尊重。自尊包括对获得信心、能力、本领、成就、独立和自由等的愿望。来自他人的尊重包括这样一些概念：威望、承认、接受、关心、地位、名誉、赏识。一个具有足够自尊的人总是更有信心，更有能力，也更有效率。自尊也包括对自己在社会上所扮演的角色的正确认识，否则就会为了满足自己的自尊而造成对别人的无礼。礼仪讲究互尊原则，即相互尊敬、坦诚、谦恭、和善及得体，"你敬我一尺，我敬你一丈"，只有这样才能满足每个人的自尊心理。

与人交往，不论对方职务高低、身份如何、相貌怎样、才能大小，只要与之打交道，首先就应尊重他人的人格，做到礼遇适当、寒暄热烈、赞美得体、话题投机，让人感到他在你心目中是受欢迎的和有地位的，从而得到一种心理上的满足，感到与你交往的心情很愉快，这样才能深入沟通，建立感情，达到目的。

要想在与人交往中通过礼仪的形式体现出对对方的尊重，就应从以下几方面做起：

1. 与人交往，要热情而真诚

热情的态度，意味着对别人的隆重接纳，会给人留下受欢迎、受重视、受尊重的感觉，而这本来就是礼仪的初衷和要旨。但是，热情不能过火，过分的热情会使人感到虚伪和缺乏诚意。所以，待人热情一定要出于真诚，真诚是人与人相处的基础，是打开社会交往的金钥匙，是尊重他人真挚情感的自然流露。

2. 要给他人留面子

所谓面子，即自尊心。每个人都有自尊心，自尊心对一个人是十分重要的。失去自尊，对一个人来说，是件非常痛苦、难以容忍的事情。所以，伤害别人的自尊是严重失礼的行为，如果是故意而为，那就更不道德了。当然，这会直接影响到商务活动中所要达到的目的。中国人爱面子，讲面子，古人有"宁折勿弯"的训诫，说到底都是自尊心的问题。维护自尊，希望得到他人的尊重，是人的基本需要之一。所以，与人交往，一定要避免有可能伤害他人自尊心的言行。比如，谈话中不要涉及他人的隐私；不要提到对方的生理缺陷，更不能拿别人的生理缺陷开玩笑；对他人做错的事，要委婉善意地指出；等等。

3. 允许他人表达思想，表现自己

每个人都有表达自己的思想、表现自身的愿望，社会的发展，为人们弘扬个性提供了更为广阔的空间。丰富的个性色彩和多元思想的共存，是现代社会区别于传统社会的一个基本特征。因此，现代礼仪中的互尊原则，要求人们必须学会彼此宽容，尊重他人的思想观点和个性。与人交往，就应该给人表达自己思想、表现自己个性的机会，应尊重他人的这种权利。当他人与自己的意见相左时，不应把自己的观点强加给别人；与个性特征和自己截然不同的人交往，应尊重对方的人格自由。

（三）诚信原则

诚信，是指遵时守信，"言必信，行必果"。诚信在人际交往中是非常重要的。

在商务活动中，甚至是普通的人际交往中，都必须博得人们的信赖，才更有利于成功。

孔子说："民无信不立，与朋友交，言而有信。"要想取信于人，应做到言行一致。在社交场合，尤其要讲究以下两点。一是要守时，与人约定时间的约会、会见、会谈、会议等，决不应拖延迟到。二是要守约，即与人签订的协议、约定和口头答应的事，要说到做到。故在社交场合，如没有十分的把握就不要轻易许诺他人，许诺做不到，反落了个不守信的恶名，从此会永远失信于人。万一出现特殊情况，不能履约时，就应当尽早通知对方，说明情况，表示歉意，取得对方的谅解。

自信也是获取信任、取信于人的方法。一个人要对自己有信心，不能轻易灰心放弃自己。自信心并不是无源之水，无本之木。树立自信心，需要平时的训练和培养，也需要一定的实力做后盾。这种实力包括文化水平、家庭和本人的地位、财产、智力、能力以及身体状况等。

（四）宽容原则

宽容原则是指宽以待人，不过分计较对方礼仪上的得失。严于律己，宽以待人，这是为人处世的较高境界，也是具备较高修养的表现。

宽容就是心胸宽广，法国有句谚语，"了解一切，就会宽容一切"。宽宏大量，能够原谅别人的过失，能设身处地为别人着想，也是一种美德。

在现代社会，宽容已被作为现代人的一种礼仪素质。国外有家企业在招收员工时，就有一个比较新奇的规定，即在录用期内允许职工犯一个"合理的错误"，他们认为一个不犯小错误的人一定是一个谨小慎微的人，工作就不会有大的成就。对人都应该宽宏大量，决不能求全责备，更不能鸡蛋里挑骨头。

那么，如何才能在商务礼仪中体现宽容原则呢？应从以下几方面做起：

（1）理解他人，体谅他人，对他人不求全责备。俗话说："金无足赤，人无完人。"现实生活中的人，没有十全十美的。表现在礼仪方面，有些人擅长礼仪交际，说话办事滴水不漏；有些人则不熟悉礼仪知识，形似粗俗。因此，不要对别人的过错耿耿于怀、念念不忘。我们都应尽力包容别人并无恶意的行为，以宽容大度的姿态对待。

（2）虚心接受他人对自己的批评意见，即使批评错了，也要认真倾听。人与人的频繁接触，难免会出现磕磕碰碰的状况。要知道，"人非圣贤，孰能无过"，有了过错允许他人批评指正，才能得到大家的理解和尊重。有时批评者的意见是错误的，但只要不是出于恶意，也要认真倾听，宽容对待，有则改之，无则加勉。特别是在工作中和商务交往中，更应注意这个问题。

（五）自律原则

礼仪不是法律，不是由司法机关强制执行的。礼仪是为人处世的规范，是社会群体日常生活与交往过程中形成的合乎道德及规范的一些行为准则。这些行为规范并不是某一个人或某一个团体所规定的，而是由社会大众一致认可并约定俗成的行为规范。因此，礼仪靠人自觉维系，靠社会舆论监督，并逐渐受到人们重视。只有人们不断提高自我约束、自我克制的能力，在与他人交往时，才会自觉按礼仪规范去做，而无须别人的提示和监督。

★微型案例 1-3

没有一张废纸

日本是个经济大国，也是个高度注重文明的国度。当 1997 年在日本广岛举行亚运会闭幕式的时候，6 万人的会场上竟没有一张废纸。全世界的报纸纷纷登文惊叹："可敬可怕的日本民族！"

[分析提示]

礼仪宛如一面镜子，对照着它，你可以发现自己的品质是美丽、高雅，还是丑陋、粗俗。6 万人的会场之所以没有一张废纸，就是因为人们注重自己的礼节，有很强的自律性。

（六）得体和适度原则

得体和适度原则，是指在施行商务社交礼仪过程中必须在熟悉礼仪准则规范的基础上，注意各种情况下人际关系的距离，把握与特定环境相适应的人们彼此间的感情尺度、行为尺度、谈吐尺度，以建立和保持健康、良好、持久的人际关系。

得体适度的商务社交礼仪，也就是要根据礼仪的行为准则和道德规范，把交往中的言行举止控制在礼仪规范所要求的范围之中，合乎事理，恰如其分。正所谓举止得体，言行得当，不失礼仪。

遵循适度原则也有多方面的要求：

（1）感情适度。在与人交往时，既要彬彬有礼，又不能低三下四；既要热情大方，又不能轻浮谄谀。要自尊不要自负，要坦诚但不能粗鲁，要信人但不要轻信，要活泼但不能轻浮。

（2）谈吐适度。在与人交谈时，既要热忱友好，又不能虚伪客套；既要坦率真诚，又不能言过其实，还要做到该讲的讲，不该讲的不讲。

（3）举止适度。在与人相处时，既要优雅得体，又不能夸张造作；既要尊重习俗，又不能粗俗无礼。

（4）装扮适度。在社交场所，衣着打扮要与个人的身份、地位，所处的环境，自身条件相适应，既要服饰整洁，又不能不伦不类，既要化妆得当又不能表里不一、言行粗俗。

（七）与人为善和诚实谦逊原则

与人为善即与人相处、与人交往要从友善的愿望出发，不可心存恶意，不可有非分之想，不猜忌他人，不无端怀疑别人有什么不良企图，不能因为地位高、名气大、资历深或能力强而自视高人一等，盛气凌人。从善良的愿望出发，以诚待人，才称得上对别人尊重和有礼，自己也能得到别人的信任和尊重。

商务交往中还要做到诚实谦逊。诚实即交往时必须做到诚心待人，心口如一，而不能虚情假意，口是心非。谦逊就是虚心，不自满。

在商务交往中，诚实的人会很快得到别人的信任；与人交往时表里不一、口是心非、缺乏诚心，即使在礼貌礼仪方面做得无可挑剔，最终还是不会取得别人的信任，倒有可能被认为是"伪君子"，造成正常的商务交往难以继续，也使商业目的成为泡影。

谦逊是一种美德，它本身也是一种礼的表现。在商务交往中，只有谦逊礼让，不摆架子，不自以为是，才能使人感到容易接近，才能给人以诚恳谦逊、可以信赖、可以合作的印象。

相反，有的人在商务交往中，喜欢自吹自擂、夸夸其谈、趾高气扬、目空一切，不断卖弄自己博学多闻，这样往往被人视为傲慢，不知礼，因而使人敬而远之。

因此，要想在人际交往中获得成功，千万不要忘了"谦逊"二字。但要注意，在现代社会中，谦逊不等于没有主见或人云亦云，更不等于故意贬低自己，使自己的才华不外现，以致被人视为无能而使机遇白白溜走。高效率、快节奏的生活要求人们既要虚心，又要敢于表现自我。

社会生活中的礼仪细节并非人人都能全部学到，但只要把礼仪的原则铭记于心，贯穿于言行，那么，礼仪就能在商务活动中发挥它应有的功能。

本章小结

本章介绍了礼仪的含义和内容、商务礼仪的作用和特点、商务礼仪的原则。礼仪是一种行为规范或行为模式，是大家共同遵守的一种行为准则，礼仪的意义在于实现人际关系的和谐。本章对礼仪与礼貌、礼节、仪式、仪表、礼宾这些相关概念进行了区分，并论述了礼仪的特点，即规范性、多样性、继承性、差异性。

本章阐述了商务礼仪的含义，即商务礼仪是商务人员在商务活动中，为了塑造个人和组织的良好形象而应当遵循的对交往对象表示尊敬与友好的规范或程序，是一般礼仪在商务活动中的运用和体现；介绍了商务礼仪的等级性、信用性、时代性、特殊性特点；论述了商务礼仪的三大功能，即塑造形象、沟通和协调；对商务礼仪的社会作用进行了具体论述。本章还介绍了商务礼仪的七大原则，即平等、互尊、诚信、宽容、自律、得体和适度、与人为善和诚实谦逊。

案例思考

乔·吉拉德是世界上最伟大的推销员。一天，一位中年妇女从对面的福特汽车销售部走进了吉拉德的汽车展销室。她说自己很想买一辆白色的福特车，就像她表姐开的那辆，但是福特车行的经销商让她一个小时之后再去，所以先过这儿来瞧一瞧。"夫人，欢迎您来看我们的车。"吉拉德微笑着说。妇女兴奋地告诉他："今天是我55岁的生日，想买一辆白色的福特车送给自己作为生日礼物。""夫人，祝您生日快乐!"吉拉德热情地祝贺道。随后，他轻声地向身边的助手交代了几句。

吉拉德领着夫人从一辆辆新车面前慢慢走过，边看边介绍。在来到一辆雪佛莱车前时，他说："夫人，您对白色情有独钟，瞧这辆双门式轿车，也是白色的。"

就在这时，助手走了进来，把一束玫瑰花交给了吉拉德。他把这束漂亮的花送给夫人，再次对她的生日表示祝贺。那位夫人感动得热泪盈眶，非常激动地说："先生，太感谢您了，已经很久没有人给我送过礼物。刚才那位福特车的经销商看我开着一辆旧车，以为我一定买不起新车，所以在我提出要看一看车时，他就推辞说需要出去收一笔钱，我只好上您这儿来等他。现在想一想，也不一定非要买福特车不可。"

后来，这位妇女就在吉拉德那儿买了一辆白色的雪佛莱车。

思考：
商务活动中，注重礼仪细节会带来哪些惊喜？

本章习题

一、选择题

1. 礼仪的特点包括( )。
   A. 规范性　　　　B. 多样性　　　　C. 继承性　　　　D. 差异性
2. 商务礼仪的特点包括( )。
   A. 等级性　　　　B. 信用性　　　　C. 时代性　　　　D. 特殊性

二、简答题

1. 商务礼仪的含义和特点是什么？
2. 商务礼仪的功能和作用有哪些？
3. 简述商务礼仪的平等原则。
4. 要想在人际交往中体现尊重，应从哪几个方面做起？
5. 如何才能在商务礼仪中体现宽容的原则？

本章实践

到校园周边的企业进行调研，看看都有哪些企业在员工入职时或者工作中做过礼仪方面的培训，分享给大家。

第二章

形体仪态礼仪

★学习目标

1. 了解表情和仪态对于个人形象塑造的重要性；
2. 了解手势使用的基本规范和注意事项；
3. 理解并掌握站、坐、行、蹲等仪态的动作要领；
4. 了解并掌握正确的微笑和眼神礼仪；
5. 掌握标准的站、坐、行、蹲等各种姿态。

★本章导读

　　陈黎萍的名字对于很多人来说是陌生的，但在航空界，陈黎萍是个名人。作为国航乘务中心美容形体科的首任且唯——任科长，她创立了国航乘务员的美容化妆和形体训练课，也是由她开启了中国化妆美容与形体的正规训练。

　　2001年4月，某民航学院航空运输专业的系领导驱车来到北京请陈黎萍前去授课。其实这一切的背后有着一个尴尬的数字：那一届，该学院的100多名"准空姐"毕业生只有10多人被各航空公司挑走，剩下的毕业生成了"嫁不出去的姑娘"。

　　陈黎萍去后的训练课是在阶梯教室进行的。年轻姑娘们质朴的装束告诉她，姑娘们还不懂化妆，衣服颜色的搭配和发型也不甚理想，神采气质更毫无魅力可言。但从面容和形体看，她们是一块块还没有完全雕琢的"美玉"，青春靓丽的风采并没有充分展现出来。陈黎萍围绕如何包装自己以及空中小姐应具有哪些气质进行了精心的传授。奇迹真的发生了，姑娘们在陈黎萍的指导下一下子变得靓丽起来，很快大部分姑娘被航空公司选走。北京武警总医院钦佩陈黎萍形象设计的魔力，请她为全院护士进行形象设计并对她们进行训练。因为院领导在一段时间内发现，本院的护士虽然着装都很整齐，但没有亲和的感觉，缺少那么一点儿"精气神"。经过陈黎萍的培训，护士的形象变了样，院领导发自内心地笑了。

第一节 表 情

人与人在交往的时候，内心情感在面部上的表现，即为表情。表情是一种无声的语言，是人际交往中相互沟通的形式之一。美国心理学家艾伯特·梅拉比安把人的感情表达效果总结成了一个公式：感情的表达＝语言（7%）＋声音（38%）＋表情（55%），这个公式是否科学合理且不去深究，但它说明了表情在人际间沟通时能够恰如其分地表现出人的内在感情。

作为商务人员，要体现出尊重为本、以诚待人的职业特点，就必须正确掌握表情礼仪。学习表情礼仪，总的要求是要理解表情，把握表情，不论是在社交、公务或公共场合，都要呈现出热情、友好、轻松、自然的表情。

一、微笑

笑容，即人们在笑的时候的面部表情。利用笑容，可以消除彼此间陌生的感觉，突破交际障碍，为更好地沟通与交往创造有利的氛围。从广义上讲，笑容是一种令人感觉愉快的、既悦己又悦人的有正面作用的表情。曾有"笑一笑，十年少"之说，这说明适度的笑有利于健康。

微笑的功能是巨大的，但要笑得恰到好处，也是不容易的，所以微笑是一门学问，又是一门艺术。

1. 微笑的作用

首先，微笑可以表现出温馨、亲切的表情，能有效地缩短沟通双方的距离，给对方留下美好的心理感受，从而形成融洽的交往氛围。微笑不仅是一种外化的形象，也是内心情感的写照。人的感情是非常复杂的，表现在面部有"喜、怒、哀、乐"等多种形式。其中，"笑"在人际交往中有着非常重要的作用。面对不同的场合、不同的情况，用微笑来接纳对方，可以反映出个人高超的修养，待人的至诚，这是处理好人际关系的一种重要手段。

其次，微笑是人际交往中的润滑剂，是广交朋友、化解矛盾的有效手段。微笑具有一种磁性的魅力，它可以使强硬者变温柔，使困难变得容易。在20世纪30年代美国空前的经济萧条时期，美国希尔顿旅馆在全国旅馆倒闭了80%的背景下，却跨入了黄金时代，成为全球最著名的旅馆之一。其总公司董事长康纳·希尔顿总结出来的经验是：微笑服务。顾客住旅馆就是需要家的温馨感觉，服务员脸上的微笑，比美丽的容貌、统一的服饰、漂亮的地毯、豪华的设施都更加重要。康纳·希尔顿在50多年里，不断地到他设在世界各国的希尔顿旅馆视察，视察中他经常问下级的一句话是："你今天对客人微笑了没有？"

2. 微笑的分类

在工作中，微笑是礼貌待人的基本要求，可以使人自然放松，缓解紧张，消除误会、疑虑和不安。商务人员在工作中往往运用的微笑有一度微笑、二度微笑、三度微笑之分。

一度微笑：只动嘴角肌。

二度微笑：嘴角肌、颧骨肌同时运动。

三度微笑：嘴角肌、颧骨肌与括纹肌同时运动。

3. 微笑的方法

（1）发自内心：笑的时候自然大方，温柔亲切。

（2）声情并茂：笑的时候，要做到表里如一，使笑容与自己的举止谈吐有很好的呼应。

（3）气质优雅：笑的时候，要讲究适时尽兴，更要讲究精神饱满、气质典雅。

（4）表现和谐：从直观上看，笑是人的眉眼鼻口齿以及面部肌肉和声音所进行的协调行动。要笑得自然并非易事，必要时应当进行训练。自己可以对着镜子练习，一方面观察自己的笑的表现形式，更要进行心理调整，想象对方是自己的兄弟姐妹，是自己多年不见的朋友。还可以在多人中间讲一段话，讲话时自己显现出笑容，并请同伴给予评议，帮助矫正。

4. 笑的禁忌

发自内心、声情并茂、气质优雅、表现和谐的笑可非常自然地反映人的文化修养和精神追求，若笑时表现得粗俗放肆，会自毁个人形象。

（1）假笑：即笑得虚假，皮笑肉不笑。

（2）冷笑：含有怒意、讽刺、不满、无可奈何、不屑一顾、不以为然等容易使人产生敌意的笑。

（3）怪笑：笑得怪里怪气，令人心里发麻，多含有恐吓、嘲叽之意。

（4）媚笑：有意讨好别人，非发自内心，具有一定的功利性目的的笑。

（5）怯笑：害羞、怯场，不敢与他人交流视线，甚至是面红耳赤的笑。

（6）窃笑：偷偷洋洋自得或幸灾乐祸地笑。

（7）狞笑：面容凶恶，表示愤怒、惊恐、吓唬。

二、眼神

眼睛是人类心灵之窗，这是因为心灵深处的奥秘都会自觉不自觉地从眼神中流露出来。有位名人说过，人的眼睛和嘴巴说的话一样多。印度诗人泰戈尔说："一旦学会了眼睛的语言，表情的变化将是无穷无尽的。"这又说明，眼睛语言的表现力是极强的，是其他举止无法比拟的。因此，眼神是传递信息十分有效的途径和方式。

（一）眼神的作用

1. 表达情感

在社交礼仪中，目光是受感情制约的。人的眼睛的表现力极为丰富、极为微妙。正确地运用目光，能恰当地表现出内心的情感。在人际交往中，不论是见到熟悉的人，或是初次见面的人，不论是偶然见面，或是约定见面，首先要眼睛大睁，以闪烁光芒的眼睛正视对方片刻，面带微笑，显示出喜悦、热情的心情。对初次见面的人，还应头部微微一点，行一注目礼，表示出尊敬和礼貌。因此，只有把握好自己的内心感情，目光才会很好地发挥作用。

2. 传递信息

在人与人进行交流时，目光的交流总是处于最重要的地位。信息的交流要以目光的交流为起点。交流过程中，双方要不断地应用目光表达自己的意愿、情感，还要适当观察对方的目光，探测"虚实"。交流结束时，也要用目光做一个圆满的结尾。在各种礼仪形式中，目光有重要的位置，目光运用得当与否，直接影响礼仪的质量。在集体场合，开始发言讲话时，要用目光扫视全场，表示"我要开始讲了，请注意"。在与人交谈时，应当不断地通过各种目光与对方交流，调整交谈的气氛。交谈中，应始终保持目光的接触，这是在表示对话题很感兴趣。长时间回避对方目光而左顾右盼，是不感兴趣的表示。

（二）眼神的含义

与他人交流时正确的目光应当是自始至终地都在注视，但应当注意，交流中的注视，绝不是把瞳孔的焦距收缩，紧紧盯住对方的眼睛，这种逼视的目光是失礼的，也会使对方感到尴尬。瞳孔的焦距要呈散射状态，用目光笼罩对方的面部，同时应当辅以真挚、热诚的面部表情。

随着交谈内容的变化，目光和表情和谐统一，表示很感兴趣，思想专注，谈兴正浓；对方的目光长时间地中止接触，或游移不定，表示对交谈不感兴趣，交谈应当很快结束；交谈中，目光乜斜，表示鄙夷；目光紧盯，表示疑虑；偷眼相觑，表示窘迫；瞪大眼睛，表示吃惊；交谈和会见结束时，目光要抬起，表示谈话的结束；道别时，仍用目光注视对方的眼睛，表示依依惜别的深情。目光语言是千变万化的，但都是内心情感的流露。学会阅读分析目光语言，对于更好地开展社交活动有着重要意义。

（三）如何运用眼神

1. 注视时间

注视时间的长短往往能表达一定的意义。据调查研究发现，人们在交谈时视线接触对方脸部的时间应占全部谈话时间的30%～60%。低于这个平均值，双方的交谈往往不愉快，交谈的结果也往往不会被信任和接受。具体表现如下：

（1）表示友好：如果需要向对方表示友好时，应不时注视对方，令人感到温暖。注视对方的时间占全部时间的1/3左右。

（2）表示重视：如果需要向对方表示特别关注，应常常把目光投向对方，令人感到备受尊重。注视对方的时间占全部时间的2/3左右。

（3）表示感兴趣：如果目光始终盯在对方身上，视线只是偶尔离开一下，注视对方的时间占全部相处时间的2/3以上，目光柔和亲切，表示对对方很感兴趣。

（4）表示敌意：如果目光始终盯着对方身上，注意对方的时间占全部相处时间的2/3以上，目光专注而严厉，会让人感受到敌意。

（5）表示轻视：如果目光常游离于对方，注视对方的时间不到全部相处时间的1/3，就意味着轻视，会令人不安。

2. 注视角度

注视别人时，目光的角度，即目光从眼睛发出的方向，往往可以表示与交往对象的亲疏远近。

（1）平视：也叫正视，视线处于水平状态，令人感觉平等亲切，常用于普通场合与身份地位平等的人进行交往。

（2）侧视：面部侧向平视对方，是平视的特殊情况，用于与位于自己左右方向的人交往，但不能斜视，否则会失礼。

（3）俯视：即向下注视他人，可表示对晚辈的宽容怜爱，也可以表示对他人的轻慢、歧视。俯视往往令人倍感压力，与人交往应慎重使用。

（4）仰视：即主动处于低处，抬头向上注视他人，表示尊重或敬畏，适用于晚辈面对尊长时。但眼神要从容，包含敬意，不能过于畏缩，否则会令人轻视。

3. 注视位置

场合不同，注视的部位也应该随之不同。注视一般分为公务注视、社交注视、亲密注视。

（1）公务注视：注视的位置在对方双眼或双眼与额头之间的"上三角"区域。双眼注视对方双眼为关注型注视，表示自己聚精会神，重视对方，但时间不宜过长。双眼注视对方额头为公务型注视，表示严肃、认真、公事公办，适用于极为正规的公务活动。

（2）社交注视：注视的位置在对方嘴唇到双眼之间的"中三角"区域，适用于各种社交场合。

（3）亲密注视：注视的位置在对方双眼到胸之间的"下三角"区域，适用于亲人之间、恋人之间、家庭成员之间。

4. 注视方式

在日常交往中，我们不能死盯着对方，也不要躲躲闪闪，飘忽不定或眉来眼去，更应避免瞪眼、斜视、逼视、白眼、窃视等不礼貌的行为。在社交场合注视他人可有多种方式，最常见的方式有如下几种。

（1）直视：表示认真、尊重，若直视双眼，称为对视，表明大方，坦诚或是关注对方，是人际交往中常用的一种方式。

（2）凝视：属于直视中的一种，即全神贯注地注视，表示专注、恭敬，适用于演讲、授课或比较熟悉的人群之间。

（3）盯视：目不转睛地长时间凝视，往往表示出神或挑衅，不宜多用。

（4）虚视：眼神不集中，目光不聚焦于某处，表示胆怯、疑虑、走神，在人际交往中往往不受欢迎。

（5）环视：有节奏地注视不同的人或事物，适用于同时与多人打交道，表示对所有人都抱着认真、重视、一视同仁的态度。

第二节　仪态礼仪

仪态泛指人们身体所呈现出的各种姿势，也叫仪姿。姿态包括举止动作、神态表情和相对静止的体态。仪态是映现一个人涵养的一面镜子，也是构成一个人外在美的主要因素。不同的仪态显示人们不同的精神状态和文化教养，传递不同的信息，因此，仪态又被称为仪态语。在人际交往中，人们除了用语言表达思想感情以外，还常常用身体姿态表现内心活动。用优美的姿态表达礼仪比用语言更让受礼者感到真实、美好和生动。

一、站姿

站立是生活中最基本的一种举止。正确、规范的站姿能够给人留下挺拔笔直、舒展俊美、精力充沛、积极进取、充满自信的良好印象。在人际交往中，站姿是一个人全部仪态的核心，"站有站相"是对一个人礼仪修养的基本要求，良好的站姿能衬托出美好的气质和风度。如果站姿不够标准，其他姿势就谈不上优美。

1. 站姿基本规范

站立时，应注意两脚跟相靠，脚尖开度为 45°~60°，身体重心主要落于脚掌、脚弓上；两脚并拢立直，髋部上提；腹肌、臀大肌微收缩并向上挺，臀、腹部前后相夹，髋部两侧略向中间用力；脊椎、后背挺直，胸略向前上方挺起；两肩放松，气下沉，自然呼吸；两手臂放松，自然下垂于体侧，虎口向前，手指自然弯曲；脖颈挺直，头顶上悬，下颌微收，双目平视前方。

2. 男性站姿

男性的站姿要稳健，所谓"站如松"，以显出男性刚健、强壮、英武、潇洒的风采。男性通常可采取双手相握，叠放于腹前的前腹式站姿；或将双手背于身后，然后相握的后背式站姿。双脚可稍许叉开，与肩部同宽为限（图2-1）。

图 2-1　男性站姿

3. 女性站姿

女性的站姿要柔美，要做到所谓的"亭亭玉立"，以体现女性轻盈、妩媚、娴静、典雅的韵味。女性的主要站姿为前腹式，但双腿要基本并拢，脚位应与服装相适应。穿紧身短裙，脚跟靠紧，脚掌分开呈"V"状或"Y"状（即"丁字步"）；穿礼服或旗袍，可双脚微分（图2-2）。

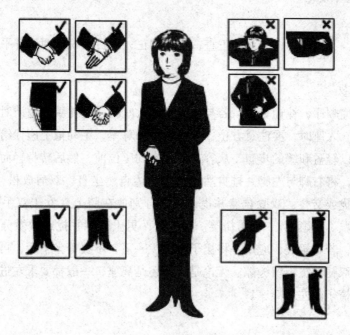

图2-2　女性站姿

4. 禁忌的站姿

在站姿中，应避免身体僵直、胸部过分凸起、弯腰驼背、腹部鼓起。不论男女，站姿切忌歪头、缩颈、耸肩、含胸、塌腰、撅臀；切忌腿位不雅（双腿叉开过宽、双腿扭在一起、双腿弯曲、一腿高抬）；切忌双手叉腰或交叉抱于胸前；切忌双手插入衣袋中或身体晃动，耸肩驼背、脚打拍子；切忌身体东倒西歪，或倚靠在某一物体上；等等。也不要下意识地做小动作，如摆弄打火机、香烟盒，玩弄衣带、发辫，咬手指甲等。这些不但显得拘谨，给人以缺乏自信和教养的感觉，也有失仪表的庄重。

5. 规范站姿的训练方法

（1）贴墙法：使后脑、双肩、臀部、小腿肚、双脚跟部紧贴墙壁。

（2）贴背法：两人背对背相贴，部位同上，在肩背部放置纸板，纸板不掉下。

（3）顶书法：头顶书本，使颈梗直，收下颌、挺上身至书不掉为宜。

日常生活中，各种场合的站姿应依时间、地点、场合的不同而有所变化。但改变的只是脚部姿势或角度，身体仍须保持挺直，使站姿自然、轻松、优美。

二、坐姿

坐姿是人们在社交应酬中采用最多的姿势，规范的坐姿能够展现出自信练达、积极热情、尊重他人的良好的个人风范。

（一）坐姿基本规范

1. 基本要求

端庄、大方、文雅、得体；上体正直，头部端正；双目平视，两肩齐平；下颌微收，双手自然搭放。

2. 入座时礼仪

在社交中讲究顺序，礼让尊长。若与他人一起入座时，应礼貌地邀请对方首先就座，或与对方同时就座。入座时，要注意方位，分清座次的尊卑，主动把上座让给尊长。

入座时，应以轻盈和缓的步履，从容自如地走到座位前，然后转身轻而稳地落座，并坐在椅子的2/3处，将右脚与左脚并排自然摆放。上体自然坐直，双肩放松，两腿自然弯曲，双脚平落地上并拢或交叠，双膝自然并拢，两手分别放在膝上（女士双手可叠放在左或右膝上），双目平视，下颌微收，面带微笑。坐定后，男士双膝并拢或微微分开，两脚自然着地。女士入座时，若着裙装，应用手将裙子稍微拢一下，不要等坐下后，再重新站起来整理衣裙。入座后，双腿并拢不留缝隙。无论是入座还是离座，一般都要求左进左出，即从椅子的左边入座，从椅子的左边离座。

3. 男女坐姿

（1）女士坐姿（图2-3）。

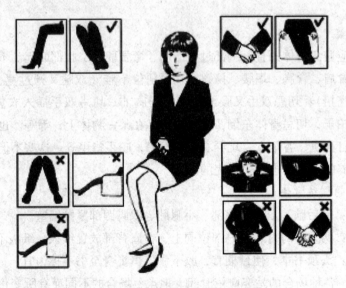

图2-3 女士坐姿

标准式：坐正，双膝并拢，手放膝上，坐满椅子的2/3处。

丁字式：在标准式的基础上，右脚往后移，与左脚呈 15 度角。

侧点式：坐正，双膝并拢，两小腿向左（右）斜伸出，左（右）脚掌内侧着地，右（左）脚脚尖着地，手放膝盖所指方向的腿上。

侧坐式：身体向左或右侧，双脚并拢或呈丁字式。

侧坐开关式（曲直式）：侧坐，双膝并拢，两小腿前后分开，并在一条线上，两手放在前伸腿上。

（2）男士坐姿（图 2-4）。

标准式：坐正，双膝并拢，手放膝上，坐满椅子的 2/3 处；或两腿略微分开，两手放在两腿或扶手上。

前伸式：在标准式的基础上，左脚再向前半脚，右脚往后半脚。

后点式：在标准式的基础上，两小腿后缩，两脚掌着地。

开关式（曲直式）：侧坐，双膝并拢，两小腿前后分开，并在一条线上，两手放在腿上。

图 2-4　男士坐姿

（二）禁忌的坐姿

禁忌的坐姿有：入座时猛起猛坐，弄得座椅乱响；坐定后，弯腰弓背，身体左右晃动；两膝分开，脚尖朝内，脚跟朝外呈"八"字形；双腿过度叉开，伸得很远；双膝并拢，小腿分开超过肩宽，形成"人"字形；把脚架在椅子或沙发扶手上，或藏在座椅下；"架二郎腿"或"4"字形腿；前俯后仰、躺靠椅背、晃动膝盖等；上身前倾后仰，或弯腰曲背；双手或端臂，或抱膝盖，或抱小腿，或置于臀部下面；坐时，随意挪动椅子。

（三）规范坐姿的训练方法

（1）入座训练。从椅子左侧走到椅子前，在离椅子前半步远的位置立定，右脚轻轻向后撤半步，用小腿靠椅子以确定位置，上体正直重心徐徐落下，臀部轻触椅面坐好，双脚并齐，双腿并拢。

（2）坐姿训练。身体端正舒展，重心垂直向下或稍向前倾，腰背挺直，臀部占座椅面的2/3。双膝并拢或微微分开，双脚并齐，两手可自然放于腿上或椅子的扶手上。在上述基本坐姿的基础上可进行多种脚位摆放练习，如双腿平行斜放、两脚前后相掖或两脚呈小丁字步。

（3）离座训练。从其他坐姿回到基本坐姿，右脚轻向后撤半步，上体正直重心慢慢抬起，膝盖伸直，右脚前收与左脚并齐，之后从左侧离开。

三、行姿

步调稳健、轻松敏捷的行姿会给人动态之美，表现出朝气蓬勃、积极向上的良好精神状态。

（一）行姿基本规范

正确的行姿应以端正的站姿为基础，挺胸、抬头、颈直、收腹、立腰，双目前视、下颌微收，表情自然平和；迈步时，应注意脚尖向前方伸直，脚跟先着地，然后脚掌着地。男士两臂摆动要有力，双肩平整，走出的轨迹应在不超过肩宽的两条平行线上，以显示自信、稳重；女士走路时，应尽量保持一种轻盈的体态，要用腰力把身体重量提起，步幅不宜过大，要有韵律感，走出的两条平行轨迹间的距离应尽量缩小，以显示优雅（图2-5）。

图2-5　男女行姿

（二）行姿的注意要点

1. 步幅适中

所谓步幅，是指行进时前、后两脚之间的距离。两脚交替前进时，步幅的大小通常因性别、身高、着装等不同而有所差异，一般应该以前脚的脚后跟与后脚的脚尖相距一脚长为宜；男士走路时，步幅可稍大些。通常情况下，男性的步度约25厘米，女性的步度约20厘米。

2. 步速适中

要保持步态的优美，行进的速度应保持均匀、平稳，在正常情况下，应自然舒缓，显得成熟、自信。男、女在步速上有一定差别，一般来说男性矫健、稳重、刚毅、洒脱，具有阳刚之美，步伐频率每分钟约100步；女性步伐轻盈、柔软、玲珑、贤淑，具有阴柔之美，步伐频率每分钟约90步，如穿裙装或旗袍，步速则快一些，可达110步左右。

3. 身体协调

行进时，膝盖和脚腕要富有弹性，腰部应成为身体重心移动的轴线，双手的摆动应以肩关节为轴，上臂带动前臂，前后自然摆动，摆幅以 30～35 度为宜，保持身体各部位之间动作的和谐，保持一定的韵律，显得自然优美。

4. 造型优美

做到昂首挺胸，步伐轻松而矫健。行走时，应面对前方、两眼平视、挺胸收腹、直起腰背、伸直腿部，使自己的全身从正面看犹如一条直线。

（三）禁忌的行姿

在行姿中，应避免双臂大甩手、摇头晃肩、扭腰摆臀、左顾右盼、方向不定，忽左忽右；迈着"外八字步"和"内八字步"，上颠下跛的行姿；避免双手插入裤袋，或倒背而行；避免步幅太大或太小；避免体位失当，摇头、晃肩、扭臀；避免上、下楼梯时，弯腰驼背、手撑大腿，或一步踏两三级楼梯。

（四）规范行姿的训练方法

（1）顶物训练。将书本类物品置于头顶训练行走，可以纠正行走时低头看脚、摇头晃脑、东张西望、脖颈不直、弯腰弓背的毛病。

（2）掐腰训练。手部掐腰，上身正直，训练行走，可以纠正行走时晃跨、摆臀、扭腰等动作。

（3）原地摆臂训练。原地站立，进行前后摆臂训练，可以纠正行走时摆臂幅度过大或过小的毛病。

（4）步位和步幅训练。行走训练时，尽量使自己的步位为直线、步幅大约为自己一脚长，可以纠正行走时"内八"或"外八"的不良习惯，同时有助于调整步幅。

四、蹲姿

蹲姿不像站姿、坐姿、走姿那样使用频繁，只是在比较特殊的情况下所采用的一种暂时性体态，是由站立姿势转变为两腿弯曲和身体高度下降的姿势。

（一）蹲姿基本规范

蹲姿的基本规范：屈膝并腿，一脚在前、一脚在后向下蹲去；两腿紧靠，前脚全着地，后脚脚掌着地；以前脚为身体的主要支点；臀部向下，上身向前微倾。男士使用蹲姿时，两腿之间可以有适当的距离。

（二）正确的蹲姿

1. 高低式

高低式蹲姿下蹲时，左脚在前，右脚靠后。左脚完全着地，右脚脚跟提起，右膝低于左膝，右腿左侧可靠于左小腿内侧；右侧时，则姿势相反。

2. 交叉式

交叉式蹲姿主要适用于女性，尤其是适合身穿短裙的女性在公共场合采用。要求：在下蹲时，右脚在前，左脚居后；右小腿垂直于地面，全脚着地；右腿在上、左腿在下交叉重叠，左膝从后下方伸向右侧，左脚跟抬脚尖着地；两腿前后靠紧，合力支撑身体；上身微向前倾，臀部朝下。

3. 半蹲式

半蹲式蹲姿多为人们在行进中临时采用。主要要求是在蹲下之时，上身稍许下弯，但不与下肢构成直角或锐角；臀部务必向下，双膝可微微弯曲，其度可根据实际需要有所变化，但一般应为钝角；身体的重心应放在一条腿上，而双腿之间不宜过度分开。

4. 半跪式

半跪式蹲姿又叫作单蹲姿，与半蹲式蹲姿一样，也属于一种非正式的蹲姿，多适用于下蹲时间较长时。其主要要求是下蹲以后，改用一腿单膝点地，而令臀部坐在脚跟上。另外，一条腿应当全脚着地，小腿垂于地面，双膝必须同时向外，双腿则宜尽力靠拢。

无论采用哪种蹲姿，女士都要注意将两腿靠紧，臀部向下，头、胸、膝关节不在同一个角度上，以塑造典雅优美的蹲姿。

（三）禁忌的蹲姿

在公共场合使用蹲姿时，应避免过度弯曲上身和翘起臀部，否则容易露出内衣；下蹲时，速度切勿过快；与他人同时下蹲时，不可忽视双方的距离，以防双方迎头相撞；女士使用蹲姿时，不可将双腿敞开。

五、手势

手势是运用手指、手掌、拳头和手臂的动作变化，表达思想感情的一种态势语言。手势在传递信息、表达意图和情感方面发挥着重要作用，手势的"词汇量"十分丰富，据语言专家统计，表示手势含义的词汇就有近两百个。生动的有声语言再配合准确、精彩的手势动作，必然能使交往的语言更富有感染力、说服力和影响力。商务人员正确使用手势，能令人感觉到尊重与敬意；反之，则令人感到厌恶。

（一）手势的活动范围

手势的使用范围一般有上、中、下三个区域。肩部以上称为上区，多用来表示理想、希望、宏大、激昂等情感，表达积极肯定的意思；肩部至腰部称为中区，多表示比较平静的思想，一般不带有浓厚的感情色彩；腰部以下称为下区，多表示不屑、厌烦、反对、失望等，表达消极否定的意思。根据手势的活动范围，我们往往可以称之为高位手势、中位手势、低位手势。

手势若运用不当会适得其反，因此在运用手势时要注意几个原则。首先要简约明快，不可过于繁多，以免喧宾夺主；其次要文雅自然，拘束低劣的手势会有损于交际者的形象；再次要协调一致，即手势与身体协调、手势与情感协调、手势与语言协调；最后要因人而异，不可千篇一律地对每个人做一样的手势。

（二）手势的种类

按照所表达的意思不同，手势一般可分为四种：

（1）情意性手势。主要用于表达带有强烈感情色彩的内容，其表现方式极为丰富，感染力极强，比如说"我非常爱她"时，用双手捧脸，以表示真诚之情。

（2）象征性手势。主要用于表达一些比较复杂的感情和抽象的概念，从而引起对方的思考和联想。例如，用右手五指并齐、手臂前伸这个手势来表达，象征着奋勇进发的大军，就能引起听众的联想。

（3）指示性手势。主要用于指示具体事物或数量。其特点是动作简单，表达专一，一般不带感情色彩。例如，当讲到自己时，用指向自己的手势；谈到对方时，用指向对方的手势。

（4）形象性手势。主要用于模拟事物的形状，以引起对方的联想，给人一种具体明确的印象。例如，说到高山，做向上伸的手势；讲到大海，做平伸外展的手势。

★小知识

使用手势的禁忌

商务人员在使用手势语时，有些地方是值得特别注意的。例如，当需要伸出手为他人指示方向时，切忌伸直一根指头，这是一种没教养的典型表现，一定要将五指自然伸直、掌心向上指示方向，在社交场合，更不要用手指点的方式与他人说话，因为这不仅是对他人的不礼貌，而且简直就是对对方的轻视。又比如，打响指是一些人在兴奋时的习惯动作，对于商务人员来说，如有这种习惯也最好改掉。有人碰到熟人或招呼服务员，常常用打响指来表示，这常常会引起对方的反感，甚至厌恶，这不仅是对对方的不尊重，也表明了自己的不严肃。

（三）常见的手势

1. 引领手势

在各种社交场合中，经常要遇到使用引领手势的情况，如为客人开门、请客人进门、请客人入座等都需要运用到引领手势。使用引领手势时，应注意身体各种体态的协调，引领手势主要有以下几种方式：

（1）横摆式。以右手为例，将五指伸直并拢，手心不要凹陷，手与地面呈45度角，手心向斜上方，腕关节微屈低于肘关节，手从腹前抬起至横膈膜处；然后以肘关节为轴向右摆动，在身体右侧稍前的地方停住，同时左手自然下垂，面带微笑，目视引领对象。这是在门的入口处常用的表示谦让的手势。

（2）曲臂式。当一只手扶着电梯门或房门，同时要做出"请"的手势时，可采用曲臂式引领手势。以右手为例：五指伸直并拢，从身体的侧前方向上抬起，至上臂离开身体的高度；然后以肘关节为轴，手臂由体侧向体前摆动，摆到手与身体相距 20 厘米处停止，面带微笑，向右侧注视引领对象。

（3）直臂式。手与肩同高或略高，肘关节伸直，常表示"请往前走""请往这边看"。

（4）斜下式。当请客人入座时，手势要斜向下方，首先用双手将椅子向后拉开；然后，一只手曲臂由前抬起，再以肘关节为轴，前臂由上向下摆动，使手臂向下呈一斜线，并微笑点头示意。

（5）双手前伸式。表示恭敬，用于接收或递交物品。

2. 其他常见手势

（1）"OK"手势。拇指和食指合成一个圆圈，其余三指自然伸张。这种手势在不同国家有不同的含义。例如，在美国表示"赞扬""允许""了不起""顺利""好"；在法国表示"零"或"无"；在印度表示"正确"；在中国表示"零"或"三"两个数字；在日本、缅甸表示"金钱"；在巴西表示"引诱女人"或"侮辱男人"；在地中海的一些国家，则表示"孔"或"洞"，并常用此来暗示、影射同性恋。

（2）伸出大拇指手势。在我国，伸出大拇指手势向上表示赞同、一流的，向下则表示蔑视。在英语国家大拇指向上多表示"OK"或是打车，但如果用力挺直，则含有骂人的意思；若大拇指向下，则多表示坏人、下等人。

（3）伸出食指手势。在我国以及亚洲其他一些国家表示"一""一个""一次"等；在法国、缅甸等国家，则表示"请求""拜托"之意。使用这一手势时，要注意不能用食指指人，更不能在面对面时用食指指着对方的面部，这种不礼貌的动作极易激怒对方。

（4）"V"形手势。伸出食指和中指，掌心向外的手势，其含义主要表示胜利（英文 victory 的第一个字母）；若掌心向内，在西欧则表示侮辱、下贱之意。另外，这种手势在大多数国家还时常用来表示数字"二"。

本章小结

本章主要介绍了商务交往中正确的举止仪态礼仪。仪态是人们在外观上可以明显地察觉到的活动、动作，以及在动作、活动之中身体各部分呈现出的姿态。仪态是心灵的外衣，它不仅反映一个人的外表，同时反映一个人的品格和精神气质。人们的仪态修养应该从以下几方面做起：表情礼仪，包括微笑、眼神；基本仪态举止，包括站姿、坐姿、行姿、蹲姿、手势。在商务交往中，优雅的仪态可以透露出自己良好的礼仪修养，塑造良好的职业形象，进而赢得更多合作的机会，创造财富。

案例思考

金先生的失态

风景秀丽的某海滨城市的朝阳大街，高耸着一座宏伟楼房，楼顶上"远东贸易公司"6个大字格外醒目。某照明器材厂的业务员金先生按原计划，手拿企业新设计的照明器材样品，兴冲冲地登上6楼，脸上的汗珠未来得及擦一下，便直接走进了业务部张经理的办公室，正在处理业务的张经理被吓了一跳。"对不起，这是我们企业设计的新产品，请您过目。"金先生说。张经理停下手中的工作，接过金先生递过的照明器，随口赞道："好漂亮啊!"并请金先生坐下，倒上一杯茶递给他，然后拿起照明器仔细研究起来。金先生看到张经理对新产品如此感兴趣，如释重负，便往沙发上一靠，跷起二郎腿，一边吸烟一边悠闲地环视着张经理的办公室。当张经理问他电源开关为什么装在这个位置时，金先生习惯性地用手搔了搔头皮——好多年了，别人一问他问题，他就会不自觉地用手去搔头皮。虽然金先生做了较详尽的解释，张经理还是半信半疑。谈到价格时，张经理强调："这个价格比我们预算高出较多，能否再降低一些?"金先生回答："我们经理说了，这是最低价格，一分也不能降。"张经理沉默了半天没有开口。金先生却有点儿沉不住气，不由自主地拉松领带，眼睛盯着张经理。张经理皱了皱眉，问道："这种照明器的性能先进在什么地方?"金先生又搔了搔头皮，反反复复说："造型新、寿命长、节电。"张经理托词离开了办公室，只剩下金先生一个人。金先生等了一会儿，感到无聊，便非常随便地抄起办公桌上的电话，同一个朋友闲谈起来。这时，门被推开，进来的却不是张经理，而是办公室秘书……

思考:

1. 请指出金先生的失礼之处。

2. 这个案例给我们哪些启示?

本章习题

一、填空题

1. 在较为正式的场合，通常坐下之后应占据座位的_____（比例）。

2. 一般来讲，目光的使用区域可以分为_____、_____、_____三个区域。

3. 行进时，双手的摆动应以肩关节为轴，上臂带动前臂，前后自然摆动，摆幅以_____度为宜。

二、选择题

1. 入座和离座的时候，一般要求是(　　)。

　　A. 左进右出　　　　B. 左进左出　　　C. 右进右出　　　D. 右进左出

2. "OK"手势在美国表示为(　　)。

　　A. "赞扬""了不起""好"　　　　　　　B. "零"或"无"

    C. 正确   D. 金钱

3. 根据商务仪态礼仪的要求，错误的坐姿有（   ）。

    A. 两膝分开，脚尖朝内，脚跟朝外呈"八"字形

    B. 双膝并拢，小腿分开超过肩宽，形成"人"字形

    C. 把脚架在椅子或沙发扶手上或藏在座椅下

    D. 跷二郎腿

    E. 双手抱膝盖，或置于臀部下面

4. 正确使用眼神的基本规范主要包括（   ）的要求。

    A. 注视时间   B. 注视位置   C. 注视角度

    D. 注视方式   E. 注视范围

三、简答题

1. 请简要说明得体的行姿有哪些要求。

2. "三度"微笑的要求分别是什么？

3. 如何在社交活动中正确使用表情和手势？

本章实践 ▶▶▶

实训项目：站姿训练

[训练目标]

通过理解教学所掌握的知识，结合教师示范，引导学生具体掌握站姿、坐姿、行姿的技术要求。

1. 熟练掌握各种站姿，并能灵活运用。

2. 塑造体态美，培养良好的仪表修养，进一步增强学生的职业素养和美的意识。

[训练内容]

1. 站姿基本要领：头正、颈直、肩平、胸挺、腹收、腰立、髋提、臀收、腿直、脚靠、手垂。

2. 常见的几种站姿：

（1）垂手式；

（2）握手式；

（3）背手式。

3. 训练中需要注意的问题：

（1）是否有歪头、斜眼、缩脖、耸肩、塌腰、挺腹、屈腿的现象；

（2）是否有叉腰、两手抱臂或插入口袋的现象；

（3）是否有身体倚靠物体站立的现象；

（4）是否有身体歪斜、晃动或脚抖动的现象；

（5）是否面无表情、精神萎靡；

（6）是否身体僵硬、重心下沉等。

[考核标准]

训练项目	训练内容		分值	实际得分
站姿	1. 身体各部位的正确姿态	头部、颈部、面部	8	
		两肩、胸部	8	
		腰部、臀部	8	
		手位	8	
		两脚	8	
	2. 不同站姿的展示	垂手式	15	
		握手式	15	
		背手式	15	
	3. 靠墙顶书训练效果（持续3分钟）		15	

职业形象礼仪

1. 了解女士化妆技巧，熟悉女士化妆的程序和应注意的问题；
2. 了解男士仪容应注意的要点；
3. 掌握饰品佩戴的注意事项、规范与禁忌等；
4. 掌握领带、丝巾以及围巾的打法和系法；
5. 掌握商务着装的原则、方法和禁忌；
6. 熟悉商务人员在工作中应遵循的商务着装礼仪；
7. 掌握商务着装的选择、穿着、搭配。

　　某报社记者吴先生为做一次重要采访，下榻于北京某饭店。经过连续几日的辛苦采访，终于圆满完成了任务。吴先生与两位同事打算庆祝一下，当他们来到餐厅，接待他们的是一位五官清秀的服务员，接待服务工作做得很好，可是她面无血色，显得无精打采。吴先生一看到她就觉得没了刚才的好心情，仔细留意才发现，原来这位服务员没有化工作淡妆，在餐厅昏黄的灯光下显得病态十足。当开始上菜时，吴先生又突然看到传菜员涂的指甲油缺了一块，当下吴先生第一个反应就是"不知是不是掉入我的菜里了？"但为了不惊扰其他客人用餐，吴先生没有将他的怀疑说出来。但这顿饭使吴先生心里总不舒服。最后，他们唤柜台内服务员结账，服务员却一直对着反光玻璃墙面修饰自己的妆容，丝毫没注意到客人的需要。本次用餐，吴先生对该饭店的服务十分不满。

第一节　仪容礼仪

仪容仪态无时不存在于一个人的举手投足之间，优雅的外表和体态是一个人有教养，充满自信的完美表达。在商务场合中，塑造良好的个人形象，表现优雅的体态，会给他人留下深刻的印象。

一、仪容规范

仪容是指人体不需要着装的部位，主要是指面容及其他暴露在外的肢体部分，广义上还包括头发、手部以及因穿着某些服装而暴露出来的腿部等。由于商务交往中最先被对方观察的就是仪容，因此，商务人士应该要保持良好的仪容，给人以端庄、稳重、大方的印象。仪容的基本要求是洁净清爽、整齐简约、庄重雅致、自然健康，做到无污渍、无破旧，修饰得体不夸张，呈现健康活泼的状态。在商务场合中，女士和男士的仪容规范有不同的要求。

二、化妆

1. 化妆要求

化妆是人们在政务、商务、事务及社交生活中，用化妆品及艺术描绘手法来装扮自己，以达到振奋精神和尊重他人的目的。女士在上班或参加正式的商务场合的时候，面部修饰应该以淡妆为主，不应该浓妆艳抹，也不应该不化妆。女士化妆需要注意以下几点：

（1）化妆的浓、淡要视时间、场合而定。若在工作场所或商务场合，妆容应该以淡为主，接近于自然妆容，而如果是参加宴会，则可适当将妆容变浓。

（2）不要在公众场所化妆。人前化妆是不礼貌的表现。关于这一点，现在惯例稍有放宽。女性在饭店就餐后，让人见到补口红，轻轻扑粉，谁也不再大惊小怪。不过，在商务场合，作为有修养的女士，如果需要补妆时，应到化妆室或盥洗室进行。在正式场合修容是没有素质的体现。同样，在人前整理头发、衣服，照镜子等行为也应该尽量避免。

（3）不要非议他人的化妆。无论他人的妆容如何，都不应该进行评论。男士也不应该非议女士的化妆，更不要在他人面前非议，尤其在商务场合。有修养的人是不会非议他人的。但如果在了解他人的前提下，可以私下善意地提醒其化妆不妥之处。毫无顾忌地非议他人的化妆会让人产生嫉妒、刻薄等印象。

（4）不要借用他人的化妆品。化妆品属于私人物品，礼仪上是不应该借用他人的化妆品的，因为这既不卫生，同时也是不礼貌的行为。

★微型案例 3-1

如此工作妆

李琳刚从学校毕业，入职一家公司，公司要求每天上班都要化妆，由于刚开始化妆，她感到很新鲜。但是在办公室里，她观察了别人的妆容，发现：一位中年女士没有做其他化妆，光涂了一个嘴唇，而且是红艳的唇膏，只突出一张嘴；另一位年轻女士的妆容看起来很漂亮，只可惜脖子泛着黑色；还有一位女士用粗的黑色眼线将眼睛轮廓包围起来，像"大括号"，看上去生硬不自然；一位漂亮的女士，身穿浅蓝色的套裙，嘴唇却涂着橘红色的唇膏。李琳感到很困惑，工作妆到底应该怎么化呢？

[分析提示]

化妆是女士礼貌的表现，在化妆时应注意一定的技巧，不能局部化妆，应注意均衡，同时也应该配合自己的服装，适合自己的年龄和身份。

2. 化妆步骤

化妆步骤如下所示：

（1）洁面。清洗面部，随后扑打化妆水或者护肤品，为化妆做准备。

（2）涂粉底。根据自己的脸形在不同部位涂抹粉底，让妆面产生立体感，之后用干粉来固定粉底。注意不要擦过厚，皮肤黑的人一般不宜使用。

（3）描眉。把眉毛修饰好后，沿着眉毛生长的方向画眉。一般眉头重而宽，眉尾淡而窄。

（4）涂眼影，画眼线。眼影的颜色选择要和服装场合相协调，色彩亮暗搭配。贴近睫毛和眼角的部位相对重些，以增加眼睛的立体感。

画眼线时，上眼线可以重而粗些，下眼线要轻而细些。

（5）涂腮红。腮红要根据脸形和肤色而定，而且年龄不同也应该有差异。

（6）涂口红。可以先用唇笔勾出唇形，然后选择适合颜色的口红涂抹。要注意颜色的整体搭配。

（7）检查、修正。检查化妆后的整体效果，进行必要的修补。

3. 男士面部的修饰

男士在面部修饰的时候要注意三方面：第一，应注意面部的清洁及滋润，要养成正确洗脸的习惯，并在清洁皮肤后，涂上乳液，防止皮肤产生脱皮现象。第二，男士还应注意面部毛发，在进行商务活动之前，注意及时将胡须及暴露在外的鼻毛剔除，以保持面部的清洁；第三，男士在商务活动中经常会接触到香烟、酒这样有刺激性气味的物品，所以要注意口腔清洁，随时保持口气的清新。

三、发型

1. 女士发型

（1）清洁健康。对头发首要的要求是清洁整齐，无头屑，并且应显现出健康的光泽，不粗不硬有柔软感，这样才美观。

除此以外，作为商务人员来说，烫发是不允许的，即使染发，也不可染过于艳丽的颜色。若头发花白，可将头发染成黑色或深色等。

（2）选择适合的发型。商务人员的发型，应庄重、美观、大方，不能太夸张或太另类，如爆炸式或大卷式等是不适合商务场合的。商务场合最规范的发型是盘发，束发、披肩发也可以，但要保证不要因为发型而在工作的时候经常用手拢头发。需要特别注意的一点是，在选择发卡、发带的时候，它的式样应该庄重大方。

虽然有较为规范的发型，但作为女士来讲，其发型还应适合自己的脸型，以达到美观的效果。

2. 男士发型

男士要每天清洁头发，以保证头发没有头皮屑，发型以短发为宜，并且要经常地修饰、修理，一般认为男士前部的头发不要遮住自己的眉毛，侧部的头发不要盖住自己的耳朵，同时不要留过厚或者过长的鬓角，男士后部的头发，应该不要长过你自己西装衬衫领子的上部，这是对男士发型的统一要求。在商务场合中，男士不应染彩色发，若头发中有白头发，可将头发染成黑色。

第二节 着装礼仪

行为学家迈克尔、阿盖尔曾做过试验，他本人以不同的装扮出现在同一地点，结果完全不同：当他穿着西装以绅士模样出现，无论是向他提问题还是问时间的陌生人，大多彬彬有礼，这些人颇有教养；而当他穿成无业游民的时候，接近他的人以流浪汉居多，他们或者来对火或者来借物。

服饰是一门艺术，属于美学、文化学范畴，是一种无声语言，其既表现人类不同时代、不同国域、不同行业的文化特性，也在一定程度上反映出某个人的品格与审美趣味，更重要的是它对人体具有"扬美"与"抑丑"的功能。如何着装，从一个侧面可真实地传递出一个人的修养、性格、气质、爱好和追求。雅致、端庄的服饰表示对他人的尊敬，邋遢不洁的着装则是一种不礼貌的行为。与陌生人初次见面，往往会"以貌取人"。商务人员因其职业特点，其着装要求端庄、稳重、得体，并充分表现出个人的气质。商务着装礼仪是人际交往的艺术，教养体现细节，细节展现素质。因此，商务人员在工作中，对于有关着装的礼仪规范，务必严格遵守，不可忽视。

一、着装礼仪的基本原则

1. 考虑行业要求，注意着装规范

商务场合强调的是规范、严谨，所以体现在着装上，就不允许过分强调个性化。着装要与职业相宜，这是不可忽视的原则。工作时间着装应遵循端庄、整洁、稳重、美观、和谐的原则，能给人以愉悦感和庄重感。一个单位职业的着装和精神面貌，能体现这个单位的工作作风和发展前景。现在越来越多的组织、企业、机关、学校开始重视统一着装，是很有积极意义的举措，这不仅给了着装者一份自豪，而且提高了员工们的工作意识。同时，服装所用的配饰也要和服装统一起来。没有工作装的，要充分考虑本企业的行业特点、工作特点，来选择合适的着装，不能随意、个性着装。通常要求商务人员在工作岗位及正式商务场合时，男士穿西装，女士穿套裙。

2. 注意时间、地点、场合要求

商务人员着装总的原则是遵循国际通行的 TPO 原则，即着装与时间（Time）、地点（Place）和场合（Occasion）相配的原则。时间原则是指着装要考虑时间，适应四季的变换，同时着装要符合时代感。地点原则是指不同环境需要与之相协调的服饰，以获得视觉和心理上的和谐感。场合原则是指服装与穿着场合气氛相和谐，工作场合要庄重大方，社交场合以时髦个性为宜，休闲场合则应舒适随意。不同社交场合，对服装的要求是不同的，在工作时间或参加正式商务活动如仪式、谈判等场合的时候，男士应穿着西装或中山装，女士需穿着套裙。

3. 分析个人情况，符合自己身型

商务场合要求商务人员穿着规范，但规范并不意味着不讲究美感。所以，商务人员的衣着在规范、庄重的前提下，还要适合自身特点，选择服装首先应该与自己的年龄、身份、体形、肤色、性格和谐统一，达到协调的效果。人的身材有高矮之别，体形有胖瘦之分，肤色有黑白之异，这些外在条件对于形成一个人的风度是有一定影响的，因此在商务着装的款式选择上，应分析个人情况，注意扬长避短。年长者，身份地位高者，选择服装款式不宜太新潮，款式简单、面料质地讲究才能与身份年龄相吻合。年轻人着装则着重体现青春气息，朴素、整洁为宜，清新、活泼最好，"青春自有三分俏"，若以过分的服饰破坏了青春朝气实在得不偿失。形体条件对服装款式的选择也有很大影响。身材矮胖、颈粗圆脸形者，宜穿深色低"V"字型领，大"U"型领套装，浅色高领服装则不合适。而身材瘦长、颈细长、长脸形者宜穿浅色、高领或圆形领服装。方脸形者则宜穿小圆领或双翻领服装。身材匀称，形体条件好，肤色也好的人，着装范围则较广，可谓"浓妆淡抹总相宜"。

4. 了解配色效果，注意颜色搭配

商务场合服饰不仅讲究正式，还要注意服饰中常用色彩的搭配效果，因为这直接影响商务人员在别人心中的第一印象。如白色表现淡雅、纯净，适合各种肤色的人。红色很鲜艳、热烈，代表喜庆、成功、胜利。黄色明亮、温暖，代表健康向上，天真活泼。蓝色代表宁静、平稳。绿色富有生命力、青春力，给人一种安全感和稳定感。黑色给人以神秘感，表示高贵、沉着的气质，适合庄重的场合，但黑皮肤的人不宜选用这种颜色。紫色是富有想象感的颜色，有人称之为浪漫色，所以适合宴会礼服。紫色的种类很多，如果能选用恰当、适宜，和自身的各种因素搭配好，就会显出高雅。褐色为搭配色，适合与任何颜色搭配。灰色为中间色，有随和、庄重之感。服装的色彩是着装成功的重要因素。服装配色以"整体协调"为基本准则。全身着装颜色搭配最好不超过三种颜色，而且以一种颜色为主色调。灰、黑、白三种颜色在服装配色中占有重要位置，几乎可以和任何颜色相配并且都很合适。

除了颜色所代表的各种意义之外，穿着衣服更应注意颜色搭配，如果搭配合理，则会给人一种美好的感觉，如果搭配不恰当，则会使整体美、和谐美受到破坏。着装配色和谐的几种比较保险的办法，一是上下装同色即套装，以饰物点缀。二是同色系配色。利用同色系中深浅、明暗度不同的颜色搭配，整体效果比较协调。利用对比色搭配（明亮度对比或相互排斥的颜色对比），运用得当，会有相映生辉、令人耳目一新的亮丽效果。年轻人着上深下浅的服装，显得活泼、飘逸、富有青春气息。中老年人采用上浅下深的搭配，给人以稳重、沉着的静感。服装的色彩搭配考虑与季节的沟通，与大自然对话也会收到不同凡响的理想效果。同一件外套服装，利用衬衣的样式与颜色的变化与之相衬托，会表现出不同的独特风格，能以简单的打扮发挥理想的效果，本身就说明着装人内在修养。利用衬衣与外套搭配应注意衬衣颜色不能与外套相同，明暗度、深浅程度应有明显的对比。着装配色要遵守的一条重要原则，就是根据个人的肤色、年龄、体形选择颜色。如肤色黑，不宜着颜色过深或过浅的服装，而应选用与肤色对比不明显的粉红色、蓝绿色，最忌用色泽明亮的黄橙色或色调极暗的褐色、黑紫等。皮肤发黄的人，不宜选用半黄色、土黄色、灰色的服装，否则会显得精神不振和无精打采。脸色苍白不宜着绿色服装，否则会使脸色更显病态。肤色红润、粉白，穿绿色服装效果会很好。白色衣服对任何肤色效果都不错，因为白色的反光会使人显得神采奕奕。体形瘦小的人适合穿色彩明亮度高的浅色服装，这样显得丰满；而体形肥胖的人用明亮度低的深颜色则显得苗条等。大多数人体形、肤色属中间混合型，所以颜色搭配没有绝对性的原则，重要的是在着装实践中找到最适合自己的搭配颜色。

★微型案例 3-2

推销员乔·吉拉德的着装原则

被吉尼斯世界纪录列为全世界最伟大推销员的乔·吉拉德是一位颇受欢迎的人物。他对职业着装的研究非常到位，他提出：不要吝啬，要买你付得起的最好服装，质料好的衣服更耐穿，也使你更帅气；上班、宴会、谈判、休闲等各种不同的职场着装要有不同的选择搭配；你不能穿牛仔裤去见银行总裁，也不能穿着西装去玩足球；粗俗的领带、过宽的皮带、劣质的衣服、过重的首饰都会影响一个人的职业形象，同时还会分散别人对你本身的注意力；皮鞋与衣服一定要搭配好，而且不同场合要选择不同的鞋子。

[分析提示]

商务人员着装要遵循一定的原则。

二、西装礼仪

西装是服饰中的舶来品，它已成为商务人士特别是男士商务活动中的首选着装。

（一）西装的造型及特征

西装本是属于欧洲人的服饰。随着各种各样正式场合的增多，中国男人穿西装的机会和频率不断增加，但是对于细节，往往很多人都不甚了解，并且难免会出现一些搭配上的错误。

西装的造型，也就是西装的版型。目前，世界上的西装主要有欧式、英式、美式、日式四种造型。

1. 欧式西装

欧式西装的主要特征是：上衣呈倒梯形，多为双排两粒扣式或双排六粒扣式，而且纽扣的位置较低。它的衣领较宽，强调肩部与后摆，不重视腰部，垫肩与袖笼较高，腰身中等，后摆无开衩。其代表品牌有"杰尼亚""阿尼玛""费雷""伊夫圣洛朗""瓦伦蒂洛""皮尔·卡丹"等。

2. 英式西装

英式西装的主要特征是：不刻意强调肩宽，而讲究穿在身上自然、贴身。它多为单排扣式，衣领是"V"型，并且较窄。它腰部略收，垫肩较薄，后摆两侧开衩。"登喜路"牌西装就是典型的英式西装。

3. 美式西装

美式西装的主要特征是：外形上方方正正，宽松舒适，较欧式西装稍短。肩部不加衬垫，其领型为宽度适中的"V"型，腰部宽大，后摆中间开衩，多为单排扣式。其知名品牌有"麦克斯"等。

4. 日式西装

日式西装的主要特征是：上衣的外观呈现为"H"型不过分强调肩部和腰部。垫肩不高，领子较短、较窄，不过分地收腰，后摆也不开衩，多为单排扣式。国内常见的日式西装品牌有"顺美"。

以上四种造型的西装，各有自己的特色：欧式西装洒脱大气，英式西装剪裁得体，美式西装宽大飘逸，日式西装贴身凝重。一般来说，欧式西装要求穿着者高大魁梧，美式西装穿起来稍显散漫。比较而言，英式与日式似乎更适合中国人穿着。西装从版形上来说，主要分日版和欧版，两者最大的区别就在于，日版西装一般不收腰，而欧版西服一般都收腰，日版西装的后衣身长度要比欧版西装短一厘米左右。

（二）西装款式的挑选

西装有各种款式和各种颜色，如何挑选得先从男士的外形上着手。其实和女装一样，挑选一件适合男士体型的西装，扬长避短，可以从外观上把男人的体型衬托得更挺拔修长。

1. 体形矮胖的男士

体形矮胖的男士，在选上衣时不宜过长，最好不要盖住臀部，否则会显得不精神。如果穿套装，色彩最好不要太鲜艳，否则会在视觉上夸大身材的宽度。

2. 身材稍矮又偏瘦的男士

身材稍矮又偏瘦的男士，适合穿收腰的上衣，但是在穿着的时候应该注意，上衣的长度不宜把臀部全部盖住，否则会使身材显得更矮。矮瘦形的男士在西装的颜色选择方面以浅灰色等亮色为主，以黑色、藏青、深灰色等深色调的衣服为辅。

3. 瘦高型和高胖型的男士

瘦高型男士的身材给人感觉特别单薄，需要撑起来才会显得自身更挺拔。所以在选择方面，应尽量买双排扣的西服，因为这类衣服纽扣的位置较低，穿上后可以显得身形不过于单薄。而且最好选大宽格的西服，颜色也不宜过深，要以浅色系为主。而高胖一点儿的男士，最好的颜色以黑色、藏青色为主，单排扣，宽松式，如果选择带花纹、条纹、格子等的西服，花纹最好是暗的，不能太醒目。

（三）西装颜色的选择

西装色彩的选择必须显得庄重、正统，而不能过于轻浮和随便。藏蓝色的西装是职业男士的首选。另外，还可以选择灰色或深棕色的。黑色的西装也可予以考虑，不过它更适合在庄严、肃穆的礼仪性活动中穿着。

按照惯例，越是正规的场合，越讲究穿单色的西装。在正式场合不要穿色彩过于鲜艳或发光发亮的西装。朦胧色、过渡色的西装，通常也不要选择。亚洲人肤色偏黄，因而也不宜选择橄榄绿及浅咖啡色。

正装西装基本上都是套装，休闲西装则恰好与其相反。休闲西装一般在非正式场合穿着，面料可以使用棉、麻、丝、皮，也可以使用化纤、塑料；色彩多半都鲜艳、亮丽，并且多为浅色。其款式强调宽松、自然，有时甚至可以标新立异。通常，休闲西装基本上都是比较常见的。

（四）挑选西装注意事项

鉴于西装在商务活动中往往充当正装和礼服，所以，其面料的选择应力求高档。在一般情况下，毛料应为西装首选的面料。

商界男士所推崇的是成熟、稳重，所以西装一般以没有图案为好。用"格子呢"缝制的西装，一般是难登大雅之堂的，只有在非正式场合里，商界男士才可以穿它。唯一例外的是，男士可选择以"牙签呢"缝制的竖条纹的西装。竖条纹的西装，条纹越细密越好。

买西装一定要试穿，试穿时一定要将全部的扣子都扣上，看看肩膀是否吻合，肩膀如果过宽或者过窄，在视觉上和穿着上都会令人很不舒服。买一套西装，一般干洗过一次之后再拆口袋线，因为如果拆了外袋的线，西服便很容易走样，这个道理同样适用于正式女装、女大衣。

（五）西装的穿着

正确得体地穿着西装是商务人士品位、修养的良好体现，因而商务人员在穿着西装的时候，要特别注意有关西装正确穿着的问题，如纽扣的系法、色彩搭配，及其配饰选择等方面的问题。

1. 拆除袖口商标

在西装上衣左边袖子上的袖口处，通常会缝有一块商标。有时，那里还同时缝有一块纯羊毛标志。在正式穿西装之前，一定将它们先行拆除。

2. 保持西装平整

西装在每次穿之前应进行熨烫，以保证西装的平整挺括、端正大方。熨烫时应在熨斗与西服表面之间放一块薄棉布，防止西装表面出现亮面的效果而影响美观。

3. 注意纽扣扣法

穿西装时，上衣、背心与裤子的纽扣，都有一定的系法。在三者中，西装上衣纽扣的系法讲究很多，系西装上衣纽扣的时候，单排两粒纽扣的，讲究"扣上不扣下"，即只系上边那粒。单排三粒纽扣的可以只系中间的或上中两粒扣子，不允许扣上单排扣西服的全部衣扣。但双排扣西装要求把所有能系的纽扣统统系上。如果是三件套西装，在一般情况下，西装背心只能与单排扣西装上衣配套，它的纽扣数目有多有少，但一般分为单排扣式与双排扣式两种。根据西装的着装惯例，单排扣式西装背心最下面的那粒纽扣应当不系，而双排式西装背心要把全部纽扣统统系上，而西服外套的纽扣应敞开。有时，在参加重要商务晚宴时，还可穿中山服前往，在穿中山服时，不仅要扣上全部衣扣，而且要系上领扣，并且不允许挽起衣袖。

另外，在大庭广众前起身站立后，上衣纽扣应当系上，以示郑重。就座后，上衣的纽扣则要解开，以防"扭曲"走样。唯独在内穿背心或羊毛衫，外穿单排扣上衣时，才允许站立之际不系上衣的纽扣。

4. 注意色彩搭配

西装穿着时要注意色彩搭配，如果西装很合体，但没有适度的色彩搭配，也不会穿出西装的品位。如藏蓝色西装，应搭配白色或淡蓝色衬衫，系蓝色、深玫瑰色、褐色、橙黄色调领带；而灰色西装，应配白色或淡蓝色衬衫，系砖红色、绿色及黄色调领带；黑色西装，应搭配白色或淡色衬衫，系银灰色、蓝色调或黑红细条纹领带。因此，穿着西服必须遵守基本的商务交往规范。西服穿着讲究"三个三"，即三色原则、三一定律、三大禁忌。

（1）三色原则。三色原则是指男士在正式场合穿着西服套装时，全身颜色必须限制在三种之内，否则就会显得不伦不类，失之于庄重和保守。

（2）三一定律。三一定律是男士在正式场合穿着西服、套装外出时，身上有三个部位的色彩必须协调统一，这三个部位是指鞋子、腰带、公文包的色彩必须统一起来。最理想的选择是鞋子、腰带、公文包皆为黑色。鞋子、腰带、公文包是白领男士身体上最为引人瞩目之处，令其色彩统一，有助于提升自己的品位。

（3）三大禁忌。三大禁忌是指在正式场合穿着西服、套装时不能出现的三个洋相：

①袖口上的商标没有拆。

②在非常正式的场合穿着夹克打领带；领带和西服套装是配套的，如果是行业内部的活动，比如说领导到本部门视察，穿夹克打领带是允许的。但在正式场合，夹克等同于休闲装，所以在正式场合，尤其是对外商务交往中，穿夹克打领带是绝对不能接受的。

③男士在正式场合穿着西装套装时袜子出现了问题。一般而言，穿袜子讲究不多，重要的是两只袜子应该颜色统一。商务交往中有两种袜子不穿为妙，一是尼龙丝袜，二是白色袜子。

★微型案例3-3

一双白袜子毁了一桩大生意

某公司的老总到国外宣传推广自己的企业，来宾都是国际著名的投资公司管理人员。场面很隆重。但听众们发现台上的老总虽然西装革履，裤脚下却露出一截"飞毛腿"，原来老总的黑皮鞋里是一双白色袜子。来宾因此产生了疑问：这样一个公司老总能管好他的企业吗？这个公司的品质能保证吗？后来合作也不了了之。

[分析提示]

黑皮鞋和白色袜子的搭配在商务场合是有失礼仪的。

（六）领带与衬衫、西装的搭配

领带是西装的重要组成部分，其貌似简单，而且无实际用途，但与西装的结合能达到近乎完美的服饰美学效果。对于商务人员来说，领带更是必不可少的服饰搭配工具，正确使用将会更好地烘托自身的身份。

作为经常出入社交场合及公司的商务男士来说，除了能够正确系领带以外，还应知道领带与衬衫、西装怎样搭配才会更好，只有搭配正确协调，才能令自身的形象显得更庄重，更有自信。在欧美各国，领带则与手表和装饰性袖扣并列称为"成年男子的三大饰品"。一般情况下，在挑选领带时要重视以下问题：

领带的面料最好是用真丝或羊毛制作而成的。以涤丝制成的领带售价较低，有时也可选用。除此之外，由棉、麻、绒、皮、革、塑料等物制成的领带，在商务活动中均不宜佩戴。

与领带为伍的衬衣，应首先注意同类型的图案不要相配。比如格子的西装不要配格子的衬衣和格子的领带。如果是件暗格子的西装，配素色或条纹、花纹的衬衣和领带就很漂亮。格子的衬衣配斜纹的领带，直纹的衬衣配方格图案的领带，虽然都是直线条，但有纹路方向的变化，不会单调呆板。暗格图案的衬衣要配花纹的领带。暗格在这里能当作素色处理，印花或花型图案的领带最好配素色的衬衣。如果配格子或线条的衬衣，多少都会令人有点儿眼花缭乱。

另外，领带的颜色最好与衬衣或外套同色系。比如领带可与外套颜色同色系、不同图案；领带的底色是浅棕色并有与外套同色的斜纹，配白色的衬衣显得很斯文。领带与衬衣的颜色也可以选择同色系但不同图案，比如黄色的素色领带配黄色的条纹衬衣，使人显得很清爽。如果选择有多种颜色图案的领带时，留意图案中的任何一种颜色能与衬衣或西装颜色一样的话，会产生更好的效果。

有时，领带的颜色、图案可以完全与衬衣和外套不同，形成反差。比如暗红色格子形状的领带搭配白底灰条纹的衬衣以及灰色的西装外套，不拘一格中流露着潇洒。这是两款反传统的搭配方法，所以一般在正式的商务场合不予采用。

对于素色衬衣与领带、西装的搭配而言，都是素色的衬衣与各种图案、颜色的领带的搭配。衬衣的颜色能与领带同色系或与领带的颜色形成反差都很好看。无论配条纹、方格还是花形图案也都不会出错。

（七）衬衫的选择

熟知西装穿着规范的人大都听说过一句行话："西装的韵味不是单靠西装本身穿出来的，而是用西装与其他衣饰一道搭配出来的。"因此，必须掌握衬衫、领带、鞋袜和公文包与之进行组合搭配的基本常识和技巧。

1. 衬衫的选择

穿西装应配正装衬衫。选择正装衬衫，应从以下几方面入手：

（1）面料方面。正装衬衫主要以高支精纺的纯棉、纯毛制品为主。以棉、毛为主要成分的混纺衬衫可酌情选择。不宜选择以条绒布、水洗布、化纤布制作的衬衫。不宜用真丝、纯麻做成的衬衫。

（2）色彩方面。正装衬衫必须为单一色彩。在正规的商务应酬中，白色衬衫是商界男士的唯一选择。除此之外，蓝色、灰色、绿色、黑色有时也可加以考虑。杂色衬衫，或红色、粉色、紫色、绿色、黄色、橙色等穿起来有失庄重之感的衬衫不可取。

（3）图案方面。正装衬衫以无任何图案为佳。在一般性的商务活动中可以穿着较细的竖条衬衫，但绝不能同时穿着竖条纹的西装。印花衬衫、格子衬衫以及带着人物、动物、植物、文字、建筑物等图案的衬衫均非正装衬衫。

（4）衬衫的衣领。正装衬衫的领型多为方领、短领和长领。衬衫衣领选择时，应与个人的脸形、脖子及将打的领带结的大小结合，不能使它们之间反差太大。有时可选用扣领的衬衫。立领、翼领和异色领的衬衫不适合同正装西装相配。

（5）衬衫的衣袖。正装衬衫必须为长袖衬衫。要正确使用单层袖口和双层袖口。双层袖口的衬衫又称法国式衬衫，主要作用是佩戴装饰性袖扣（又叫链扣、袖链），可为自己平添高贵而优雅的风度，在国外是商界男士在正式场合所佩戴的重要饰物。但若将其别在单层袖口的衬衫上，就不伦不类了。

（6）衬衫的衣袋。正装衬衫以无胸袋为佳。如穿着有胸袋的衬衫要尽量少往胸袋内放东西。搭配西服用的衬衫，除了上述提到的正确与西装、衬衫进行颜色搭配以外，还应注意领口及袖口的尺码及袖口的长度以及衬衫本身的质量。应每天换衬衫，保持领口和袖口的平整和清洁。

2. 穿着衬衫的注意事项

正装衬衫大小要合身，尤其衣领、胸围要松紧适度，下摆不宜过短。穿西装的时候，衬衫的所有纽扣，不管是衣扣、领扣还是袖扣，都要系好。衬衫的袖长长短要适度。最美观的做法是，令衬衫的袖口恰好长出西装袖口1厘米左右。穿长袖衬衫时，不论是否穿外衣，都必须将其下摆均匀而认真地掖进裤腰内。

在自己的办公室里，商界男士可以暂脱下西装上衣，直接穿着长袖衬衫、打着领带，但不能以此形象外出办事，否则会有失体统。此外，商务男士还应每天换衬衫，保持领口和袖口的平整和清洁。

（八）鞋袜的选择

选择与西装配套的鞋子，只能选择皮鞋。配套的皮鞋，应该是真皮制品而非仿皮。一般来说，牛皮鞋与西装最般配。

1. 皮鞋

穿西服一般都要穿皮鞋，夏天也是如此。皮鞋的款式提倡传统的有带皮鞋。深色的西服搭配黑、棕色皮鞋，夏天穿浅色西服。要注意的是，穿黑色皮鞋可以搭配各种颜色的深色系西装，但如果穿了棕色的皮鞋，就只能搭配棕色的西装。除了进入专门场所等需要脱鞋外，不要当人面把脚从鞋里伸出来。社交场合不应该出现扎鞋带这样的举动。不管穿哪一种鞋子，既不应该拖地，也不应该跺地，否则不仅制造噪声、影响别人，也会给别人造成不好的印象。作为男士，皮包、皮带、皮鞋应该颜色一致。男士们在商务活动中穿皮鞋时，有五点需要做到：鞋内无味、鞋面无尘、鞋底无泥、鞋垫相宜、尺码恰当。

2. 袜子

袜子对男士的要求比较简单，颜色上一般倾向于深色，如蓝、黑、灰、棕等。不要穿白色袜子，也不要穿彩袜、花袜或发光、发亮的以及浅色的袜子。穿西装时，袜口不要露出来。商界男士在穿袜子时，必须遵守三条基本规则：袜子干净、袜子完整、袜子合脚。

（九）其他注意事项

西装的标准穿法是内穿衬衫，衬衫内不穿棉纺或毛织的背心、内衣。如果确实需要在衬衫内穿内衣的时候，以一件为限，否则会显得很臃肿。色彩上要和衬衫的色彩相仿，至少不要比衬衫的色彩深，免得"反差"鲜明。内衣的领口和袖口要比衬衫的领口低，以免外露。冬天里也最好穿上一件"V"领的单色羊绒衫或羊毛衫，这样既不显得花哨，也可以打领带。不过现在很多人会去选择各类保暖衬衫、内衣，那样就不用担心穿得太厚了。

（十）与西装搭配的必备物品

公司的徽标。公司的徽标需要随身携带，它准确的佩戴位置是男士西装的左胸的上方，这只是男士在穿西装的时候需要搭配的物品。此外，还有几件物品是男士在商务活动中必备的：

1. 钢笔

在商界，钢笔历来被视为商务人员的"武器"，也是常备的饰品。选择钢笔时要对品牌、式样、功能、类别等四方面给予重视。在品牌方面，商务人员钢笔的式样应朴实、大方，装饰简洁。附加功能过多的钢笔，或是书法笔、工艺笔等正式钢笔的"变种"，商务人员也不宜选用。因为从事商务活动经常要使用，钢笔正确的携带位置应该是男士西装内侧的口袋里，而不应该在男士西装的外侧口袋里，一般情况下尽量避免把它携带在衬衫的口袋里面，否则容易把衬衫弄污。

2. 名片夹

应该选择一个比较好的名片夹来放自己的名片，这样可以保持名片的清洁整齐。同时，接受他人名片的时候，应该有一个妥善的位置能够保存，而避免直接把对方的名片放在你的口袋中，或者放在手中不停地摆弄，这都是不好的习惯。男士在着装的时候，应该随身携带纸巾放于裤袋，或者是携带一块手绢，可以随时清洁自己面部的污垢，避免一些尴尬场面的出现。

3. 公文包

公文包被称为商界男士的"移动式办公桌"，是其外出之际须臾不可离身之物。商务人员的腰间不应悬挂物品，诸如手机等，此类物品应放在随身携带的公文包内。一般男士在选择公文包的时候，其式样、大小应与整体的着装保持一致。公文包的面料应该是牛皮、羊皮制品，而且黑色、棕色最正统。如果从色彩搭配的角度来说，公文包的色彩和皮鞋的色彩一致，看上去就显得完美而和谐。除商标外，公文包在外表上不要带有任何图案、文字，包括真皮标志，否则是有失身份的。手提式的长方形公文包是最标准的。

三、套裙礼仪

套裙是商界女士和职业女性正式场合的正装，对它的选择如同商界男士们对西装的选择一样，也要遵循一定的礼仪规范。穿着套裙，可以很好地表现女性端庄、典雅、高贵的气质，因而成为商务正式场合及职场女性的规范衣着。能否给人良好印象，套裙的选择与穿着尤为重要。

（一）套裙的选择

一套在正式场合穿着的套裙，应该由高档面料缝制，上衣和裙子要采用同一质地、同一色彩的素色面料。其在造型上讲究为着装者扬长避短，所以提倡量体裁衣、做工讲究。上衣注重平整、挺括、贴身，较少使用饰物和花边进行点缀。裙子要以窄裙为主，并且裙长要到膝或者过膝。套裙颜色的选择应适合自身条件，比如肥胖的人适合穿戴颜色较深的套裙；瘦人则应穿颜色较浅的服饰；另外，套裙讲究朴素而简洁，色彩清新、儒雅而凝重，可以冷色调为主，以体现着装者的典雅、端庄和稳重。藏青、炭黑、茶褐、土黄、紫红等稍冷一些的色彩都可以。最好不选鲜亮抢眼的。有时两件套套裙的上衣和裙子可以是一色，也可以是上浅下深或上深下浅等两种不同的色彩，这样形成鲜明的对比，可以强化它留给别人的印象。

套裙的上衣和裙子的长短没有明确的规定。上衣最短可齐腰，袖长要盖住手腕。一般认为裙短不雅，裙长无神。标准规范的裙长，应是裙子的下摆恰好抵达小腿肚子最丰满的地方。套裙中的超短裙，裙长一般以不短于膝盖以上15厘米为限。套裙之中的上衣分为紧身式与松身式两种，一般认为紧身式上衣显得较为正统，紧身式上衣的肩部平直、挺拔，腰部收紧或束腰，其长不过臀，整体上呈倒梯形，线条硬朗而鲜明。

另外，套裙的选择应配合自己的身型。要知道什么式样的服装适合自己，首先要了解自己的身材。据专家说，女性的身材可分为六类，在选择衣着时各有须注意之处。

1. 沙漏型

沙漏型身材的人曲线玲珑，有丰满的胸部及臀部，而腰部纤瘦，就像个沙漏。应避免厚重的衣料、方型的衫身，以免使自己看起来太沉重。可以选择用弹性布料缝制的套裙，它有助于强调腰部的线条，令人看来较轻盈。

2. 梨型

梨型身材的人窄胸阔臀，应穿着能使上、下半身看起来较平均的服装，就是说一方面要设法使上半身显得较丰满，另一方面又尽量分散别人对臀部粗大线条的注意。梨型身材的人应避免穿着A字裙。颜色由中到深，用柔软衣料缝制，而剪裁较直身的裙较为适合此种身材的女士，套裙上衣可选用较宽松的，这样可令上下看起来较为平衡。

3. 浑圆型

浑圆型身材的人可能不是太胖，但腰部线条不明显。穿上紧身衣服不会令其看起来苗条；相反，剪裁适体但不紧贴着身体的衣服，例如单襟西装外套，或在套装外戴一长串珠链，都能令身材看起来较修长。这类身材的女性打扮以简洁为佳。

4. 短腿型

如果自身的腰长，通常腿会较短。为了掩饰这个缺点，最好穿简单的套裙，不要把别人的注意力引向双腿的长短上，这种身材的女性适合穿着全身同一颜色的套装，与裙子同色的丝袜及鞋子，这样会使整个人看起来较修长。

5. 短上身型

有些人上半身短而腿长，这类身型的人通常腰较粗，或是因为上半身短而令腰显得粗，最好不要束腰带，如果一定要束的话，也应束得较低；而较长身的外套会使上下半身看来较平衡。

6. 运动型

运动型的人上半身较大，尤其是肩膀特别发达，这样的身型可能给人一种不够女性化的感觉，所以可以在衣着方面增添女人味，例如选用较柔软的布料，外套尽量不用肩垫。为了肩膀对称，下半身可搭配以褶裙。

（二）套裙的穿着

商界女士要想在正式场合显得衣着不俗，不仅要注意选一身符合常规要求的套裙，更重要的是要穿着得法。在穿着套裙时，套裙的具体穿着与搭配的方法多有讲究，需要注意的主要问题大致有以下六个：

1. 套裙应当大小适度

一套做工精良的优质面料的套裙，穿在一位白领丽人的身上无疑会为之平添魅力。但是，如果真的想让穿在自己身上的套裙美丽而生动，还必须大小相宜。他人的套裙，过大或过小、过肥或过瘦的套裙，通常都不宜贸然穿着。前面提到，套裙之中的上衣最短可以齐腰，其中的裙子最长可以达到小腿的中部。但是，一般情况下，上衣不可以再短，裙子也不可以再长。否则，便会给人以勉强或者散漫的感觉。

特别应当注意，上衣的袖长以恰恰盖住着装者的手腕为好。衣袖如果过长，甚至在垂手而立时挡住着装者的大半个手掌，往往会使其看上去矮小而无神；衣袖如果过短，动不动就使着装者"捉襟见肘"甚至将其手腕完全暴露，则会显得滑稽而随便。还应注意，上衣或裙子均不可过于肥大或包身。

★ 微型案例 3-4

张小姐的穿着

在 A 公司上班的张小姐是公司开发部的经理，公司周年晚会上，张小姐戴着长长的白色手套，穿着一件被衬裙撑得涨鼓起来的宽大裙子，当有人和她握手时，由于戴手套握也不是，不握也不是，加上裙子宽大，屡次与别人发生"牵扯"，结果败兴而归。

张小姐的一双脚本来就很大，她看今年流行的尖头鞋不错，于是也买了一双。少说也有39 码的大脚穿上尖头鞋更显出众。同事们暗地里都讥笑她每天是撑着小船来上班。

[分析提示]

商务着装应当协调、大小适度、符合场合。

2. 套裙应当穿着到位

在穿套裙时，必须依照其常规的穿着方法，将其认真穿好，令其处处到位。尤其要注意：上衣的领子要完全翻好，衣袋的盖子要拉出来盖住衣袋；不允许将上衣披在身上，或者搭在身上；裙子要穿得端端正正。

特别需要指出的是，商界女士在正式场合露面之前，一定要抽出一点儿时间仔细地检查一下自己所穿的衣裙的纽扣是否系好、拉锁是否拉好。按照规矩，商界女士在正式场合穿套裙时，上衣的衣扣须全部系上，不允许将其部分或全部解开，更不允许当着别人的面随便将上衣脱下来。

3. 套裙穿着应当考虑场合

商界女士在各种正式的商务交往之中，一般以穿着套裙为好。在涉外商务活动中，更应如此。其他场景大都没有必要非穿套裙不可。

商界女士在出席宴会、舞会、音乐会时，可酌情选择与此类场面相协调的礼服或时装。此刻依旧穿套裙，则会使自己与现场"格格不入"，并且还有可能影响到他人的情绪。外出观光旅游、逛街购物，或者进行锻炼健身时，商界女士一般以穿着休闲装、运动装等便装为宜。

4. 套裙穿着应当与妆饰相协调

穿套裙的时候，必须维护好个人协调的形象，要化淡妆，配饰要尽量简单。高层次的穿着打扮，讲究的是着装、化妆与佩饰风格统一，相辅相成。因此，在穿着套裙时，商界女士必须具有全局意识，将其与化妆、佩饰一道加以考虑。

商界女士在工作岗位上要突出的是工作能力、敬业精神，而非自己的性别特征和靓丽容颜，所以应只化淡妆，"妆成有却无"，恰到好处即可。

就佩饰而言，商界女士在穿套裙时的主要要求是：以少为宜，合乎身份。在工作岗位之上，可以不佩戴任何首饰。如果要佩戴的话，则至多不应当超过三种，每种也不宜多于两件。不仅如此，在佩戴首饰时，还必须兼顾自己的职业女性这一身份。按照惯例，此刻，不允许佩戴与个人身份有关的珠宝首饰，也不允许佩戴有可能过度地张扬自己"女人味"的耳环、手镯、脚链等首饰。

5. 套裙穿着应当兼顾举止

虽说套裙最能够体现女性的柔美曲线，但若着装者举止不雅，在穿套裙时对个人的仪态毫无要求，甚至听任自己肆意而为，则依然不会将套裙自身的美感表现出来。穿上套裙之后，商界女士要站得又稳又正。不可以双腿叉开，或是随时倚墙靠壁而立。就座以后，务必注意姿态，切勿双腿分开过大，或是跷起一条腿来，不可以脚尖抖动不已，更不可以脚尖挑鞋直晃甚至当众脱下鞋来。

一套剪裁合身或稍微紧身一些的套裙，在行走或取放东西时，有可能对着装者产生一定程度的制约。由于裙摆所限，行进之中，步子以轻、稳为佳，不可走得"通通"直响，需要去取某物时，若其与自己相距较远，可请他人相助。

6. 衬裙的穿着

穿套裙的时候一定要穿衬裙。特别是穿丝、棉、麻等薄型面料或浅色面料的套裙时，假如不穿衬裙，就很有可能造成"透视"的效果，极为不雅。

可以选择透气、吸湿、单薄、柔软面料的衬裙，颜色要与外面套裙颜色协调，可以是单色，如白色、肉色等。不要出现任何图案。大小应合适，不要过于肥大。

应注意的是，穿衬裙的时候裙腰不能高于套裙的裙腰，不然就暴露在外了。要把衬衫下摆掖到衬裙裙腰和套裙裙腰之间，不可以掖到衬裙裙腰内。

（三）套裙的搭配

套裙的穿着能否体现出商界女性端庄文雅的气质，还要关注它与衬衫、内衣、衬裙、鞋袜的搭配是否得当，套裙的穿着讲究配套。因而，穿着套裙时，对鞋子、袜子及饰物的选择要注意搭配协调。

1. 衬衫的搭配

衬衫面料要求轻薄，可采用真丝、麻纱、府绸、罗布、花瑶、涤棉等。衬衫色彩要求雅致而端庄，不能过于鲜艳，常见的是白色。

2. 鞋袜的搭配

女士在选择丝袜以及皮鞋的时候，需要注意的细节是：首先，袜子可以选用尼龙丝袜或羊毛袜。颜色以肉色、黑色、浅灰、浅棕等几种颜色为主，肉色最佳，单色为主，一些加了网眼，镂空或印有图案的袜子只能给人肤浅的感觉。鲜红、明黄、艳绿、淡粉等艳丽的颜色不可以穿。袜子不能随意乱穿，高筒袜和连裤袜是套裙的标准搭配。不要同时穿两双袜子，也不可将九分裤、健美裤等当成袜子穿。中筒袜、低筒袜也不可以和套裙搭配，因为这样穿着会暴露袜口，显出三截腿的效果，把袜口暴露在外面，既不美观，又是一种公认的既缺乏服饰品位又失礼的表现。不仅穿套裙的时候要避免这个情形的发生，穿开衩裙的时候更应注意。

用来和套裙配套的鞋子，应该是皮鞋，并且黑色的牛皮鞋最好。与套裙色彩一致的皮鞋也可以选择。样式可选高跟、半高跟的船式或盖式，应该尽量避免鞋跟过高、过细。系带式、丁字式、皮靴、皮凉鞋均不适宜。另外，鞋袜大小应相配套、完好无损，穿的时候不能当众脱下。有些女士喜欢有空便脱下鞋子，或是处于半脱鞋状态。还有个别人经常将袜子撸下去一半，甚至当着外人的面脱去袜子，这些都是不礼貌的习惯。穿套裙的时候，鞋、袜、裙之间的颜色应协调。鞋、裙的色彩必须深于或略同于袜子的颜色。如果一位女士在穿白色套裙、白色皮鞋时穿上一双黑袜子，就只会给人以长着一双"乌鸦腿"的感觉。不论是鞋子还是袜子，图案和装饰都不要过多。一些加了网眼、镂空、珠饰、吊带、链扣，或印有时尚图案的鞋袜，只能给人肤浅的感觉。

3. 饰品的搭配

女士在选择佩戴物品的时候，需要注意的是：商务礼仪的目的是体现出对他人的尊重。女士可以从两方面来体现：一方面是修饰物，另一方面是商务物品。在这两方面中，修饰物应该尽量避免过于奢华，比如说在戒指、项链的选择上，都要注意这一点。

四、领带和丝巾的打法

（一）领带的几种系法

领带打好后的标准长度是其下端抵达皮带扣，其系法多种多样，对于商务男士来讲，可依据不同场合及领带本身的厚度及材质采取不同的系法，以下介绍几种领带的结法，具体包括平结、交叉结、双环结、双交叉结和温莎结。

1. 平结

平结为最多男士选用的领结打法之一，几乎适用于各种材质的领带。但要注意，领结下方所形成的凹洞需让两边均匀且对称。具体打法见图3-1。

图3-1　平结

2. 交叉结

交叉结是单色素雅质料且较薄领带适合选用的领结，喜欢展现流行感的商务男士可以采用此种系法。具体打法见图3-2。

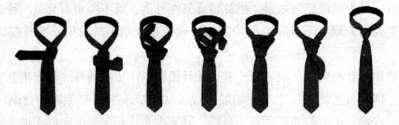

图3-2　交叉结

3. 双环结

双环结的特色是第一圈会稍露出于第二圈之外，这种系法能够营造时尚感，适合年轻的商务男士在上班时选用。具体打法见图3-3。

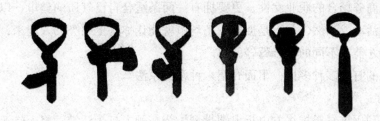

图 3-3　双环结

4. 双交叉结

双交叉结给人一种高雅且隆重的感觉，适合商务男士在正式商务活动场合选用，该领结应多运用在素色丝质领带上，若搭配大翻领的衬衫会更有尊贵感。具体打法见图 3-4。

图 3-4　双交叉结

5. 温莎结

温莎结是因温莎公爵而得名的领带结，是最正统的领带系法，打出的结呈正三角形，饱满有力，适合搭配宽领衬衫，用于出席正式场合。但切勿使用面料过厚的领带来打温莎结。具体打法见图 3-5。

图 3-5　温莎结

（二）丝巾的打法

丝巾在中国一直有着根深蒂固的地位，即使在古装电视剧里也屡屡出现这样的镜头：穿着轻纱的女主角轻盈路过，带着芳香的丝巾轻拂过男主角的脸，留下一缕幽香。女主角的万种风情使男主人公对她一见倾心，幽怨缠绵的爱情故事就这样发生了。

在现代，这样的情节可能会显得有点夸张甚至让人觉得肉麻，但丝巾对女性的意义丝毫未减，不管穿什么样的衣服，搭配一条丝巾都能让你在不经意间给人眼前一亮的感觉。特别是出入职场及商务场合的职业女性，更要拥有一两条适合自己气质的丝巾，以应对突如其来的宴会或商务活动。当然，并不是拥有一条丝巾就能让你马上明亮动人起来，必须学会多种丝巾的打法，才能在不同的场合驾轻就熟。

女士丝巾的打法多种多样，下面介绍六种常见系法。

1. 巴黎结

巴黎结是利用重复对折将方巾折出领带型，绕在颈上打个活结；将上端遮盖住结眼，并将丝巾调整至适当位置。具体打法见图3-6。

图3-6 巴黎结

2. 凤蝶结

凤蝶结是折出斜角口长带后，将 a 端拉长套在颈上，打个结；将长的 a 端打个圈，短的 b 端绕过圈，打出单边蝴蝶结；将单边蝴蝶拉好，结眼移到侧边，调整形状。粉柔美的凤蝶结，很适合上班或正式的聚会。具体打法见图3-7。

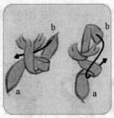

图3-7 凤蝶结

3. 竹叶结

竹叶结是将方巾重复对折成领带型；将方巾绕在脖子上，较长的 a 端绕过 b 端穿过颈部内侧，再由结眼拉出；将 a 端拉出后，拉紧固定，调整尾端与结的位置。随服饰调整竹叶结两端，轻松典雅都很容易。具体打法见图3-8。

4. 海芋结

海芋结是将方巾重复对折，稍微扭转后绕在颈上；重复打两个平结，并让两端保持等长；将两端分别置于胸前及肩后。柔美简单的海芋结，保暖又具时尚感。具体打法见图3-9。

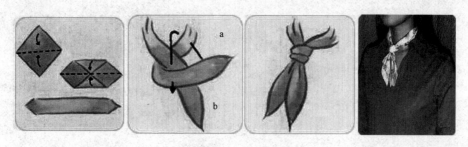

图 3-8　竹叶结

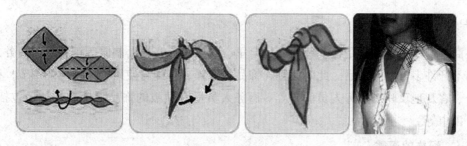

图 3-9　海芋结

5. 西班牙结

西班牙结是将领巾对折再对折呈三角形；三角形垂悬面在前方；两端绕至颈后打结固定；调整正面折纹层次就完成了。搭配衬衫外面，宽松帅气的西班牙结，在办公室这样系，会给人干练的感觉。具体打法见图 3-10。

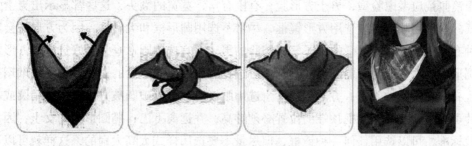

图 3-10　西班牙结

6. 领带结

领带结是将领巾对折再对折呈领带形；较长的 a 端绕过较短的 b 端，穿过领巾内侧向上拉出；穿过结眼由下拉出，并调整成领带形。搭配衬衫，简单的中性美感；搭配洋装，优雅出色。具体打法见图 3-11。

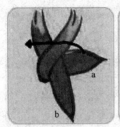

图 3-11 领带结

五、服装配饰

在商务交往中，尤其是在一些社交场合里，除西装、套裙、制服等正装外，商务人员通常还离不开许多重要的饰品。此时此刻，饰品的选择、搭配与使用等一系列的细节，往往更能充分、客观地反映出商务人员的素养。商务人员适宜佩戴的饰品除了首饰，还包括皮具、丝巾、围巾等。

（一）配饰的佩戴

1. 眼镜

往往一副眼镜选得好坏会直接影响整个人的面部形象。好的眼镜会增添魅力，选不好就会适得其反，成为累赘，反倒不美。

肤色较白的，可以选择任何颜色的眼镜片，但不应选用淡蓝色的眼镜片。皮肤较黑的人，选用浅咖啡色比较合适。

眼镜佩戴应考虑脸型，男士方形脸，有棱有角，宽宽的额头，这些都显示出男士强悍的男子气。在选用眼镜时应选用方形镜框，尽量不选用圆形框和尖形框，因为方形框会突出男士那种有力度、强悍、刚毅的男子气。圆脸的男士不宜选用圆形框，最好选好长方形镜框。

圆形脸的女士，为减弱圆形的感觉，可选择有直线或有角度的镜框，黑色或玳瑁等较深色系也有改变圆脸的效果；方圆脸的女士选用眼镜时尽量以破圆破方为原则，稍圆或有弧度的镜片可与方脸互补，镜框顶端的位置必须够高，并远离下巴；椭圆形脸的女士，因为其脸型比较标准，可以选用任何一种镜框，但尽量不要选用样式太高太扁的，这样就可以避免改变原来的"美感"；尖长脸的女士宜选用上比下宽的镜框，如扁方形、斜方形或上翘形眼镜。

另外，还要注意镜片的质量，放在距眼睛一尺远的地方，通过镜片看东西，如果镜片密度不同，就会发生物体波动、弯曲的现象。如果镜片有凹凸不平、纵横交错的条纹，这样的镜片不宜选用。同时，不要选用有沉重感的眼镜，因为这样会使人心情压抑而紧张。

2. 帽子

帽子依季节不同，可起到防晒或御寒的作用，对于爱美的女性来说，帽子还是一种装饰品。在商务场合，男士女士都可以戴帽子，但样式应简单大方，不可戴奇特、夸张的款式。在会面时，应脱帽致意，否则就表示不礼貌，这一规定对女士的限制少一些，但当自己作为主人在家里宴请别人时就不能戴帽子了。无论男女，在致敬或致哀的礼仪场合，必须脱帽。另外，进入房间就应该摘掉帽子，挂在衣架上，也可以拿在手里。在参加正式商务活动时，男士女士都应摘掉帽子。

3. 手套

在西方的传统服饰中，手套曾经是必不可少的配饰。现在，不管在哪儿，手套除了御寒以外，还可以起到保持手臂的清洁和防止太阳暴晒的作用。手套的颜色应与所穿衣服的颜色相搭配，另外，还应注意相应的佩戴礼仪。在商务场合和别人握手时，不管冬夏，都要摘掉手套；女士握手，有时不用脱手套，摘掉手套显得更加礼貌；进屋以后，一般要马上摘下手套；吃饭的时候，必须摘下手套。

4. 腰带

腰带更重要的是装饰作用。男士的腰带比较单一，质地大多是皮革的，没有太多装饰，穿西服时，都要扎腰带。夏季只穿衬衫并把衬衫扎到裤子里去的时候，也要系上腰带。颜色方面要遵从"三一定律"，要求腰带的颜色与皮包、皮鞋的颜色一致。

女士的腰带样式多样，质地有皮革、编织物和其他纺织品。在商务场合，女士腰带要求简洁大方，另外，商务女士佩戴腰带时还应注意：一是和服装的协调搭配，包括款式和颜色，比如穿西服套裙一般选择皮革或纺织的、花样较少的腰带，以便和服装的端庄风格搭配，穿着连衣轻柔织物裙装时，腰带的选择余地大一些；暗色的服装不要配用浅色的腰带，除非出于修正形体的需要。二是要和体型搭配，比如个子过于瘦高，可以用较显眼的腰带，形成横线，分割一下，增加横向宽度；如果上身长下身短，可以适当提高腰带到比较合适的上下身比例线上，造成比较好的视觉效果；如果身体过于矮胖，就要避免使用大的、花样多的腰带扣（结），也不要用宽腰带。三是要和社交场合协调。职业场合不要用装饰太多的腰带，而要显得干净利落一些；参加晚宴、舞会时，腰带可以花哨些。

无论男女，扎腰带一定要注意：出门前看看你的腰带扎得是否合适，腰带有没有"异常"，在公共场合或别人面前动腰带是不合适的；在进餐的时候，更不要当众松紧腰带，这样既不礼貌，也不雅观；如果必要，可以起身到洗手间去整理。经常注意检查自己的腰带是不是有损坏，以提早替换，避免发生"意外"。

5. 女士包

女士包是女性在各种场合中都不可缺少的饰物，它既有装饰价值又有实用性。女士包就外形和用途来说可以分为三种：肩挂式、平提式、平拿式。一般商务女士在上班时间或参加商务会议可用平提式包，其大小可以放得下 A4 纸大小的文件，不仅实用，而且显得更加干练，另外，商务女士在办公室中还应准备一个小巧的手包，里面放少量的化妆品、钥匙、钱等东西，可以在出席正式场合时用。选择时要考虑到颜色，与自身衣服的颜色要相配。

（二）首饰的佩戴

首饰是人们平日使用最多的一种饰品。严格地说，它指的是那些功能专一的装饰品，诸如戒指、耳环、项链、胸针等。有的时候，首饰往往被人们与饰品直接画上等号。

在一个人的穿着打扮中，首饰处于画龙点睛的位置。有鉴于此，商务人员选用首饰务必三思而行，一定要认真遵守礼仪规范：首先是要符合身份，其次是要男女有别。从商务角度讲，首饰是女性的"专利品"，男性除了结婚戒指等极少数品种的首饰外，通常不宜在正式场合佩戴首饰。即便是白领丽人，上班时佩戴首饰也要注意遵守约定俗成的规矩，比如以少为佳、同质同色、风格划一。否则，搞得五花八门、异彩纷呈，会令人感到佩戴者粗俗不堪。

1. 首饰的使用规范

（1）数量以少为好，不戴也可。佩戴首饰的数量越少越好，甚至可以不带首饰。如果想同时佩戴多种首饰，最好不要超过三种。如果没有特殊要求，可以佩戴单一品种的戒指，或者是把戒指和项链、戒指和胸针、戒指和耳钉两两组合在一起使用。

（2）符合身份，扬长避短。选戴首饰，不仅要照顾个人爱好，而且要服从自己的身份。工作场合、工作人员最好不要戴高档首饰，特别是珠宝类首饰。

选择首饰要充分正视自身的形体特点，努力使首饰的佩戴为自己体形扬长避短。避短是其中的重点，扬长就要适时而定。比如圆形脸的女士，就不适宜再选用耳环，否则会显得脸部更圆；而脖子较粗的女士若戴样式夸张的项链，则会显得脖颈更为臃肿。

（3）同色同质，注意协调。如果同时戴两件或两件以上的首饰，要求色彩一致、质地一致，托架也要力求一致。这样能让它们在总体上显得协调。

佩戴首饰不仅要注意首饰间的协调，还应注意整体的协调。如果有条件的话，佩戴首饰要注意季节性，比如金色、深色首饰适合冷季佩戴，银色、艳色首饰适合暖季佩戴。另外，佩戴的首饰还应和服饰协调。佩戴首饰是服装整体中的一个环节。要兼顾同时穿着的服装的质地、色彩、款式，并努力让它们在搭配、风格上相互般配。

2. 首饰的佩戴禁忌

商务人员可以佩戴的首饰有戒指、项链、耳环、手镯、发饰、领针等。选戴首饰的时候，要对不同的品种，进行不同的对待。首饰的作用就是装饰，但如果这种装饰给自己和别人在商务交往中带来不快的话，美丽也就不存在了。

（1）忌全副武装。可以佩戴的首饰种类虽然很多，但是作为商务人员来讲，应以少为佳。我们常能见到有些女士一次佩戴太多的首饰，项链、耳坠、戒指、手链，甚至再加上一枚胸针，像全副武装的士兵一样，整个人看起来既累赘又缺乏品位。

佩戴首饰不是为了显示珠光宝气，而是要对服装整体起到提示和浓缩或扩展的作用，以增强整个人外在的节奏感和层次感。像服装一样，首饰也有它自己的季节走向，春夏季可戴轻巧精致些的，以配合衣裙和缤纷的季节，秋冬季可戴庄重和典雅的，可以衬出毛绒衣物的温暖与精致。切不可一条项链戴过春夏秋冬，否则会显得单调和缺乏韵律。

（2）忌夸大缺点。切忌用首饰突出自己身体中不太漂亮的部位。比如脖颈上有赘肉和褶皱的女士，就不适合戴太有个性色彩的颈链，以免引起别人过多的关注；耳部轮廓不太好的，忌戴过于夸张的耳坠；手指欠修长丰润的，不要戴镶有大宝石或珍珠的戒指。

（3）忌不合身份。佩戴首饰一定要和身份气质及服装相协调才有品位。比如气质文静的女士不要戴过于夸张和象征意义太浓的首饰，否则会使别人产生错乱感。当穿职业装时，不适合佩戴材质复杂的饰品，最适合佩戴珍珠或做工精良的黄金白金首饰，穿晚装时可以戴宝石或钻石首饰，穿休闲装时比较适合戴个性化或民族风格的首饰。

（4）忌影响工作。在办公室所戴的饰品必须简单而不引人注意，如果你的饰品在工作时会发出声音，为了不影响别人的工作情绪，应该立即取下。同一件洋装常因搭配的饰品而具有不同的效果，因而大家在选择服饰时，都非常注重饰物的搭配。不过，在办公室的饰物最好还是以简单大方且不引人注意的较为理想。

3. 各种首饰的佩戴

首饰的种类很多，以其所使用的部位而论，便有头饰、颈饰、胸饰、手饰、足饰之分。在具体品种上，则有戒指、项链、挂件、耳环、手镯、手链、脚链、胸针、领针等。在佩戴方法上，除必须遵守以上八条使用规则之外，不同品种的首饰，往往各自还有许多不同的要求，对此切不可不闻不问。

（1）戒指。戒指，又叫指环，它佩戴于手指之上，男女老少皆宜。在正式场合，戴戒指时，一般讲究戴在左手上，而且最好仅戴一枚，如果想多戴，至多可戴两枚，只有新娘方可例外。戴两枚戒指时，可戴在两个相连的手指上，也可以戴在两只手对应的手指上。戴薄纱手套时戴戒指，应戴于其内。戒指的精细，宜与手指的粗细成正比。表示已婚的结婚戒指，应戴在左手无名指上。镶有太大的玉、太高档的戒指是不宜出现在商务场合的，如果会妨碍工作，则饰品应该取下。

从造型上讲，人们佩戴戒指，除了有特定的意义之外，应从审美角度满足装饰自身的需要。戴戒指和穿衣服一样，是以自身条件为依据的。只有与年龄、身材、肤色、脸型相互和谐、相互衬托的服装，才能使穿着者显得美丽动人。戒指所依据的条件主要是手指。如果你的手指纤细白皙，任何色彩、样式的戒指在这种手指上，都会熠熠生辉。手掌和手指粗大的人，在选择和佩戴戒指时，应该避免用细小而精致的戒指或过大的戒指，可以选择中等大小的戒指，最好是镶宝戒、钻戒或玉戒。手指粗短的人佩戴线条流畅的线戒为佳，应避免戴方戒、大镶宝戒。手掌和手指都偏小的，不太适合戴大戒指，佩戴娇小玲珑的细巧型戒指，可令手指秀丽可爱。若手部的皮肤偏黑，佩戴戒指时就应该特别注意色彩的搭配与协调。黑里透红的皮肤，如果戴红宝石、黄色宝石等暖色调镶宝戒，容易在弱对比下形成和谐，金色和银色的戒指，对于皮肤偏黑的手也比较合适。皮肤质地较粗糙的手，不宜佩戴精巧细致的戒指、刻花闪光戒、镶嵌小宝石的戒指、块面线条简洁的方戒等，可以减弱皮肤的粗糙感。总之，在商务场合，佩戴戒指应既考虑场合需要，又考虑美观大方。

（2）项链、耳环、手镯。项链的粗细，应该和脖子的粗细成正比。一般短项链的大概长度是40厘米，适合搭配低领上装，中长的项链大概是50厘米，可以广泛使用。60厘米的项链适合女士使用在社交场合。短项链适合颈部细长的女士，最好是配V字领上衣。中长度项链尽量不要挂在领口边上，否则会显得土，它适合搭配领口较宽大的衣服。长项链适合佩戴在衣服外，并搭配款式较为简单的长套裙、长裤、长裙。工作时所戴的饰品应避免太漂亮或闪光，基本上还是以不妨碍工作为原则。一件简单的针织洋装，再配上漂亮的坠子，这样的搭配是非常协调大方的，但如果会妨碍工作便不应佩戴，太长的项链也是不适合的。如果项链太长，常会因为太在意被桌脚钩住而影响工作效率。选择链坠时要力求和项链在整体上协调一致。正式场合不要选用过分怪异的图形、文字的链坠，也不要同时使用两个以上的链坠。男女都可以使用，但男士所戴的项链一般不要外露。不要戴多条项链，比较长的可折成数圈佩戴。

耳环又叫耳饰，具体又可分为耳环、耳链、耳钉、耳坠等。在一般情况下，它仅为女性所用，并且讲究成对使用，即每只耳朵均佩戴一只。工作场合，不宜在一只耳朵上同时戴多只耳环。耳饰中的耳钉小巧而含蓄，所以适合在商务场合工作的女性佩戴。在国外，男子也有戴耳环的，但习惯做法是左耳戴一只，右耳不戴；双耳皆戴者，会被人视为同性恋。而在商务场合中，男士不可佩戴耳环。女士佩戴耳环，应兼顾脸形。总的来说，不要选择与脸形相似形状的耳环，以防同形相斥，使脸形方面的短处被强调夸大。另外，对于耳环的选择也要以固定在耳上为佳；如果太长，不仅不合工作的打扮，且看起来不够庄重，常会引起别人的批评或妨碍工作，譬如会阻碍电话谈话的耳环在上班时就应取下。

手镯——没有装饰、有雕塑感的木质宽手镯带有中性色彩，金属宽手镯就显得很有个性。而另一种风格的宽手镯——用人造宝石镶上图案，必将制造出一种目不暇接的华丽氛围。它主要强调手腕和手臂的美丽。手镯的佩戴方式因其数量而定，如果只戴一只手镯，应戴在左手上；戴两只时，可每只手戴一只，也可以都戴在左手上；戴三只时，应都戴在左手上，不可一手戴一只，另一手戴两只；手镯要与戒指、服装样式协调统一。但在商务场合，女士佩戴手镯的数量以少为宜。可以只戴一只，通常应在左手，样式力求简单。在一般场合，男女都可以佩戴手链，但一只手上只能戴一条，而且应戴在左手上。它可以和手镯同时佩戴。在一些国家，佩戴手链、手镯的数量、位置，可以表示婚姻状况，但应注意，手链不要和手表同时戴在一只手上。

（3）胸针、领针、发饰。胸针是人们佩戴在胸前的一种装饰品，广义的胸针包括别针、插针、胸花等，男女都可以佩戴。当穿西装的时候，应别在左侧领上。穿无领上衣时，应别在左侧胸前。发型偏左时，胸针应当居右。发型偏右时，胸针应当偏左。具体高度应在从上往下数的第一粒、第二粒纽扣间。在工作中如果要求佩戴身份牌或本单位证章、徽记上岗的话，就不适合同时佩戴胸针。若无特殊要求，不要同时戴耳环、项链与胸针。三者皆集中于齐胸一线，若同时出现，容易显得过分张扬，且繁杂凌乱。

领针专门用来别在西式上装左侧领上，男女都可以用。佩戴时戴一只就行了，而且不要和胸针、纪念章、奖章、企业徽记等同时使用。在正式场合，不要佩戴有广告作用的别针，不要将它别在右侧衣领、帽子、书包、围巾、裙摆、腰带等不恰当的位置。

发饰常见的有头花、发带、发箍、发卡等。通常，头花和色彩鲜艳、图案花哨的发带、发箍、发卡，都不要在工作时佩戴。

除这些常见的饰物外，还流行佩戴鼻环、脐环、指甲环、脚戒指等。它们多是标榜前卫、张扬个性的选择，在工作时或商务场合均不应佩戴。

（4）手表。在商务场合佩戴手表，通常意味着时间观念强、作风严谨，也是一个人地位、身份、财富状况的体现。在正式场合佩戴的手表，造型上要庄重、保守，避免怪异、新潮，尤其是尊者、年长者更要注意。一般正圆形、正方形、长方形、椭圆形和菱形手表适用范围极广，也适合在正式场合佩戴，而那些新奇、花哨的手表造型，则不适宜商务人士佩戴。在颜色方面，应选择单色或双色手表，色彩要清晰、高雅，黑色的手表最理想。除数字、商标、厂名、品牌外，手表没必要再出现其他无意义的图案。

戴在手上的表带是非常引人注目的，当它有了裂痕或斑驳时就应换上一条新的，否则即使再有价值的表也会大打折扣的。另外，在交际场合，特别是和别人交谈时，不要有意无意地看表，否则对方会认为你对交谈心不在焉、不耐烦，想结束谈话。

六、不同行业的着装礼仪

1. 行政行业

行政行业人员包括政府机关人员，此外，银行、证券、企业中的行政人员也属此行业，被国家称为公务员。这样的职业注定其个人形象在多数情况下代表了部门形象，所以反映职业本身的信任度是工作着装的首要任务。服装应以中性为主，体现庄重与自身的亲和力，体现沟通和服务的渴望，款式要简洁，颜色最好以纯色为主，太过花哨的服装会影响到其他人的情绪、判断力和办公效率。这样的服装对于调节自我状态也十分有好处，给自己以冷静、有分寸感的心理暗示。男士最好穿白色或浅色暗格衬衫加深色西裤。女士则穿浅色套裙，挎质量好的单肩皮包，加上恰到好处的淡妆。

2. 企业及公关行业

当今企业注重企业文化，对员工的精神面貌、外在形象要求较高。因而，作为"白领"，必须要注意自身的形象，穿着职业时装。既谓之"时装"，顾名思义，其设计偏向于时尚化和个性化，穿着人员规范、整洁、美观、统一，通过将企业优秀文化统一的、有组织的、标准化的系统传播，能充分展示企业或部门形象，代表一种文化，形成内外的认同感，增加内部凝聚力，从而使企业或部门具有更强的竞争力和公信度。企业工作人员必须深知个人服装对于企业形象的意义，应注意服装质地与制作工艺，穿着适合自己的衣服，搭配得体，多选择造型简约流畅、修身大方的衣服。

公关行业包括商贸、保险、房地产、服务业、咨询业等，这是一个对公关意识要求很强的行业，这一行业的人员与企业员工有相似之处，但对着装有更加严格的要求。其强调同客户的互动和交流，所以要求从业人员能恰如其分地反映企业形象，尤其是在参加谈判时更要注重细节的修饰。所以外形感觉应该是雅致、职业化，"合身得体"是第一要义：既要符合自己的身份又要符合自己的身材。去除多余的装饰，体现干练、效率，讲究服装的内在质地、精致的品位，所以要注意着装的高级感和服饰礼仪，比如穿西装只能扣最上边的一颗或第二颗纽扣，扣上所有的纽扣是不礼貌的。色彩的选择上也要讲究，要以灰色、黑色或藏青色为主，但可以选择相对明亮的配饰。男士选择一件淡青色的短袖衬衣加上深蓝色长裤，这肯定是最保险的搭配。女孩子以淡米色套裙为主，不要为展示自己的年轻以牛仔装示人。

3. 营销行业

营销人员的服装穿着应以大方、稳重、适合交际场合为主，切忌太过随意与花哨。

美国著名时装设计师约翰·T. 莫洛伊曾经为工商企业界人士写过一本名为《成功的衣着》的书，其中有一部分专门讨论推销员的衣着问题。莫洛伊特别指出，尽管不同行业的推销员可能需要不同的衣着，但是大体上说来，推销员的穿着仍然应以稳重大方、整齐清爽、干净利落而且合乎企业形象或商品形象为基本原则。他还特别为推销员提出了一些标准，我们在这里列出供大家参考：上衣和裤子、领带、手帕、袜子等最好能相配，而且式样应以中庸为主，不能太流行，也不宜太老式。衣服颜色不可太鲜艳夺目，素色会使人感觉清爽。衣服大小要合身，太宽太窄均不宜。穿着要与所处的季节相配。夏天穿淡色，冬天穿深色。若冬天穿件白色短棉袄，会使人觉得太寒冷；夏天若穿黑西服，打黑领带，会给人以压迫感。要因地制宜，根据不同的场合来选择不同的服饰。访问办公室的客户与访问工厂的客户所穿的服装就不同。前者适宜穿西装领带，后者适宜穿夹克。可能的话，对于男推销员来说，应该穿正统西服或轻便西式上装。特别是对于女推销员来说，绝不可穿轻佻的奇装异服，或是穿着过分暴露的服装。代表个人身份或宗教信仰的标记最好不要佩戴（如社团徽章、宗教标记等），除非推销员十分准确地知道自己所拜访的对象与自己具有同一种身份或信仰。绿色服饰不适宜营销员穿戴。不要佩戴太多的饰品或配件。大戒指、手镯等都是绝对禁忌的物品。可以佩戴某一种能代表公司的标记，或者穿上某一种与产品印象相符合的衣服，使顾客加深对本公司和产品的联想。这种方法现在被应用得较为广泛，特别是对于一些大商场或大公司的营销员。可能的话，推销员可以携带一个大方的公事包，带一支比较高级的圆珠笔、钢笔或铅笔，打条质地良好的领带也很必要。尽可能不要脱去上装，否则可能会削弱推销员的尊严。推销员在拜访顾客之前，应该对镜自照，检查一下领带是否已整齐，扣子是否扣好，衣服是否已经干净挺括，皮鞋是否已经擦亮，鞋带是否已经系好。莫洛伊认为，成功的穿着是走向成功之路的第一步。当然，莫洛伊所提出的衣着标准，主要适用于西方营销行业尤其是美国的推销员。但是，我们也应该承认，从现代推销学角度来看待这些标准，其中大部分还是具有一定的普遍意义，值得我国营销界借鉴。

4. 服务行业

服务行业的从业人员普遍穿着统一的工作装，如旅游、餐饮、娱乐、宾馆、酒店等。穿着统一的职业制服，可以体现标志性与统一性，具有鲜明标志性的制服，首先能带给公众和谐的美感；其次，既能增加其权威感，又能体现亲和力。服务行业人员在穿着职业制服时，应注意成套穿着，保持工作装干净、挺括，佩戴胸徽（胸卡），男士穿黑色皮鞋，女士穿黑色皮鞋、布鞋，并要注意内衣、袜子的谐调搭配。制服要保持干净，皮鞋要保持光亮。

5. 技术行业

技术行业人员包括在计算机、网络、建筑和一些高新企业中工作的工程师，其行业特点是技术性。在这个行业中，个人的智慧和团队的合作精神都显得十分重要。所以，服装要以能够体现穿着者的独立个性和拓展精神空间为任务，首选大气、原本的颜色，在大同的概念里，对自己的创造力有一种潜在的影响。此外，还可以通过配饰强调身体局部的隆重以缓解平白感，给单调、连续的工作注入持久的激情。随意是扮相的精髓，但信条也必须前卫：穿衣最大的快乐在于自由。这个行业的女士最好用小细节张扬个性，比如用别出心裁的耳饰、手饰、脚饰或其他金属饰品达到夺人耳目的效果。

6. 媒介、广告业

从某种角度上讲，这些行业对服装的要求不是很严格，随意性很大，所以穿着可以很本色，张扬自己的个性和创造力，对于颜色也没有什么固定的要求，同色系、不同色系均可，可以很正式，也可以很自由。悄悄观察一下周围的同事着装，自己的穿着能与他们差不多就可以了。当然，如果想要标新立异，上司也不会有过多干涉。

本章小结

本章主要阐述了商务仪容礼仪和着装礼仪，主要包括仪容规范、化妆、发型、饰品佩戴礼仪、西装礼仪、套裙礼仪、领带和丝巾的打法等内容。

在商务交往中，每一位员工的个人形象都代表其公司形象，每一名商务人员的个人仪容以及着装往往展现着其个人修养，体现着他的审美品位，同时也反映了他对商务场合的约定俗成的习惯做法的了解程度。因此，商务人员在正式场合的仪容和着装，必须引起重视。

案例思考

程晓菲的尴尬

公司的工作人员程晓菲初入职场不久，在一次商务场合中因为衣着遭遇了意想不到的窘境。当时，某大型公司周年庆，邀请各合作伙伴公司参加商务晚宴，各公司负责经理都到场，程晓菲所在部门经理代表公司参加，邀其陪同前往。当晚，程晓菲提前到场，当他走入会场的时候，人员已到大半，他注意到身边的几位老总穿着都很到位：西装精致，风度翩翩，头发抹得光亮整齐。他还看到，很多男士都身穿黑礼服，显得那么帅气、干练。多数女士都穿着明艳的晚礼服，光彩四射。部分女士身着套裙，脖子上是金光闪闪的水钻项链。程晓菲看了看自己，尽管穿着西装，但由于近日很忙碌，一直没有更换，裤线没有了，上衣的兜盖反了方向，兜口总是张着，头发乱糟糟的。由于当天刚去办了次业务，皮鞋上满是灰尘。程晓菲感觉自己浑身不自在，有一种被当时的环境隔离的感觉，真希望当天的宴会快些结束。

思考：

1. 程晓菲为什么有一种被环境隔离的感觉？

2. 你认为程晓菲在以后着装方面应注意些什么？

本章习题

1. 简述女士面部化妆的一般程序。
2. 商务男士仪容有哪些要求?
3. 女式套裙的选择应注意哪些问题?
4. 首饰的佩戴禁忌有哪些?
5. 穿着西服时应注意哪些要点?

本章实践

1. 颜色搭配训练,掌握服饰颜色搭配的一般原则。
2. 练习领带系法,每位同学至少会两种系法。
3. 丝巾有哪几种系法? 请选择一种并做详细介绍。

第四章

商务社交礼仪

★学习目标

1. 了解迎接工作的注意事项、自我介绍时机、常见称谓方式、握手次序、握手的禁忌、发送名片时机和入户拜访的特点；

2. 熟悉迎接工作的主要工作内容、介绍礼仪中的介绍顺序、自我介绍的方式、握手时机、名片的递送以及呈接和拜访礼仪；

3. 熟知接待工作中不同类型的人员接待方法、握手动作要领、拜访的注意事项、馈赠时机、馈赠礼节和馈赠艺术。

★本章导读

某日，新城举行了春季商品交易会，各方厂家云集，企业家们济济一堂。华新公司的徐总经理在交易会上听说恒诚集团的崔董事长也来了，想利用这个机会认识这位素未谋面又久仰大名的商界名人。午餐会上他们终于见面了，徐总彬彬有礼地走上前："崔董事长，您好，我是华新公司的总经理，我叫徐涛，这是我的名片。"说着，便从随身带的公文包里拿出名片，递给了对方。崔董事长显然还沉浸在之前与人谈话的情景中，他顺手接过徐涛的名片，"你好。"草草地看过后放在了一边的桌子上。徐总在一旁等了一会儿，并未见这位崔董事长有交换名片的意思，便失望地走开了。

一个人要想在职场上获得成功，一个企业要想永久生存和发展，没有社会交际与商务交际是不现实的。进行社会交际与商务交际除了与人为善、讲信重义以外，遵守社交礼仪则是人们顺利地进行社会交往、企业永续发展的重要条件。

第一节　见面礼仪

一、称呼礼仪

由于文化背景不同，各个地方的称呼也不尽相同，了解相关称呼情况，对恰当地安排商务活动、顺利地开展业务十分必要。

1. 普通称呼

按照惯例，在交际场所，一般称男子为"先生"，称已婚女子为"夫人"，称未婚女子为"小姐"，在不明婚姻情况时，用"小姐"比贸然称之为"太太"更安全。在交际场合，为了表示对女性的尊重，可以将女性称为"女士"。这些称呼均可冠以姓名、职称、头衔等，如市长先生、怀特夫人等。

2. 头衔称呼

对部长以上的高级官员，一般可称"阁下"；对军人一般称"军衔加先生"，知道姓名的可冠以姓名；对知识界人士，可以直接称呼其职称，或在职称前冠以姓氏，但称呼其学位时，除博士外，其他学位（如学士、硕士）不能作为称谓来用。

3. 常见称呼习惯

由于各国的风俗习惯和语言不同，在称呼上存在差异，比如，德国人十分注重礼节、礼貌。初次见面，一定要称其职衔。如果对方是博士，则可以频繁地使用"博士"这个称谓。同美国人打交道时在称呼上不必拘礼。美国人在非正式场合，不论男女老幼或地位高低，都喜欢直呼对方名字。但在正式场合，如果与对方初识，还是先用正式称谓，等相互熟悉了或对方建议直呼其名时再改变。日本人习惯用"先生"来称呼国会议员、老师、律师、医生、作家等有身份的人，对其他人则以"桑"相称。在正式场合，除称呼"先生"和"桑"外，还可称其职务，以示庄重，对政府官员要用其职务加上"先生"来称呼。阿拉伯人对称呼不大计较，一般称"先生""女士"即可。但是由于受宗教和社会习俗等方面的影响，同阿拉伯妇女接触时不宜主动与之打招呼，多数情况下可以微笑或点头示意，就算礼节周到。

★微型案例 4-1

不同习俗的称谓

王华夫妇在美国一家通信咨询公司工作，一天，夫妇俩在逛超市的时候，碰到了前同事埃里斯及其孩子汤姆，王华夫妇由于很长时间没有看见埃里斯，三个人便谈了起来，汤姆在一旁有些不耐烦，便直呼埃里斯的名字叫其离开，王华夫妇见状，目瞪口呆……

[分析提示]

在我国民间，有一个喜欢在朋友、同事、邻居的子女间"论资排辈"的传统礼貌。孩子们一定要尊重自己的父母，而不能直呼自己父母的名字。西方一些国家的人没有这个讲究。不同民族、国家有着不同的称谓习惯，这些我们固然不必效仿，但到国外切不可把中国礼仪习惯照搬。

二、介绍礼仪

介绍是商务会面礼仪中经常遇到的环节。在接待人员和来访者见面时，通常情况下，相互之间进行介绍。

（一）介绍的基本礼仪

介绍的顺序遵守"尊者优先"的原则。先将职位低的人介绍给职位高的人；先将年轻者介绍给年长者；先将男性介绍给女性；先将主方人士介绍给客方人士；先将晚到者介绍给早到者。

当所要介绍的双方符合其中两个或两个以上顺序时，一般以先职位再年龄，先年龄再性别的顺序做介绍。例如，要为一位年长的职位低的女士和一位年轻的职位高的男士做介绍时，应该将这位女士介绍给这位男士。

做介绍时，目光应热情地注视对方，要注意微笑着用自己的视线把另一方的注意力引导过来。被介绍双方一般应起身站立，面含微笑。一般来说，介绍者位于中间，介绍时用右手，五指伸开朝向被介绍者中的一方，此时，介绍者的眼睛要看着另一方。介绍完毕，双方应依照礼仪顺序握手，彼此问候。

（二）介绍的内容

（1）介绍时说明被介绍人是谁，比如："您好，这位是张总，是本公司的董事长。"

（2）介绍时多提供一些相关的个人资料。例如，介绍某人的时候，别忘了说公司的名称和本人的职务。

（3）介绍时，记住加上头衔。被介绍的人如果有任何代表身份地位的头衔，如博士、教授、部长、董事长等，介绍时一定要冠在姓名之后。

（三）介绍方式

1. 自我介绍礼仪

自我介绍就是在必要的社交场合，把自己介绍给其他人，以使对方认识自己。恰当的自我介绍，不但能增进他人对自己的了解，而且可以创造出意料之外的商机。

（1）自我介绍的类型。根据介绍人的不同，自我介绍可以分为主动型自我介绍和被动型自我介绍两种类型。在社交活动中，在欲结识某个人却无人引见的情况下，可自己充当自己的介绍人，将自己介绍给对方。这种自我介绍叫作主动型自我介绍。应其他人的要求，可以将自己的某些方面的具体情况进行一番自我介绍。这种自我介绍则叫被动型自我介绍。在实践中使用哪种自我介绍的方式，要视具体环境和条件而定。

（2）自我介绍的时机。在商务场合，如遇到下列情况时，自我介绍就很有必要：与不相识者相处一室；不相识者对自己很有兴趣；他人请求自己做自我介绍；在聚会上与身边的陌生人共处；打算介入陌生人组成的交际圈；求助的对象对自己不甚了解，或一无所知；前往陌生单位，进行业务联系时；在旅途中与他人不期而遇而又有必要与人接触；初次登门拜访不相识的人；遇到接待人员挡驾，或是请不相识者转告；利用社交媒介，如信函、电话、电报、传真、电子信函，与其他不相识者进行联络时。

自我介绍应在适当的时机进行。进行自我介绍最好选择在对方有兴趣、有空闲、情绪好、干扰少、有要求之时；如果对方兴趣不高、工作很忙、干扰较大、心情不好、没有要求、休息用餐或正忙于其他交际之时，则不太适合进行自我介绍。

（3）自我介绍的方式。根据社交场合的不同，应有不同的自我介绍方式。自我介绍的方式主要有：

①应酬式自我介绍。这种自我介绍的方式最简洁，往往只包括姓名一项即可，如"您好！我叫迈克"。它适合一些公共场合和一般性的社交场合，如途中邂逅、宴会现场、舞会、通电话时。它的对象主要是一般接触的交往人。

②工作式自我介绍。工作式的自我介绍的内容，包括本人姓名、供职的单位以及部门、担负职务或从事的具体工作等三项。例如，可以说："我叫唐状，是大秦广告公司的公关部经理。"

③交流式自我介绍。也叫社交式自我介绍或沟通式自我介绍，是一种刻意寻求交往对象进一步交流沟通，希望对方认识自己、了解自己、与自己建立联系的自我介绍。适用于在社交活动中，大体包括本人的姓名、工作、籍贯、学历、兴趣以及与交往对象的某些熟人的关系等，如："我的名字叫王光，是里润公司副总裁。10 年前，我和您的先生是大学同学"。

④礼仪式自我介绍。这是一种表示对交往对象友好、敬意的自我介绍，适用于讲座、报告、演出、庆典、仪式等正规的场合，内容包括姓名、单位、职务等项，自我介绍时，还应多加入一些适当的谦辞、敬语，以示自己尊敬交往对象，如"女士们、先生们，大家好！我叫宋玉，是精英文化公司的部门经理。值此之际，谨代表本公司热烈欢迎各位来宾莅临指导，谢谢大家的支持"。

⑤问答式自我介绍。针对对方提出的问题，做出自己的回答。这种方式适用于应试、应聘和公务交往。在普通交际应酬场合，也时有所见。举例来说，对方发问："这位先生贵姓？"回答："免贵姓张，弓长张。"

（4）自我介绍的分寸。想要自我介绍恰到好处、不失分寸，就必须高度重视下述几方面的问题：

①自我介绍讲究效率。进行自我介绍时一定要力求简洁，尽可能地节省时间。通常以半分钟左右为佳，如无特殊情况最好不要长于 1 分钟。为了提高效率，在做自我介绍时，可利用名片、介绍信等资料加以辅助。

②自我介绍讲究态度。态度要保持自然、友善、亲切、随和，整体上讲究落落大方，笑容可掬，充满信心和勇气。忌讳妄自菲薄、心怀怯意。要敢于正视对方的双眼，显得胸有成竹，从容不迫；语气自然，语速正常，语言清晰。生硬冷漠的语气，过快过慢的语速，含糊不清的语音，都会严重影响自我形象。

③自我介绍追求真实。进行自我介绍时所表达的各项内容，一定要实事求是，真实可信。过分谦虚，一味贬低自己去讨好别人，或者自吹自擂，夸大其词，都是不足取的。

总的来说，当自己希望结识他人，或他人希望结识自己，或本人认为有必要令他人了解或认识自己的时候，自我介绍就会成为重要的交往方式。自我介绍常常会成为商务活动的组成部分，承担着拓展交际范围的重任，所以，对有关自我介绍的商务礼仪必须烂熟于胸。

2. 介绍他人礼仪

人际交往活动中，经常需要在他人之间架起人际关系的桥梁。他人介绍，又称第三者介绍，是经第三者为彼此不相识的双方引见、介绍的一种交际方式。为他人做介绍要做到以下几点：

（1）掌握介绍方式。他人介绍，通常是双向的，即对被介绍双方都各自做一番介绍。有时，也进行单向的他人介绍，即只将被介绍者中的某一方介绍给另一方。由于实际需要的不同，为他人做介绍时的方式也不尽相同。

①一般式。也称标准式，以介绍双方的姓名、单位、职务等为主，适用于正式场合，如"请允许我来为两位引见一下。这位是瑛秀公司营销部主任魏红小姐，这位是新信集团副总刘嫣小姐"。

②简单式。只介绍双方姓名一项，甚至只提到双方姓氏，适用于一般的社交场合，如"我来为大家介绍一下：这位是王总，这位是徐董。希望大家合作愉快"。

③附加式。也可以叫强调式，用于强调其中一位被介绍者与介绍者之间的关系，以期引起另一位被介绍者的重视，如"大家好！这位是飞跃公司的业务主管杨先生，这是小儿王放，请各位多多关照"。

④引见式。介绍者所要做的，是将被介绍双方都引到一起即可，适用于普通场合。如"OK，两位认识一下吧。大家其实都曾经在一个公司共事，只是不是一个部门。接下来的，请两位畅所欲言吧"。

⑤推荐式。介绍者经过精心准备再将某人举荐给某人，介绍者通常会对前者的优点加以重点介绍，通常适用于比较正规的场合，如"这位是阳远先生，这位是海天公司的赵海天董事长。阳先生是经济博士，管理学专家。赵总，我想您一定有兴趣和他聊聊吧"。

⑥礼仪式。这是一种最为正规的他人介绍，适用于正式场合。其语气、表达、称呼上都更为规范和谦恭，如"孙小姐，您好！请允许我把北京东方公司的执行总裁李力先生介绍给你。李先生，这位就是广东润阳集团的人力资源经理孙晓小姐"。

经介绍与他人相识时，不要有意拿腔拿调，或是心不在焉；也不要低三下四、阿谀奉承地讨好对方。

（2）注意介绍细节。在介绍他人礼仪中，无论是介绍者还是被介绍者，应注意的细节有：

①介绍者为被介绍者做介绍之前，要先征求被介绍者双方的意见。

②被介绍者在介绍者询问自己是否有意识认识某人时，一般应欣然表示接受。如果实在不愿意，应向介绍者说明缘由，取得谅解。

③当介绍者走上前来为被介绍者进行介绍时，被介绍者双方均应起身站立，面带微笑，大大方方地目视介绍者或者对方，态度要谦和。

④介绍者介绍完毕，被介绍者双方应依照合乎礼仪的顺序进行握手，并且使用"您好""很高兴认识您""久仰大名""幸会"等语句问候对方。介绍他人认识，是人际沟通的重要组成部分。良好的合作，可能就是从这一刻开始的。

（3）了解介绍时机。遇到下列情况，有必要进行他人介绍：

①与家人外出，路遇家人不相识的同事或朋友；

②本人的接待对象遇见了其不相识的人士，而对方又跟自己打了招呼；

③在家中或办公地点，接待彼此不相识的客人或来访者；

④打算推荐某人加入某方面的交际圈；收到为他人做介绍的邀请；

⑤陪同上司、长者、来宾时，遇见了其不相识者，而对方又跟自己打了招呼。

3. 集体介绍礼仪

若被介绍者双方地位、身份大致相似或难以确定时，应遵循"少数服从多数"的原则。若被介绍双方地位、身份存在明显差异时，应以地位、身份高者为尊。

（四）介绍注意事项

（1）介绍时应讲清国籍、单位、职务和姓名。介绍具体人时，要有礼貌地以手掌示意，不要用手指指点或用手拍打。

（2）被介绍时，除妇女和年长者外，一般应起立，但在宴会桌上、会谈桌上可不必起立，被介绍者只要微笑点头有所表示即可。

（3）听人介绍时应全神贯注，切勿心不在焉，同时最好能附之以一定的问候语，如"您好！""认识您很高兴！"等，以增添彼此的亲切感。

在商务接待活动中，由于客人初来乍到，一般较为拘谨，作为主人应主动与客人寒暄，一般由主方中身份最高的人员、负责的工作人员，将主方迎接人员按身份高低依次向对方介绍，然后客方向主方介绍，有时也可做自我介绍。

三、名片礼仪

名片是重要的交际工具。它直接承载着个人信息，担负着保持联系的重任。要使名片充分发挥作用，就必须掌握相关的礼仪。

1. 递送名片

做好递交名片的准备，即在外出时将名片放在容易拿出的地方，以便需要时迅速拿取。一般男士可以将名片放在西服内的口袋或公文包内，女士可将名片置于手提袋内。

向他人递送自己的名片时，要用双手呈上名片，微笑着注视对方。不要用左手递送名片，不要用食指和中指夹着名片给人，更不可随便将名片丢在桌子上，让别人去捡。名片的字迹应面向对方，便于对方阅读。如果自己的姓名中有不常用的、不好读的字音，最好能将自己的名字读一遍，以便对方称呼。

2. 呈接名片

接别人的名片时，也应用双手接。接到后应认真看一下，看不清的地方应及时请教，有时可有意识地重复一下对方的姓名和职务，以示尊敬和仰慕。看过名片后，应将名片收好，出于礼貌，切忌随手乱丢或在上面压上杯子、文件夹等东西。

3. 常见做法

在我们的商务活动中，习惯的做法是，初次见面时互相交换名片。如果是事先约好的，或是经别人介绍认识，可直接握手，随即开始会谈。如果想让对方记住自己的名字，可模仿外国人的做法，临别时递上自己的名片。

4. 索要名片

商务交往过程中，有时需要主动索要对方名片。索要名片有以下技巧：

（1）向对方提议交换名片。

（2）主动递上本人名片。

（3）委婉地索要名片。向尊长索取名片，可以这样说："今后如何向您老请教？"向平辈或晚辈索要名片，可以这样说："以后怎样与您联系？"

（4）当他人索取自己名片，而自己又不想给对方时，应用委婉的方式表达此意。可以说"对不起，我忘了带名片"，或者"抱歉，我的名片用完了"，若本人没有名片，又不想明说时，也可用这种方法表述。

★微型案例4-2

企业的特殊名片

企业常用的有季节名片、场合名片和纪念名片。季节名片是广告公司推出的新花招，依据四季的变化准备四种不同的名片，每季给一张新名片的同时，也重新自我介绍一番，以便时时留给对方崭新深刻的印象。场合名片是依据不同的场合准备好几种名片，例如第一次见面交换的是正式商务名片，第二次见面若将谈到公司业务，则再次交换有公司商品或宣传广告的名片。这种战略性强烈的名片就被称为"场合名片"。纪念名片最有特色，企业界会采取把纪念名片印成电话卡、在纪念名片上贴纪念邮票等形式来吸引对方的注意力。

[分析提示]

企业的特殊名片小案例提示我们要有创新意识。

5. 存放名片

（1）名片的置放。随身所带的名片，最好放在专用的名片包、名片夹里。公文包以及办公桌抽屉里，也应经常备有名片，以便随时使用；接过他人的名片看过之后，应将其精心存放在自己的名片包、名片夹或上衣口袋内。

（2）名片的管理。及时把所收到的名片加以分类整理收藏，以便今后使用方便。不要将它随意夹在书刊、文件中，更不能把它随便扔在抽屉里面。存放名片要讲究方式方法，做到有条不紊。推荐的方法有：按姓名拼音字母分类；按姓名笔画分类；按部门、专业分类；按国别、地区分类；输入商务通、电脑等电子设备中，使用其内置的分类方法。

6. 名片制作

名片是一个展现自己的小舞台。因此，名片要经过精心的设计，同时能够表现自己的身份、品位和公司形象，以便给对方留下深刻的印象。

★微型案例 4-3

张小姐的名片

张小姐的美容小店开张在即，让她苦恼的是店铺的位置不太醒目。张小姐是个细心的人，她想到利用名片来做文章。她要求自己的名片别具一格，体现美的内涵，让客户一看见名片就能有一种美的享受，最好还能有提示作用，让客户循着名片就能找到店铺。一家广告公司满足了张小姐的要求，并把张小姐的店铺名称做了特殊字符处理，让客户即使匆匆一瞥也能牢牢记住，而且整张名片都是四色印刷，精美大方。重点是：名片的背面是一张小小的地图，中间醒目位置标出了张小姐店铺的位置，这下再也不用担心客户找不到了。小店因而从当初只有几个人的门面发展到在全市拥有十几家分店的美容连锁店。后来，张小姐又给自己的连锁店设计了一套贵宾卡派送给客户。

[分析提示]

这种独特的名片给张小姐带来了源源不断的客流，精明的张小姐用这个方法紧紧抓住了顾客的心。

四、行礼礼仪

（一）握手礼

握手是国际上通用的一种礼节，它是见面时最常见的礼仪。握手除了作为见面、告辞、和解时的礼仪外，还可以表示一种感谢、祝贺以及相互鼓励等。如对方取得某些进步和成绩时，赠送礼品以及发放奖品、奖状和发表祝词讲话后，均可以握手来表示祝贺、感谢、鼓励等。因为不懂握手的规则而遭遇尴尬的场面，是谁也不愿意遇到的。握手握得正确与否，主要看动作是否符合下列要点：

1. 握手方式

普通的握手方式是：双方各自伸出右手，手掌基本呈垂直状态，五指并拢，稍微握一下，时间不宜过长，也不宜过短，一般以三秒钟左右为宜。根据不同的社交场合，握手的方式主要有：

（1）单手相握。用右手与单手相握，是常用的握手方式。

①平等式握手。手掌垂直于地面并合握。地位平等或为了表示自己不卑不亢，多采用这种方式。

②友善式握手。自己掌心向上与对方握手。这种握手方式能够显示自己谦恭、谨慎的态度。

③控制式握手。自己掌心向下与对方握手。这种握手方式让自己显得自高自大，基本不

予采用。

（2）双手相握。双手相握又称"手套式握手"，即用右手握住对方右手后，再以左手握住对方右手的手臂。这种方式，适用于亲朋好友之间，以表达自己的深厚情谊；不适用于初识者或异性，因为那样会被误解为讨好或失态。

2. 握手次序

在正式场合，握手时伸手的先后次序主要取决于职位、身份。在社交、休闲场合，则主要取决于年龄、性别、婚否。

（1）职业、身份高者与职位、身份低者握手，应由职位、身份高者首先伸出手来。

（2）女士与男士握手，应由女士首先伸出手来。

（3）已婚者与未婚者握手，就由已婚者首先伸出手来。

（4）年长者与年幼者握手，应由年长者首先伸出手来。

（5）长辈与晚辈握手，应由长辈首先伸出手来。

（6）社交场合的先到者与后来者握手，应由先到者首先伸出手来。

（7）主人应先伸出手来，与到访的客人相握。

（8）客人告辞时，应首先伸出手来与主人相握。

3. 握手要领

在握手的过程中，握手表现得是否得体，能够代表一个人的素质与修养。

（1）与人握手时应面含笑意，注视对方双眼。神态要专注、热情、友好而自然。口中的问候，也是必不可少的。向他人行握手礼时要起身站立，以示对对方的尊重。

（2）若相识的对方是妇女、年长者、职位高者，应尊重对方意愿，不主动伸手。不要迟迟不握他人早已伸出的手，或是一边握手一边东张西望，或忙于跟其他人打招呼。

（3）双方将要相握的手各向侧下方伸出，伸直相握后形成一个直角。

（4）握手时双方彼此之间的最佳距离为 1 米左右。距离过大，显得一方冷落另一方；距离过小，手臂难以伸直，也不太雅观。

（5）握手要有适当力度，与人握手不可以不用力，否则会使对方感到缺乏热忱与朝气，也不可以拼命用力，否则会有示威、挑衅的意味。

（6）握手的时间不宜过短，也不宜过长，以 3 秒为宜。时间过短，会显得敷衍；时间过长，尤其是和异性握手，则可能会被怀疑为居心不良。

（7）宾主之间，主人有向客人先伸手的义务，无论在机场或宾馆接待外宾，不管对方是男是女，主人都应先伸手。

4. 握手禁忌

握手作为一个细节性的礼仪动作，做得好，好像没有什么显著的积极效果，做得不好，却能突兀地显示出负面效果。

（1）握手时，另外一只手不要拿着报纸、公文包等东西不放，也不要插在口袋里。

（2）不要在握手时争先恐后，应当依照顺序依次而行。

（3）女士在社交场合戴着薄纱手套与人握手被允许，但男士无论何时都不能在握手时戴着手套。

（4）除患有眼疾或眼部有缺陷者外，不允许握手时戴着墨镜。

（5）不要拒绝与他人握手，也不要用左手与他人握手。

（6）与基督教徒交往时，不要两人握手时与另外两人相握的手形成交叉状。这种形状类似十字架，在他们看来是很不吉利的。

（7）握手时不要把对方的手拉过来、推过去，或者上下左右抖个不停。

（8）握手时，不要长篇大论，点头哈腰，滥用热情，以免显得过分客套。

（9）握手时不要仅握住对方的手指尖，也不要只递给对方一截冷冰冰的手指尖。

（10）不要用很脏的手与他人相握，也不能在人与人握手之后，立即揩拭自己的手掌。

大部分欧洲人通常是在经人介绍与别人相识时握手，握手是标准的见面礼，但那只是轻轻地握手。而美国人在相互介绍后，通常只是笑笑，打一声招呼，而不是一本正经地握手。只有在正式场合，他们才注重握手礼，握手时，力度和幅度较大，胳臂上下摆动，甚至带动肩膀。

（二）致意礼

致意是见面时常用的一种礼节，它表示问候之意。致意是已相识的友人之间在相距较远或不宜多谈的场合用无声的动作语言相互表示友好与尊重的一种问候礼节。致意时应诚心诚意，表情和蔼可亲。

在大庭广众场合，致意的基本规则是男士先向女士致意，晚辈先向长辈致意，未婚者先向已婚者致意，学生先向老师致意，职位低者先向职位高者致意。女士唯有遇到长辈、老师、上司和特别敬佩的人以及见到一群朋友时，才需首先向对方致意。当然，在实际交往中绝不应拘泥于以上的顺序原则。长者、上司为了倡导礼仪规范，为了展示自己的平易、随和，主动向晚辈、下级致意会更有影响力。遇到别人向自己首先致意，必须马上用对方所采取的致意方式"投桃报李"回敬对方，绝不可置之不理。

致意的方式多种多样，常用的有五种：

（1）微笑致意。可以用于同不相识者初次会面之时，也可以用于向在同一场合反复见面的老朋友"打招呼"。

（2）点头致意。适用于交谈的场合，如在会场上或在与别人谈话时遇见熟人，只需点头致意即可。另外，与相识者在同一地点多次见面，或仅有一面之交的朋友在社交场合相见，均可点头致意。点头致意时，头轻轻向下一动，不必幅度太大。

（3）举手致意。通常用于公共场合远距离遇到相识的人，不必作声，举起右手，掌心朝向对方，轻轻摆摆手或挥挥手即可；但摆幅不要太大，手不要反复摇动。

（4）脱帽致意。两人相遇可摘帽点头致意，离别时再戴上帽子。戴着礼帽遇到友人特别是女士时，应微微欠身，摘下帽子，并将其置于与肩膀平行的位置，同时与对方交换目光；离开对方时，脱帽者才可以使帽子"复位"。若在室外行走中与友人迎面而过，只要用手把帽子轻掀一下即可。如要停下来与对方谈话，则一定要将帽子摘下来，拿在手上，说完话再戴上。如因头痛等原因不能摘帽，应向对方声明，并致歉意。如男士向女士行脱帽礼，女士应以其他方式向对方答礼，但女士是不行脱帽礼的。

（5）欠身致意。致意者可以站着也可以坐着，在目视被致意者的同时，身体微微向上向前倾，以表示对对方的尊敬之意。

上述几种致意方式，在同一时间，对同一对象，可以用一种，也可以几种并用，依自己对对方表达友善恭敬的程度而定。相互致意时要注意文雅，不要一面致意，一面高声叫喊；也不要一手致意，一手插在衣裤兜里；嘴里叼着香烟致意更是不礼貌的。

在社交场合遇见身份高的领导人，应有礼貌地点头致意，不要主动向前握手问候，只有在领导人伸手时，才能向前握手问候。

（三）鞠躬礼

鞠躬礼即弯身行礼，其源于中国的商代，是一种古老而文明的对他人表示尊敬的郑重礼节。它既适用于庄严肃穆或喜庆欢乐的仪式，又适用于普通的社交和商务活动场合。

1. 鞠躬的姿势

行鞠躬礼时要双手垂放，双脚立正，双目凝视受礼者，然后上身弯腰前倾。男士在鞠躬时，双手应放在大腿两侧的裤线稍前的地方。女士则应将双手放在身前腹部处轻轻搭在一起，也可放在正前方。行鞠躬礼时，面对受礼者，距离约二三步远，头和颈部要处于自然状态，以腰为轴上身前倾，视线随着鞠躬动作自然下移，同时问候"您好！""早上好！""欢迎光临！"等，礼后起身迅速还原。

施鞠躬礼前，应先将帽子摘下再施礼。施礼时，目光不得斜视和环顾，不得嘻嘻哈哈，口里不得叼烟卷或吃东西，动作不能过快，要稳重、端庄，并带有对对方的崇敬感情。

通常，受礼者应以与施礼者的上体前倾幅度大致相同的鞠躬还礼，但是上级或长者还礼时，不必以鞠躬还礼，可以欠身点头或握手答礼。鞠躬礼在东亚国家流行甚广，尤其是在日本盛行。

2. 鞠躬的深度和次数

一般来说，行鞠躬礼时，下弯的幅度越大和次数越多，即表示敬重的程度越大，但也要注意场合，根据具体情况而定。一般问候、打招呼时应施15°左右的鞠躬礼，迎客与送客时分别行30°与45°的鞠躬礼，喜庆场合行40°左右的鞠躬礼，这些场合一般只需要行礼一次。唯在追悼会时才采用较大幅度的三鞠躬礼。在初见的朋友之间、同志之间、宾主之间以及下级对上级、晚辈对长辈，为了表达对对方的尊重，都可以行鞠躬礼。

（四）拥抱礼与亲吻礼

亲吻礼是用唇或面颊接触他人表示致意的礼节。依照双方关系的亲疏程度，亲吻的部位与方式也不尽相同。长辈只吻晚辈的额头；同辈如朋友、同事、兄弟姐妹之间只是脸颊相贴，情侣与夫妻之间才亲吻对方嘴唇。此外，还有一种吻手礼流行于欧美上层社会异性之间的交往中。需要注意的是，亲吻礼必须稳重、自然。涉外交往中，年轻女性一般不宜与男外宾行亲吻礼，而应主动行握手礼；当然，当外国年长宾客出于尊重行亲吻礼时，也应大大方方地以礼待之。

（五）合十礼

合十礼施礼正规庄严，身体直立，双目注视对方，面带微笑，两个手掌在胸前约20厘米处对合，五指并拢向上，手掌略向外倾斜，然后欠身低头，并口诵"菩萨保佑！"通常行合十礼的双手举得越高，表示对对方的尊敬程度就越高，向一般人行合十礼，合十的指尖与胸部持平即可；若是平辈相见，指尖应举至鼻尖；晚辈见尊长时，指尖应举至前额。施合十礼是不得戴帽子的，若戴着帽子，必须先摘帽夹在左腋下，方可施合十礼。

（六）拱手礼

在中国，亲友相见，特别是在春节团拜、登门拜访、致以祝贺、开会发言时，可以行拱手礼。它是我国古代一种重要的礼节，已沿用两千多年。施拱手礼的方法是，行礼者首先立正，右手半握拳，然后用左手在胸前扶住右手，在双目注视对方的同时，拱手齐眉，弯腰自上而下，双手向前朝对方方向轻轻摇动。行礼时，可向受礼者致以祝福或祈求，如"恭喜发财""请多关照"等。

第二节　客户接待与拜访礼仪

迎来送往是社会交往接待活动中最基本的形式和重要环节，是表达主人情谊、体现礼貌素养的重要方面。认真按照商务交往中的礼仪规范行事，是人与人之间的顺利友好往来的良好开端。

一、迎接客人的礼仪

迎接是给客人良好第一印象的重要工作内容。给对方留下良好的第一印象，就为下一步深入接触打下了基础。

（一）主要工作内容

以热情有礼、周到妥帖的态度做好迎客工作，使客人有"宾至如归"之感，是迎接工作的基本要求。

1. 提前到达

根据来访者的到达时间，应提前15分钟到达机场、车站或码头。决不能够出现让客人等候我方接待人员的情况。一般商务活动和日常接待工作中，都应该遵循提前到达的原则。

2. 做好接待的准备工作

要事先准备妥当交通工具，提前安排住宿。要保证交通工具的工作状态良好，根据客人的类型不同，住宿地点应尽量迎合客人的心理需求。同时，由于机场、车站和码头客流量大，为方便寻找客人，应事先制作接应牌，上面写明客人的姓名、所在单位、出席活动会议的名称、接待单位名称，字体要大，字迹要端正，使人容易看清。

3. 宾主相见礼仪

来访者到达后，应进行相互介绍。一般由主人一方负责接待的最高身份者，率先将主人一方的迎候人员，按照身份和地位的高低顺序，一一介绍给来访者中身份最高的人。如果来访者是彼此熟悉的朋友，那么不必相互介绍，直接问候即可。同时，应对客人的到来，要表示热情的欢迎、问候。如果来宾是贵客，则应安排适当的迎接仪式。如果来宾携带一些行李，迎接人员应当主动帮助来宾携带。应当注意，迎接人员一般不要主动要求帮助男宾拿公文包或者帮助女宾拿手提包。

4. 乘坐交通工具礼仪

乘坐交通工具的时候，一定要把主座让给客人，但是在一般情况下，要坚持以客人为主的基本原则。在车上可与客人进行简单的寒暄，以便解除客人的拘谨、紧张感，同时，简要向客人介绍拜访期间的有关活动、会议和事务的情况，如背景资料、筹备过程、日程安排等，告之其住宿地点。

5. 到达目的地礼仪

到达目的地后，迎接人员帮助客人办理好有关的住宿手续，领取钥匙，带领客人进入客房，向客人介绍该住处的设施、服务等方面的情况，询问客人有什么要求，察看房内设施还有何处不妥。需要解决的问题，要与宾馆联系。客人安置后，不要马上安排其他活动，接待人员尽量不要久留，要给客人留下足够的休息时间。迎接人员在和客人约好第一次活动的时间以及有关接待部门的电话后，即可离开。

（二）**注意事项**

按照惯例，要根据来访者的身份和来访目的确定迎接的规格，这里主要涉及以下几方面的问题：

1. 接待人员应具备的素质

接待人员要品貌端正，举止大方，口齿清楚，具有一定的文化素养，受过专门的礼仪、形体、语言、服饰等方面的训练。服饰要整洁、端庄、得体、高雅，女性应避免佩戴过于夸张或有碍工作的饰物，化妆应尽量淡雅。

2. 迎接的人员要"门当户对"

如果来访者是预先约定好的重要客人，则应根据来访者的地位、身份等确定相应的接待规格和程序。如果当事人因故不能出面，或不能完全与来访者身份相当时，则适当变通，由职位相当的人员或副职出面迎接，并从礼貌的角度出发，向对方做出解释。在办公室接待一般的来访者，谈话时应注意少说多听，最好不要隔着办公桌与来人说话。对来访者反映的问题，应做简短的记录。

3. 注意迎接的仪式

迎接普通来访者，一般不需献花。献花适用于礼遇较高的外商。向贵客献花，通常由儿童或女青年在参加迎接的主要领导人与来访者握手之后，将花献上，并向来客行礼。献花需用鲜花或由鲜花扎成的花束，花束要整洁、鲜艳，忌用菊花、杜鹃花、石竹花和黄颜色的花朵。

（三）**不同类型人员的接待**

公司常常会有一些客人来拜访，作为公司的一员，自然有义务来进行接待。如何既礼貌周到地接待来客，又不会因此影响工作，这就需要根据来访客人类型的不同而有所区分。

1. 领导的亲戚朋友

应该热情地请进会客室就座，上茶，可以说"您稍等一下，我看一下×××在不在"，并马上请示领导，再按照指示接待、安排。

2. 推销员

推销员我们可能遇到得最多。这时候最好先打电话给相关部门，如果相关部门有意向或者事先有约的话，你再指引他们过去。如果没有预约，而推销员又坚持要见相关领导，你也没必要黑脸推辞，可以委婉地让他们把材料留下，回头请领导过目。领导如果感兴趣，你再及时、主动地和他们联系。

3. 客户

有些客户来访的问题是很简单的，不需要领导出面也可以解决，这时，你就要显示"分担领导工作"的能力。你可以介绍他们去找相关部门的主管或人员交涉。但事先应主动替他联系，然后指明该部门的名称、位置，最好能亲自引领客人去。

4. 不速之客

如果有不速之客，应态度和蔼地请对方报上姓名、单位、来访目的等基本资料，然后请示领导，由领导决定是否会见。

由此可见，做接待工作要学会审时度势，具体情况具体处理，这样才会做到有礼有节，协调好单位和来访人员的关系，展现出良好职业人的素质。

二、引导客人的礼仪

1. 引导位置

引导人员站在来宾的左前方，距离来宾 0.5～1.5 米（社交距离），传达"以右为尊、以客为尊"的理念。来宾人数越多，引导的距离也应该越远，以免照顾不周。

2. 引导手势

在引导时，大多使用"前摆式"手势。四指并拢，拇指靠向食指，手掌伸直，由身体一侧自下而上抬起，以肩关节为轴，到腰的高度再由身前左方或右方摆去，手臂摆到距离身体 15 厘米并不超过躯干的位置停止。目视来宾，面带微笑。

3. 引导语言

要有明确而规范的引导语，多用敬语"您好""请"，以表达对来宾的尊重。引路时要注意客人，适当地做些介绍。通过问候、提醒，确保来宾心情舒畅并且能安全到达目的地。

4. 不同地点的引导礼仪

（1）楼梯。引导客人上楼时，应让客人走在前面，接待工作人员走在后面；下楼时，应该由接待工作人员走在前面，客人在后面。上下楼梯时，应注意客人的安全。

（2）电梯。引导客人乘坐电梯时，接待人员先进入电梯，等客人进入后关闭电梯门；到达时，接待人员按"开"的钮，让客人先走出电梯。

（3）客厅。客人走入客厅，接待工作人员用手指示，请客人坐下，客人坐下后，行点头礼离开。如客人错坐下座，应请客人改坐上座（一般靠近门的一方为下座）。

（4）走廊。接待工作人员走在客人两三步之前，客人走在内侧。与长辈、上司同行时，原则上在其左边。引导客人时最好走在客人的左前方，与客人保持两至三步的距离，切忌独自走在前面。上楼梯时陪同人员应在扶手的一边，让客人走在前面，下楼时可走在客人的前面。

三、介绍客人的礼仪

1. 介绍顺序

介绍人在介绍之前必须了解被介绍双方各自的身份、地位以及对方有无相识的愿望，或者衡量一下有无为双方介绍的必要，再择机行事。介绍的先后顺序应坚持受到特别尊重的一方有了解对方优先权的原则，应把男士介绍给女士，把晚辈介绍给长辈，把客人介绍给主人，把未婚者介绍给已婚者，把职位低者介绍给职位高者，把本公司职务低的人介绍给职务高的客户，把个人介绍给团体，把晚到者介绍给早到者。在口头表达时，先称呼长辈、职位高者、主人、女士、已婚者、先到场者，再将被介绍者介绍，然后介绍先称呼的一方。这种介绍顺序的共同特点是"尊者居后"，以表示尊敬之意。

2. 介绍人的神态与手势

作为介绍人在为他人做介绍时，态度要热情友好，语言要清晰明快。在介绍一方时，应微笑着用自己的视线把另一方的注意力吸引过来。手应掌心向上，胳膊略向外伸，指向被介绍者，但介绍人不能用手拍被介绍人的肩、胳膊和背等部位，更不能用食指或拇指指向被介绍的任何一方。

3. 介绍人的陈述

介绍人在做介绍时要先向双方打招呼，使双方有思想准备。介绍人的介绍语宜简明扼要，并应使用敬辞。在较为正式的场合，可以说："尊敬的××先生，请允许我向您介绍一下……"或者说："×总，这就是我和你常提起的×博士。"在介绍中要避免过分赞扬某个人，不要给人留下厚此薄彼的感觉。

在介绍别人时，切忌把复姓当作单姓，常见的复姓有"欧阳""司马""司徒""上官""诸葛""西门"等，注意不要把"欧阳明"称为"欧先生"。当介绍人为双方介绍后，被介绍人应向对方点头致意，或握手为礼，并以"您好""很高兴认识您"等友善的语句问候对方，表现出结识对方的诚意。介绍人在介绍后，不要随即离开，应给双方交谈提示话题，可有选择地介绍双方的共同点，如相似的经历、共同的爱好和相关的职业等，待双方进入话题后，再去招呼其他客人。当两位客人正在交谈时，切勿立即给其介绍别的人。

第三节　商务馈赠礼仪

一、馈赠的含义及意义

馈赠是人们在交往过程中通过赠送交往对象礼物，来表达对对方的尊重、敬意、友谊、纪念、祝贺、感谢、慰问、哀悼等情感与意愿的一种交际行为。

馈赠礼品能起到联络感情、加深友谊、促进交往的作用，随着交际活动的日益频繁，其越来越受到人们的重视。馈赠的目的在于沟通感情和保持联系，所以它不仅是一种行为方式，更为重要的是通过这种方式体现馈赠者的人品和诚意。

二、馈赠六要素

得体的馈赠要考虑六方面的问题：送给谁（who），为什么送（why），送什么（what），何时送（when），在什么场合送（where），如何送（how）。也就是要考虑馈赠对象、馈赠目的、馈赠内容、馈赠时机、馈赠场合、馈赠方式六个要素，简称馈赠"5W1H"规则。

（1）馈赠对象。馈赠对象即馈赠客体，是赠物的接受者。馈赠时要考虑馈赠对象的性别、年龄、职位、身份、性格、喜好、数量等因素。

（2）馈赠目的。馈赠目的即馈赠动机。任何馈赠都是有目的的，或为表达友谊，或为祝颂庆贺，或为酬宾谢客，或为慰问哀悼。馈赠动机应高尚，以表达情谊为宜。

（3）馈赠内容。馈赠内容即馈赠物，是情感的象征或媒介，包括赠物和赠言两大类。赠物可以是一束鲜花、一张卡片或一件纪念品。赠言则有多种形式，如书面留言、口头赠言、临别赠言、毕业留言等。馈赠时，应考虑赠物的种类、价值的大小、档次的高低、包装的式样、蕴含的情意等因素。

（4）馈赠时机。馈赠时机即馈赠的具体时间和情势，主要应根据馈赠主客体的关系和馈赠形式来把握。

（5）馈赠场合。馈赠场合即馈赠的具体地点和环境，主要应区分公务场合与私人场合，根据馈赠的内容和形式来选择适当的场合。

（6）馈赠方式。馈赠方式主要有亲自赠送、托人转送、邮寄运送等。

三、馈赠礼仪的原则

1. 投其所好的原则

由于民族、生活习惯、生活经历、宗教信仰以及性格、爱好的不同，不同的人对同一礼品的态度是不同的，或喜爱或忌讳或厌恶等，因此我们要把握投其所好、避其禁忌的原则。在这里尤其强调避其禁忌。禁忌是一种不系统的、非理性的、作用极大的心理和精神倾向，对人的活动影响强烈。

2. 礼轻情意重的原则

通常情况下，礼品的贵贱厚薄，往往是衡量交往人的诚意和情感浓烈程度的重要标志。然而礼品的贵贱厚薄与其物质的价值含量并不总成正比。因为礼物是言情寄意表礼的，它仅仅是人们情感的寄托物，人情无价而物有价，有价的物只能寓情于其身，而无法等同于情。我们提倡"君子之交淡如水"，提倡"礼轻情意重"，但是，当我们因种种原因陷入"人情债务链"时，则不妨既要注意以轻礼寓重情，又要入乡随俗地根据馈赠目的和自己的经济实力，择定不同轻重的礼物。馈赠礼物的贵贱厚薄都应以对方能愉快接受为尺度。

3. 把握时机的原则

就馈赠的时机而言，及时适宜是最重要的。中国人很讲究"雨中送伞""雪中送炭"，即十分注重送礼的时效性，因为只有在最需要时得到的才是最珍贵的，才是最难忘的。因此，要注意把握好馈赠的时机，包括时间的选择和机会的择定。一般说来，时间贵在及时，超前或滞后都达不到馈赠的目的；机会贵在事由和情感及其他需要的程度。

4. 场合选择的原则

赠礼场合的选择是十分重要的。尤其那些出于酬谢、应酬或有特殊目的的馈赠，更应注意赠礼场合的选择。一般情况下不在公开场合送礼，只有礼轻情重的特殊礼物才适宜在大庭广众下赠送，如一本特别的书、一份特别的纪念品等。

★微型案例4-4

伞的故事

某大型商务公司开业第一天，很多关系单位都送来了具有纪念意义的礼品，公司王总经理非常高兴。正在这时天气骤变，下起雨来，半个小时后，王总经理的朋友刘先生拿着20把雨伞作为礼品送到了王总经理的手中，只见王总经理的脸像外面骤变的天气一样沉了下来。

[分析提示]

馈赠要找准时机。伞的谐音是散，在公司开业时送此礼品是不合适的。

本章小结

遵守社交礼仪是人们顺利地进行社会交往和企业永续发展的重要条件。本章从遵守社交礼仪规则的角度，详细介绍了社交礼仪的有关内容，其中包括见面礼仪、客户接待与拜访礼仪以及商务馈赠礼仪。见面礼仪包括称呼礼仪、介绍礼仪、名片礼仪以及行礼礼仪等内容；客户接待与拜访礼仪包括迎接客人的礼仪、引导客人的礼仪、介绍客人的礼仪等内容；商务馈赠礼仪包括：馈赠的含义及意义、馈赠六要素（对象、目的、内容、时机、场合、方式）、馈赠礼仪的原则等内容。

案例思考

小赵和小关是大学同学，大学毕业后各奔东西。如今小赵在甲公司当业务员，小关在乙公司当经理。甲公司正好准备和乙公司做一笔生意（第一次），而小赵得知此事后自告奋勇，一来想去探望一下10多年没见的同学，二来也想提升一下自己在公司的地位。这天下午小赵便去乙公司的经理室，结果在门口被秘书拦下。经过一番解释，秘书告诉他经理有事不在，并将公司的电话留给他。隔了几天，小赵打电话给乙公司，预约成功，定于星期三下午3：30见面。由于堵车，小赵晚到了半个小时。到了以后，小关还在，就推门进去。老朋友相见，十分欢喜。小赵冒出一句："小关，这几年过得不错啊！"关经理感到有些尴尬，接着俩人寒暄了几句。小赵便往沙发上一坐，跷起二郎腿，掏出一支烟递给小关，关经理不抽，小赵便大口大口地抽了起来，整个经理室顿时烟雾笼罩。关经理实在觉得不适，就打开窗户，说："我这几天咽喉发炎，闻不得烟味。请见谅！"小赵也就不抽了，接着俩人聊开了大学生活……临走之际，小赵说明来意，并将一块依波表送给关经理。关经理死活不接，并解释公司有规定：对500元以上的礼品概不接受。

思考：
请指出小赵的失礼之处。

本章习题

一、判断题

1. 商务名片礼仪中，任何场合都可以交换名片。　　　　　　　　　　　　（　　）
2. 商务拜访礼仪中，拜访客户不需约定时间。　　　　　　　　　　　　（　　）

二、简答题

1. 商务会面中，迎接工作的主要内容有哪些？
2. 商务介绍他人礼仪中，介绍方式包括哪几种？

三、技能题

结合一项具体的接待工作，判断其接待工作的正确性。

本章实践

拜访本市一家大型公司，推销自己准备好的商品。

第五章

商务宴请礼仪

★学习目标

1. 掌握中餐宴请和西餐宴请的基本礼仪；
2. 熟悉宴会的筹备以及赴宴的礼仪；
3. 熟知中餐、西餐中各种餐具的使用，以及餐桌礼仪禁忌。

★本章导读

有一天，宋朝的著名文学家苏东坡和朋友一起喝酒。他们要了很多菜，其中有一份下酒菜是4条小鱼。他的朋友很爱吃鱼，一连夹了3条放在自己的盘里，接着一口气把3条鱼全吃了，看看桌上最后1条，朋友有些不好意思地说："这一条你吃了吧！"

苏东坡叹了口气，笑着说："我本想自己吃，可是，我实在不忍心拆散它们，还是让它们团聚吧。"

宴请是指设宴招待宾客。客人赴宴，是人类自古以来表示友好的一种普遍交往方式。在现代社会，随着商业和市场经济的繁荣，私人交往和公务交往都很普遍和频繁，而宴请又是其中一个极其重要的形式。在社会交往和现实生活中，通晓宴请礼仪对商务人士来说非常重要。本章主要介绍中餐宴会和西餐宴会的宴请礼仪和规范。

第一节　中餐宴请礼仪

中餐宴请礼仪是邀请客人参加具有中国传统民族色彩的宴会活动。宴会遵循中国的饮食习惯，饮中国酒，食中国菜，用中国餐具，行中国的传统礼节。

一、宴会的筹备及邀请礼仪

（一）宴会的筹备

宴请对宾客来说是一种礼遇，必须根据有关礼节、礼仪组织好。

1. 确定宴请的目的、名义、范围和形式

宴请的目的是多种多样的，可以为某个人，也可以为某一件事，如为庆祝节日、纪念日，为展览会开幕、闭幕，为某工程的动工、竣工等。

名义主要依据主客双方的身份确定，也就是说主客身份应该对等。身份低使人感到冷淡，规格过高也无必要。邀请主宾偕夫人出席，主人若已婚，一般以夫妇名义发出邀请。我国大型正式活动以一人名义发出邀请。日常交往小型宴会则根据具体情况以个人名义或夫妇名义出面邀请。

范围是指请哪些方面的人士，请到哪一级别，请多少人，主人一方请什么人出来作陪。这都要考虑各方面的因素，如宴请的性质、主宾的身份、国际惯例，还要考虑当前的政治环境、文化传统、民族习惯等，各方面都要想到。邀请范围与规模确定之后，即可草拟具体邀请名单，被邀请人的姓名、职务、称呼以至对方是否有配偶等信息都要准确。

形式在很大程度上取决于当地的习惯做法。一般来说，正式的、规格高的、人数少时以宴会为宜，人数多则以冷宴或酒会更为合适，妇女界的活动多用茶会。当今，各国礼宾工作都在简化，宴请范围趋向缩小，形式也更为简便。酒会、冷宴会被广泛采用。

2. 确定宴请时间、地点

依照礼仪惯例，安排宴请活动，尤其是宴会的具体时间，主要统筹兼顾下述四个具体问题。

（1）民俗惯例。根据人们的用餐习惯，依照用餐具体时间的不同，可以分为早餐、午餐、晚餐三种。至于在宴请他人时，究竟应当选择早餐、午餐或晚餐，不好一概而论，不过，在绝大多数情况下，确定宴请的具体时间，主要遵从民俗惯例。

例如，在国内举办正式宴会时，通常要安排在晚上进行；因工作交往而安排的工作餐，大都选择在午间进行；在广东、海南、港澳地区，亲朋好友聚餐，则多爱选择"饮早茶"。

（2）主随客便。安排宴请时间时，应对主宾双方都方便，主人不仅要从自己的客观能力出发，更要讲究主随客便，即要优先考虑被邀请者，尤其是主宾的实际可能，切勿对此不闻不问，加以勉强。确定一般重大宴请活动时间时要与主宾单位商定，小型宴请要征询主宾意见，可口头当面约请，也可用电话联系。主宾同意后，时间即被认为确定，可以按此约请其他宾客。

（3）关注外宾。选择时间还应当尽量避开对方的重大节日、假日、有重要活动或禁忌的日子。如对信奉基督教的人士不要选择13号，因为对于他们来说"13"是不吉祥的数字；13号星期五，更是大不吉利，因为《圣经》里说，这是耶稣遇难的祭日。如果宴请日本人，选择时间应避开"4""9"，这是因为在日语中"4"与"死"的发音相同，"9"与"苦"的发音一致。伊斯兰教在斋日内白天禁食，宴请宜在日落进行。

（4）适当控制。对于用餐时间，有必要加以适当控制。在安排宴会时，主人更要注意此点。要对用餐时间的具体长度进行必要的控制，既不能匆匆忙忙走过场，也不能拖拖拉拉地耗时间。一般认为，正式宴会的用餐时间应为 1.5～2 小时，非正式宴会与家宴的用餐时间应为 1 个小时左右，而便餐的用餐时间仅大致为半个小时。

用餐地点的选择也是非常重要的，一定要选择一个环境优雅、卫生状况良好、设施完备、交通方便的地方。宴请活动的地点，要根据宴请活动本身的目的、性质、规格、形式以及主人意愿和实际可能，进行恰当选择，既不能"装穷"，也不可"摆阔"，要"一切从实际出发"，这个原则在这里同样适用。适当的地点能使人感到光彩和舒服，因而一定要慎之又慎。

3. 订菜

宴请的酒菜根据活动形式和性质，在规定的预算标准以内安排。选菜不应以主人的爱好为准，主要考虑主宾的爱好与禁忌，如伊斯兰教用清真席，不用酒，甚至不用任何含酒精的饮料；印度教徒不能用牛肉；佛教僧侣和一些教徒吃素；也有因身体原因不能吃某种食品的。如果宴会上个别人有特殊需要，也可单独为其上菜。例如，驾驶员在工作期间，不得饮酒，要是忽略了这一点，不仅是对对方的不尊重，而且有可能使其因此犯错误、惹麻烦；有的人不吃肉，有的人不吃鱼，有的人不吃蛋等，对于这类个人饮食禁忌，也应充分予以照顾，不要明知故犯，或是对此说三道四。

大型宴请应照顾到各个方面。菜肴道数和分量都要适宜，不要简单地认为海味名贵而泛用，其实不少外国人并不喜欢海味，特别是海参。在地方上宜用有地方特色的食品招待，用本地产的名酒，不宜到处用茅台。无论哪一种宴请，事先均应开列菜单，并征求主管负责人的同意。获准后，如果是宴会，即可印制菜单，菜单一桌两三份，至少一份，讲究的也可以每人一份，使用餐者餐前心中有数，餐后留作纪念。值得注意的是，发给赴宴者的菜单必须名副其实，而绝不可使之成为有名无实的笑柄。

（二）邀请

各种宴请活动，一般均发请柬，这既是礼貌，也是对客人的提醒备忘。便宴经约定后，可发也可不发请柬。工作进餐一般不发请柬。

请柬一般提前一周至两周发出（有的地方需提前一个月），以便被邀请的人及早安排。已经口头约妥的活动，仍应补送请柬，在请柬右上方或左下方注上"备忘"字样。需安排座位的宴请活动，为确切掌握出席情况，往往要求被邀请者答复能否出席。遇此，请柬上一般用法文缩写注上 R. S. V. P（请答复）字样。如只需不出席者答复，则可注上 Regrets only（因故不能出席请答复）并注明电话号码，也可以在请柬发出之后，用电话询问其能否出席。

在请柬信封上，被邀请的人姓名、职务要书写清楚准确。国际上习惯对夫妇两人发一张请柬，在我国国内遇有需要凭请柬入场的场合时要每人发一张。正式宴会最好能在发请柬之前排好座次，并在信封上角注明席次号。请柬发出后要及时落实出席情况，准确记载，以安排并调整座位。即使不安排席位的活动，也应对出席率有所估计。

★微型案例 5-1

发出请柬没人来，原来是事由没写清

某单位为销售额突破百万元举行庆功联谊会，给一些单位发送了请柬，邀请大家参加，并准备了精美的礼品，用来感谢大家平时对自己单位的帮助。结果有些单位没有接受邀请，活动不太成功。单位主要领导很困惑，经与有关人士接触，方知所送请柬有问题：一是落款时间用阿拉伯数字书写，中间用顿号来代替年、月、日的汉字，给人以活动不正式、主人本身就不够重视的感觉；二是请柬中的事由没有表达清楚，使人误以为是该单位的内部活动，别人可有可无，当然就不肯应邀前来了。

［分析提示］

书写宴会请柬，一定要注意格式正确、规范，写清事由，这是保证宴会成功举办的重要因素之一。

下面介绍几种请柬格式：

1. 正式宴会请柬

例1：

×××先生（女士）：

为欢迎×××州长率领的美国×××州友好代表团访问杭州，谨定于××××年×月×日（星期×）晚×时在××饭店××阁举行酒会。

敬请光临

R. S. V. P

浙江省人民政府
××××年×月×日

例2：

×××先生（女士）：

为欢迎×××先生的到来，谨定于××××年×月×日（星期×）晚×时在××宾馆××楼举行宴会。

敬请光临

×××公司
总经理××
××××年×月×日

2. 普通请柬

×××先生（女士）：

谨定于××××年×月×日（星期×）晚×时在××饭店举行宴会。

敬请光临

敬请回复×××

电话：×××××××（主人姓名）

二、中餐的席位安排

正式宴会一般均排席位，有的可以只排部分客人的席位，其他人只能排桌次或自由入座。无论采用哪种做法，都要在入席前通知到每位出席者，使大家心中有数，现场还要有人引导。大型宴会最好是排座位，以免混乱。

依国际上的习惯，桌次高低以离主桌位置远近而定，右高左低，桌数较多时，要摆桌次牌。同一桌上，席位高低以离主人的座位远近而定。国外的习惯，男女穿插安排，以女主人为准，主宾在女主人右上方，主宾夫人在男主人右上方。我国习惯按个人本身职务排列以便于谈话，如夫人出席，常常把女方排在一起，即主宾坐男主人右上方，其夫人坐女主人右上方。两桌以上的宴会，其他各桌的第一主人位置可以与主桌主人位置同向，也可以以面对主桌的位置为主位。

礼宾次序是排席位的主要依据。在排席位之前，要把经过落实出席的主宾双方名单分别按礼宾次序开列出来。除了礼宾顺序之外，在具体安排席位时，还需要考虑其他一些因素。

在国际交往时安排座位遇特殊情况也可灵活处理。如遇主宾身份高于主人，为表示对他的敬重，可以把主宾摆在主人的位置上，主人则坐在主宾位置上，第二主人坐在主宾的左侧，但也可按常规安排。如果本国出席人员中有身份高于主人者，如部长请客，总理或副总理出席，可以由身份高者入主位。主宾有夫人，而主人的夫人又不能出席，通常可以请其他身份相当的妇女作第二主人。如无适当身份的妇女出席，也可以把主宾夫妇安排在主人的左右两侧。席位排妥后要着手写座位卡，我方举行的宴会，中文写在上面，外文写在下面。卡片用钢笔或毛笔书写，字应尽量写得大些，以便于辨认。便宴、家宴可以不放座位卡，但主人对客人的座位也要有大致安排。宴会座位安排的一般规定，可以通过图示进行了解。图 5-1 所示为圆桌座次排列次序；图 5-2 所示为圆桌桌次排列次序。

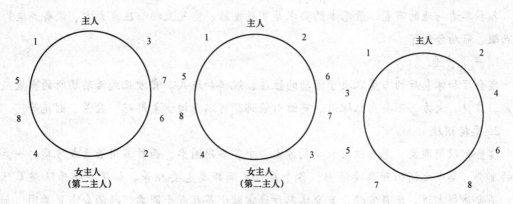

图 5-1　圆桌座次排列次序

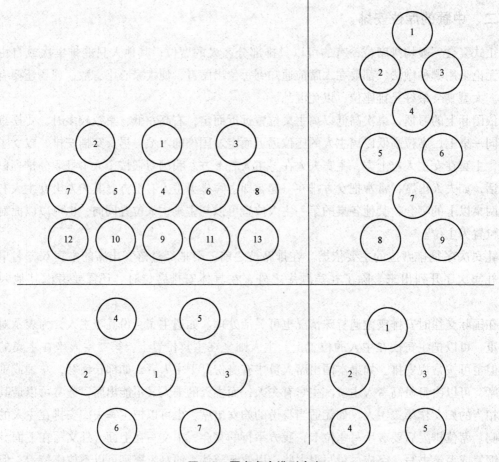

图5-2　圆桌桌次排列次序

★ 小知识

如何布置宴会

各种宴请场地的布置，最基本的要求是宽敞整洁、空气流动、庄重大方、设备齐全、鲜花点缀、布局合理等。

1. 气氛营造

宴会厅和休息厅的布置取决于活动的性质、规模和形式。官方正式活动场所的布置应该严肃、庄重、大方，不要用红绿灯、霓虹灯装饰，可以点缀少量鲜花、盆景、刻花等。

2. 桌椅摆放

宴会可以用圆桌，也可以用长桌或方桌，中餐多用圆桌，西餐多用长桌或方桌。一桌以上的宴会，桌子之间的距离要适当，各个座位之间距离也要相等。如果安排乐队演奏席间乐，不要离得太近，乐声宜轻，宴会休息厅通常放小茶几或小圆桌，与酒会布置类同。如人数少，也可按客厅布置。

冷餐会的菜台用长方桌，通常靠四周陈设，也可根据宴会厅情况，摆在房间的中间。如坐下用餐可摆4~5人一桌的方桌或圆桌，座位要略多于全体宾客人数，以便客人自由就座。

酒会一般摆小圆桌或茶几，以便放花瓶、烟缸、干果、小吃等。也可在四周放些椅子，供妇女和老人体弱者就座。

桌椅摆放的位置要适当，尽量避免客人受到桌腿和别人膝盖的挤夹。桌椅之间应当留有60厘米左右的距离。餐桌上铺的桌布应当超出桌边缘20厘米左右。

3. 注意小节

注意不要让窗外或门外的风吹着客人，不要让光线直射到客人的脸上，不要让桌上的鲜花像一道屏风挡住客人的视线，也不要把这些鲜花正好摆在客人面前。鲜花和蜡烛可以增加餐桌的隆重气氛，但并非多多益善。

三、宴请程序及现场服务

1. 迎接宾客

迎客时，主人一般在门口迎接。与客人握手后，由工作人员引入休息厅，或直接进入宴会厅。主宾到达后，主人陪同进入休息厅与其他客人见面。休息厅内有相应身份的人员照料客人，由服务人员送饮料。

主人陪同主宾进入宴会厅，全体客人就座，宴会开始。如宴会规模较大，可先请主桌以外的客人先坐，贵宾席后入座。

2. 席间讲话的安排

如有正式讲话，各国安排讲话的开始时间不尽一致。一般正式宴会可在热菜之后、甜食之前由主人讲话，接着由客人讲话，也有一入席双方即讲话的。冷餐会和酒会讲话时间则更灵活。

3. 席间礼仪

吃完水果，主人与主宾起立，宴会即告结束。外国人的日常宴请在女主人为第一主人时，往往以她的行动为准。入席时女主人先坐下，并由女主人招呼客人开始就餐。餐毕，女主人起立，邀请女宾与之共同退出宴会厅，然后男宾起立，随后进入休息厅或留下吸烟（吃饭过程中一般是不吸烟的），男女宾客在休息厅会齐，随即上茶（或咖啡）。

4. 送别宾客

主宾告辞时，主人把主宾送至门口。主宾离去后，原迎宾的人员顺序排列，与其他客人握手告别。

5. 现场服务

工作人员应提前到现场检查准备工作。如果是宴会，事先要把座位卡及菜单摆上。席位的通知，除在请柬上注明外，大型宴会还应在宴会厅前陈列宴会简图，图上注明每个人的座位，或印出会场席位示意图，标出出席者位置发予本人。如有讲话，要落实讲话稿。通常双方事先交换讲话稿，举办宴会的一方先提供。代表团访问，欢迎宴会东道国先提供，答谢宴会则由代表团先提供。双方讲话由何人翻译，一般事先谈妥。

四、中餐餐具的使用

宴请时餐具是十分重要的。如果以中餐宴请，就必须准备考究的中餐餐具，这才有中餐的风格，也是对客人的尊重。要根据宴请人数和酒、菜的道数准备足够的餐具，餐桌上的一切用品都要清洁卫生，桌布、餐巾都应当浆洗洁白并烫平。玻璃杯、酒杯、筷子、刀叉、碗碟，在宴会之前都应洗净擦亮。如果是宴会，应该准备每道菜撤换用的菜盘。

（一）中餐餐具摆放

中餐用筷子、盘、碗、匙、小碟等。水杯放在菜盘上方，右上方放酒杯，酒杯数目和种类应与所上酒的品种数相同。餐巾叠成花插在水杯中或平放在菜盘上。宴请外国宾客时除筷子外，还应摆上刀叉、酱油、醋、辣油酱等佐料，通常一桌数份。公筷公勺应备有筷座、勺座，摆在主人面前。同时，餐桌上应备有烟缸和牙签。

（二）中餐餐具的使用和禁忌

中餐中各种餐具在用途上有许多的讲究和门道。中餐餐具，即用中餐时所使用的工具。在一般情况下，它又分为主餐具与辅餐具两类。筷、匙、碗、盘等属于主餐具；像水杯、湿巾、水盂、牙签等属于辅餐具，以下分别对其加以介绍。

1. 主餐具

（1）筷。中国的筷子是十分讲究的，"筷子"又称"箸"，早在商朝就有用象牙制成的筷子。使用筷子夹菜、用餐时，需要注意下列问题：

一忌敲筷。即在等待就餐时，不能坐在餐桌边，一手拿一根筷子随意敲打，或用筷子敲打碗盏、茶杯。

二忌掷筷。在餐前发筷子时，要把筷子一双双理顺，然后轻轻地放在每个人的餐桌前；相距较远时，可以请人递过去，不能随手掷在桌子上。

三忌叉筷。筷子不能一横一竖交叉摆放，不能一根是大头，一根是小头。筷子要摆放在碗的旁边，不能搁在碗上。

四忌插筷。在用餐中途因故需暂时离开时，要把筷子轻轻搁在桌子上或餐碟边，不能插在饭碗里。

五忌挥筷。在夹菜时，筷子不能在菜盘里挥来挥去，上下乱翻，遇到别人也来夹菜时，要注意避让，谨防"筷子打架"。

六忌舞筷。在说话时，不要把筷子当作刀具，在餐桌上乱舞；也不要在请别人用菜时，把筷子戳到别人面前。这样做是失礼的。

七忌舔筷。不要用舌头去舔筷子上的附着物。

八忌迷筷。切忌举着筷子却不知道夹什么，在菜碟间来回游移；更不能用筷子拨盘子里的菜。

九忌泪筷。切忌夹菜时滴滴哒哒流着菜汁。应该拿着小碟，先把菜夹到小碟里再端过来。

十忌移筷。不要刚夹了这盘里的菜，又去夹那盘里的菜，应该吃完之后再夹另一盘菜。

另外，现在有些宴席实行公筷母匙，那么就要记住不能用个人独用的筷子、汤匙给别人夹菜舀汤。

★微型案例 5-2

盛情布菜不用公筷，客人难堪

王女士有一次去看望一个亲戚，这个亲戚见到晚辈来访非常高兴，席间，不住地用她的筷子给王女士夹菜，一筷子接一筷子，手一套嘴一套，弄得王女士应接不暇。而且王女士发现，她在用餐时又特爱用嘴噙筷子头儿，几乎每吃一口都噙一下，看得王女士一个劲儿地反胃，食欲皆无还说不出来。

[分析提示]

为客人布菜本是一种传统礼仪，但是一定要注意方式方法，不要用自己的筷子给客人夹菜。"非典"时期讲究公用筷子，现在一些年轻人也有了这方面的意识，在给客人布菜时，还特别提示一下这是公用筷子。礼仪和卫生是紧密相连的，不讲卫生的"礼仪"已经不适应我们这个发展变化的时代，只能给人带来尴尬，人们在这方面应该与时俱进。

你在家宴上用自己的筷子殷勤地给客人夹菜，即使对方心里感觉腻歪，也不好意思明显地表达出来。这种让客人进退两难的做法，又怎么能称得上好的待客之道呢？

（2）匙。在一般情况下，尽量不要单用勺子去取菜。以其取食时，不宜过满，免得溢出来弄脏餐桌或自己的衣服。必要时，可在舀取食物后，在其原处"暂停"片刻，等其汤汁不会再流时，再移向自己享用。

使用勺子，有四点注意事项：

①暂且不用勺子时，应置于自己的食碟上；

②用勺子取用食物后，应立即食用，不要把它再次倒回原处；

③若取用的食物过烫，不可用勺子将其折来折去，也不要用嘴对它吹来吹去；

④不要用勺子将食物塞入口中，或反复吮吸它。

（3）碗。碗在中餐里，主要是盛放主食、羹汤用的。在正式场合用餐时，用碗的注意事项主要有五点：

①不要端起碗来进食，尤其是不要双手端起碗来进食；

②食用碗内盛放的食物时，应以筷、匙加以辅助，切勿直接下手取用，或不用任何餐具以嘴吸食；

③碗内若有食物剩余时，不可将其直接倒入口中，也不能用舌头乱舔；

④暂且不用的碗内不宜乱扔东西；

⑤不能把碗倒扣过来放在餐桌上。

（4）盘。盘子在中餐中主要用以盛放食物，其使用方面的讲究与碗略同。盘子在餐桌上一般应保持原位，不被搬动，而且不宜多个摞放在一起。

需要着重加以介绍的，是一种用途较为特殊的被称为食碟的盘子。食碟主要是用来暂放从公用的菜盘里取来享用的菜肴的。使用食碟时，要注意的问题有：

①不要一次取放的菜肴过多，否则看起来既繁乱不堪，又有欲壑难填之嫌；

②不要将多种菜肴堆放在一起，否则会彼此"相克"，相互"串味"，不好看也不好吃。

2. 辅餐具

中餐的辅餐具，指的是进餐时可有可无、时有时无的餐具，主要在用餐时发挥辅助作用。

（1）水杯。中餐中所用的水杯，主要供盛放清水、汽水、果汁、可乐等软饮料时使用。需要注意的是，一是不要以之去盛酒，二是不要倒扣水杯，三是喝入口中的东西不能再吐回去。

（2）湿巾。在中餐用餐前，会为每位用餐者上一块湿毛巾，它只能用来擦手，绝对不可以用来擦脸、擦嘴、擦汗。擦手之后，应将其放回盘中，由侍者取回。有时，在正式宴会结束前，会再上一块湿毛巾。与前者不同的是，它只用来擦嘴，不能擦脸、抹汗。

（3）水盂。有时，品尝中餐时需要手持食物进食。此刻，往往会在餐桌上摆上一个水盂，也就是盛放清水的水盆，它里面的水并不能喝，只能用来洗手。在水盂里洗手时，不要乱甩、乱抖，得体的做法是两手轮流沾湿指尖，然后轻轻浸入水中涮洗，洗毕应将手置于餐桌之下，用纸巾擦干。

（4）牙签。牙签，主要用来剔牙。用中餐时，尽量不要当众剔牙，非剔不行时，应以另一只手掩住口部，切勿大张。剔出来的东西，切勿当众观赏或再次入口，也不要随手乱弹，随口乱吐。剔牙之后，不要长时间叼着牙签。取用食物时，不要以牙签扎取。

★ 微型案例 5-3

剔牙缝，朋友失胃口

王先生前不久刚结婚，为答谢好友李先生一家，夫妻二人特地在家设宴。新娘的手艺真不错，清蒸鱼、炖排骨、烧鸡翅……李先生一家吃得津津有味，只不过偶尔有肉糜钻进牙缝。李先生拿着桌上的牙签，当众剔除滞留在牙缝中的肉，还"文雅"地将剔出来的肉糜吐在烟灰缸内。看着烟灰缸里吐出来的肉糜，王先生和新娘子一点儿胃口也没有了。

[分析提示]

食物屑塞进牙缝时，不要径自在餐桌上用起牙签剔牙，即使你觉得嘴里好像塞了一块大石头也不要这样做。喝口水，试试看情况会不会好一些，如果还是觉得牙缝塞得紧，可到洗手间好好漱一漱口，或者用牙签好好剔一剔。

五、中餐宴会礼仪

中华饮食，源远流长。在这自古为礼仪之邦、讲究民以食为天的国度里，饮食礼仪自然成为饮食文化的一个重要部分。

商务人士参加宴会以及在餐桌上的表现，不仅对别人的心理有一定的影响，也反映了商务人士自己的修养和素质，特别是赴宴较多者，更是要通晓各种餐桌礼仪。中餐礼仪涉及的方面有很多，比较复杂。

（一）赴宴礼仪

宴请是宾主双方增进友谊、加强交往的基本方式。要使宴请获得成功，主人就要处于主导地位，但客人能否密切配合，也是宴会能否成功的重要因素。赴宴的整个过程有极严格的礼仪要求。

1. 明确答复

无论接到何种方式的邀请，都应尽快明确地表明自己是否应邀，以便主人掌握出席人数。是否接受邀请的态度要明确，不能态度暧昧、语意含糊。如果届时有人缺席，使席位空着，酒菜浪费，是对主人的不尊重。

2. 适度修饰仪表

不论主人还是客人，在出席比较正式的宴会前，都应特别注意修饰自己的仪表。在国外出席宴会，对来宾的着装有比较严格的要求，有时主人甚至将对客人着装的具体要求在请柬上专门注明。穿 T 恤衫、牛仔裤、背心和西式短裤、宽松式上衣配健美裤等赴宴都是不妥当的。

3. 适时到达

不要迟到，也不要早到 15 分钟以上。应稍有提前，保证准时。到场太早是不明智的，容易为主人添麻烦；迟到是非常失礼的，不仅会给主人带来不便，也会使其他宾客感到不悦。

到达后，应先到休息室等候，在主人引导下与其他宾客一起入席。如没有休息室，可直接进入宴会厅。切忌提前到餐桌旁落座。

4. 不能缺席

一旦接受主人的邀请，就必须如期赴约。除了疾病和非处理不可的事之外，别的都不能成为失约的理由。如遇有特殊情况不能出席，应及时地、有礼貌地向主人解释或道歉。而且，决不能在同一天拒绝一个邀请后又赶赴另一个邀请。

（二）中途道别礼仪

客人在席间或在主人没有表示宴请结束前离席是不礼貌的。一旦赴宴，就应尽量避免中途退场。如实在因事需要中途离席，要特别注意相关礼仪。

1. 说明情况

如果席前就已准备中途告别，最好在宴请开始之前就向主人说明理由，届时向主人打个招呼便可悄悄离去。

临时因事需要提早道别，同样应向主人说明理由。无论宴会前或宴会开始后向主人提出中途退席，都不要忘记向主人表示歉意。

2. 选好时机

中途道别离席，不要选在席间有人讲话时或刚讲完话之后。这容易让人误以为告辞者对讲话不耐烦。

提前道别的时机最好是在宴会告一段落时，如宾主之间相互敬了一轮酒或客人均已用完饭后。

3. 减少影响

中途道别只需和主人打招呼或向左右宾客点头示意即可，不要闹得人人皆知。主人也不必离席远送，尤其是在宴请宾客人数较多时更不应该如此，以免影响其他人用餐，甚至影响整个宴请气氛。

（三）餐桌礼仪

1. 饮酒的礼仪

（1）酒菜的搭配。若无特殊规定，正式的中餐宴会通常要上白酒和葡萄酒这两种酒。因为饮食习惯方面的原因，中餐宴请中上桌的葡萄酒多半是红葡萄酒，而且一般都是甜红葡萄酒。选用红葡萄酒，是因为红色充满喜气，而选用甜红葡萄酒，则是因为不少人对口感不甜、微酸的干红葡萄酒不太认同。

通常在每位用餐者面前餐桌桌面的正前方，排列着大小不等的三只杯子，自左而右，它们依次分别是白酒杯、葡萄酒杯、水杯。

具体来讲，在搭配菜肴方面，中餐所选的酒水讲究不多——爱喝什么酒就可以喝什么酒，想什么时候喝酒也可完全自便。

正规的中餐宴会一般不上啤酒，在便餐、大排档中方才更为多见。客观地讲，以啤酒搭配凉菜，效果更好一些。

（2）敬酒干杯。在较为正式的场合，饮用酒水颇为讲究具体的程式。在常见的饮酒程式中，斟酒、敬酒、干杯应用最多。

①斟酒。通常，酒水应当在饮用前再斟入酒杯。有时，男主人为了表示对来宾的敬重、友好，还会亲自为其斟酒。

在侍者斟酒时，勿忘道谢，但不必拿起酒杯。在男主人亲自来斟酒时，则必须端起酒杯致谢，必要时，还需起身站立，或欠身点头为礼。有时，也可向其回敬以"叩指礼"，即以右手拇指、食指、中指捏在一起，指尖向下，轻叩几下桌面。这种方法适用于中餐宴会上，它表示在向对方致敬。

主人为来宾所斟的酒，应是本次宴会上最好的酒，并当场启封。斟酒时要注意三点：其一，要面面俱到、一视同仁，切勿有挑有拣，只为个别人斟酒。其二，要注意顺序。可以依顺时针方向，从自己所坐之处开始，也可以先为尊长、嘉宾斟酒。其三，斟酒需要适量。白酒与啤酒可以斟满，而其他洋酒则无此讲究，要是斟得过满乱流，显然未必合适，而且也是浪费。

除主人与侍者外，其他宾客一般不宜自行为他人斟酒。

②敬酒。敬酒称祝酒，指在正式宴会上，由男主人向来宾提议为了某种事由而饮酒。在敬酒时，通常要讲一些祝愿、祝福之言。在正式宴会上，主人与主宾还会郑重其事地发表一篇专门的祝酒词。因此，敬酒往往是酒宴上必不可少的一项程序。

敬酒可以随时在饮酒的过程中进行，频频举杯祝酒会使现场氛围热烈而欢快。不过，如果是致正式的祝酒词，则应在特定的时间内进行，并以不影响来宾用餐为首要考虑。

通常，致祝酒词最适合在宾主入席后、用餐前开始，有时，也可以在吃过主菜之后、上甜品之前进行。

不管是正式祝酒词，还是在普通情况下的祝酒，内容越短越好，千万不要长篇大论、喋喋不休，以免让他人等候良久。

在他人敬酒或致辞时，其他在场者应一律停止用餐或饮酒，应坐在自己座位上，面向对方认真地洗耳恭听。对对方的所作所为，不要小声讽刺，或公开表示反感对方的啰唆。

★微型案例5-4

"中国国际××展览会"宴会祝酒词

女士们、先生们：

晚上好！中国国际××展览会今天开幕了。今晚，我们有机会同各界朋友欢聚，感到很高兴。我谨代表中国国际贸易促进委员会××市分会，对各位朋友光临我们的招待会，表示热烈欢迎！

中国国际××展览会自上午开幕以来，已引起了我市及外地科技人员的浓厚兴趣。这次展览会在上海举行，为来自全国各地的科技人员提供了经济技术交流的好机会。我相信，展览会在推动这一领域的技术进步以及经济贸易的发展方面将起到积极作用。

今晚，各国朋友欢聚一堂，我希望中外同行广交朋友，寻求合作，共同度过一个愉快的夜晚。

最后，请大家举杯，为中国国际××展览会的圆满成功，为朋友们的健康，干杯！

[分析提示]

祝酒词内容一定要简练，时间一定要短，用词应明快生动，表明设宴的目的和要求，并对来宾表示谦虚和敬意。

③干杯。干杯通常指的是在饮酒时，特别是在祝酒、敬酒时，以某种方式劝说他人饮酒，或是建议对方与自己同时饮酒。在干杯时，往往要喝干杯中的酒，故称干杯。有的时候，干杯者相互之间还要碰一下酒杯，所以它又被叫作碰杯。

干杯需要有人率先提议。提议干杯者，可以是致祝酒词的主人、主宾，也可以是其他任何在场饮酒的人。提议干杯时，应起身站立，右手端起酒杯，或者用右手拿起酒杯后，再以左手托扶其杯底，面含笑意目视他人，尤其是自己的祝酒对象，口诵祝酒致辞。如祝对方身体健康、生活幸福、节日快乐、工作顺利、事业成功以及双方合作成功等。

在主人或他人提议干杯后，应当手持酒杯起身站立，即便滴酒不沾，也要拿起水杯装装样子。在干杯时，应手举酒杯至双眼高度道"干杯"之后，将酒一饮而尽，或饮去一半，或饮适当的量。然后，还需手持酒杯与提议干杯者对视一下，这一过程方告结束。

（3）饮酒的注意事项。

1）酒量适度。不管是哪一种场合饮酒，都要有自知之明，并要好自为之，努力保持风度，做到"饮酒不醉为君子"。

在任何时候，都不要争强好胜，故作潇洒，饮酒非要"一醉方休"不可。饮酒过多，不仅易伤身体，而且容易出丑丢人，惹是生非。不仅高兴之时需要如此，心情不佳之时也需要如此，万万不可借酒消愁。存心酗酒是更不应该的自残行为。

2）拒酒有礼。假如因生活习惯或健康等原因而不能饮酒，可用下列合乎礼仪的方法之一，拒绝他人的劝酒。

①申明不能饮酒的客观原因。

②主动以其他软饮料代酒。

③委托亲友、部下或晚辈代为饮酒。

④让对方在自己面前的杯子里稍许斟一些酒，然后轻轻以手推开酒瓶。按照礼节，杯子里的酒是可以不喝的。

⑤当敬酒者向自己的酒杯里斟酒时，用手轻轻敲击酒杯的边缘，这种做法的含义就是"我不喝酒，谢谢"。

当主人或朋友们向自己热情地敬酒时，不要东躲西藏，更不要把酒杯翻过来，或将他人所敬的酒悄悄倒在地上。

3）拒绝陋习。在饮用酒水时，不要忘记律己敬人之规，特别是要抛弃下列既有害于人，又有损于己的陋习恶俗。

①不要酒疯。极个别的人在饮酒时经常"酒不醉人人自醉"，借机生事，装疯卖傻，胡言乱语。这一做法，实在令人生厌。

②不要酗酒。有的人嗜酒如命，饮酒成瘾。这不仅有害于身体，而且有损个人形象。

③不要灌酒。祝酒干杯需要两相情愿，千万不要强行劝酒，说什么"感情深，一口闷；感情浅，一点点"，非要灌倒他人，看对方笑话不可。

④不要划拳。有人饮酒时喜欢划拳猜令，大吵大闹，哗众取宠。其做法也是非常失礼的。

4）打翻酒如何处理。宴会上常会不小心把酒打翻，打翻白酒比较好处理，只要确定酒未渗透桌布沾到木质桌面，其他都不难解决（因为酒会破坏木材表面）。而白酒不太会残留在桌布上，丢进洗衣机冲冲就行了。最重要的是，赶快用餐巾把酒抹干，然后拿纸巾垫在桌布和桌面之间。

打翻红酒就麻烦得多，留下的渍痕可能怎么也洗不掉，所以一打翻就要尽快处理。如果你是闯祸的客人，听到人说"大家不要动，我会处理"，就最好别动；如果现场有服务生，服务生会处理；如果没有服务生，主人又不反对，除了道歉外，应该立刻跑到厨房拿纸巾、干净的抹布或苏打水。

首先，除去桌布下的残酒，再从上头把酒吸干，拿纸巾垫在桌布下保护桌面。接下来，可在红酒渍上撒一大堆盐，也可以倒苏打水，然后用干净抹布吸干。如果席位桌垫上打翻红酒，则应立刻把布垫浸在冷水里；如果没桌布，只好等客人都离开后再用冷水泡。

请记住，如果你是主人，一定要让闯祸的客人感到你根本不在意，压根忘了这回事；如果你是闯祸的客人，就请尽力协助善后，若酒渍很深，请主动要求第二天替主人把桌布拿去洗衣店干洗。

2. 饮茶的礼仪

我国历来就有"客来敬茶"的民俗。在正式的宴请场合，饭前餐后，饮茶是必不可少的。最基本的奉茶之道，就是客户来访马上奉茶。奉茶前应先询问客人的喜好，如有点心招待，应先将点心端出，再奉茶。

俗话说：酒满茶半。奉茶时应注意：茶不要太满，以八分满为宜。水温不宜太烫，以免客人不小心被烫伤。同时有两位以上的访客时，端出的茶色要均匀，并要配合茶盘端出，左手捧着茶盘底部，右手扶着茶盘的边缘，如是点心放在客人的右前方，茶杯应摆在点心右边。上茶时应向在座的人说声"对不起"，再以右手端茶，从客人的右方奉上，面带微笑，眼睛注视对方并说："这是您的茶，请慢用！"奉茶时应依职位的高低顺序先端给职位高的客人，再依职位高低端给自己公司的同人。

既然以茶待客是一种礼仪，既然主人在以茶待客时处处礼仪待人，那么作为接受款待的一方，客人在饮茶之时，也应做到文明、礼貌。具体而言，需要在下述两方面加以注意。

（1）态度谦恭。当主人上茶之前，询问大家"想喝什么"的时候，如果没有什么特别的禁忌，可以在对方提供的几种选择之中任选一种，或告之以"随便"。在一般情况下，向主人提出过高的要求，是很不礼貌的。

如果自己不习惯饮茶，应及时向主人说明。若自己尚未说明，而茶已经上来了，不喝就是了，千万不要面露不快，更不能直接责怪主人或为自己上茶的人。

在社会交往中，与交往对象正在交谈时，最好不要饮茶。不论是自己或交往对象正在讲话时，自己要是突然转而饮茶，不但会打断谈话，而且也会显得自己用心不专。只有在自己不是主要的交谈对象时，或与他人的交谈告一段落之后，才可以见机行事，喝上一口茶润润嗓子。

（2）认真品味。在饮茶时，要懂得悉心品味。这样做，不仅体现自身的教养，而且是待人的一种礼貌做法。

在饮茶之时，应当一小口、一小口地细细品尝。每饮一口茶，应使其在口中稍作停留，再慢慢地咽下去，这样品茶才香。无论如何，饮茶时都不要大口吞咽，一饮而尽，喝得口中"咕咚咕咚"直响，茶水顺着腮帮子直流。以这种方法喝茶，只能解渴，却丝毫谈不上对茶的美妙之处的品味。

在端起茶杯时，应以右手持杯耳，对于无杯耳的茶杯，则应以右手握茶杯的中部。不要双手捧茶杯，以手端起杯底，或是用手握住茶杯杯口，那样做，或是动作粗鲁，或是不够卫生。

使用带杯托的茶杯时，可以只用右手端起茶杯，不动杯托，也可以用左手，将杯托连茶杯，托至左胸高度，然后以右手端起茶杯饮之。

饮茶的时候，忌连水带茶叶一并吞入口中，更不能下手自茶水中取出茶叶，甚至放入口中食之。万一有茶叶进入口中，切勿将其吐出，而应嚼而食之。

饮盖碗茶时，可用杯盖轻轻将漂浮于茶水之上的茶叶拂去，不要用口去吹。茶太烫的话，也不要去吹，可以用另一只茶杯去折凉茶水，最好是待其自然冷却。

饮用红茶或奶茶时，不要用茶匙舀茶，也不要将其插放在茶杯中。不用时，将其放在杯托上即可。

若主人告之所饮的是名茶，则饮用前应仔细观赏一下茶汤，并在饮用后加以赞赏。不要不予理睬，或是随口加以贬低，切忌说"没听过这种茶的名字""喝起来不怎么样""这茶有些走味儿"或是"没把好茶泡好"等让主人不快的话。

第二节　西餐宴请礼仪

西餐宴请是邀请客人参加采用西方国家举行宴会的布置形式、用餐方式、风味菜点而举办的宴请活动。其主要特点是：摆西餐台面，吃西式菜点，多用刀、叉、匙进食，采用分食制，常在席间播放音乐。

一、座次排列礼仪

在西餐宴会上，人们所用的餐桌有长桌、方桌和圆桌，有时还会以之拼成其他各种图案，不过最常见、最正规的西餐桌当属长桌。西餐宴会座位安排的一般规定，可以通过图示进行了解。图5-3所示为长桌座次排列次序；图5-4所示为长桌桌次排列次序。

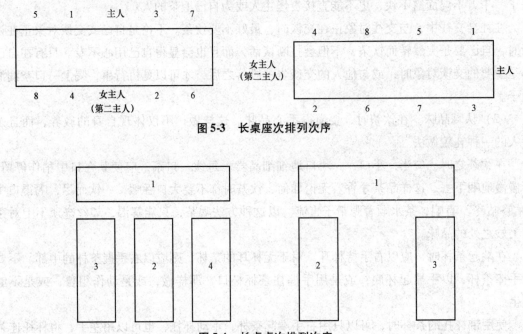

图5-3　长桌座次排列次序

图5-4　长桌桌次排列次序

一般在安排座次时，需要遵循以下原则：

（1）女士优先。在西餐礼仪里，女士处处受到尊重。在排定用餐位次时，主位一般应请女主人就座，男主人则须退居第二主位。

（2）以右为尊。在排定位次时，以右为尊仍然是基本原则，就某一特定位置而言，其右侧之位高于其左侧之位。例如，应安排男主宾坐在女主人右侧，安排女主宾坐在男主人右侧。

（3）恭敬主宾。在西餐礼仪里，主宾极受尊重。即使用餐的来宾中有人在地位、身份、年纪方面高于主宾，但主宾仍然是主人关注的中心。在排定位次时，应请男、女主宾分别紧靠女主人和男主人就座，以便受到较多照顾。

（4）面门为上。面门为上有时又叫迎门为上，意思是面对餐厅正门的位子，通常在排位次的序列上要高于背对餐厅正门的位子。

（5）交叉排列。用中餐时，用餐者经常可能与熟人，尤其是与其恋人、配偶在一起就座。但在用西餐时，这种情景便不复存在了。正式一些的西餐宴会一向被视为交际场合，所以在排列位次时，男女应当交叉排列，生人与熟人也应当交叉排列。因此，一个用餐者的对面和两侧往往是异性，还有可能不熟悉或者不认识。这样做的最大好处是可以广交新朋友，同时也要求参加餐会者最好是双数，并且男女人数各半。

（6）距离定位。一般来说，西餐桌上位次的尊卑也跟中餐一样，往往与其距离主位的远近密切相关。在通常情况下，距主位近的座位高于距主位远的座位。

二、进入餐厅的礼仪

进入餐厅的礼仪包括：

（1）餐厅预约的方法。在商务活动中，如果需要安排西餐宴请，则要根据对方的口味、爱好选择餐厅。对于餐厅里比较特别的菜肴，应事先询问一下对方的嗜好后再做决定，不能独断。

（2）进入餐厅的方法。一般情况下，进入餐厅，应由男士开门，请女士先进入。如果餐厅门前有服务人员，可以由服务人员打开门，然后请女士先进入。进入餐厅后，男士到前台确认预约的席位，并请服务人员引导。

（3）餐桌上的席次。餐厅人员最先拉开的椅子是主位，这个座位一定是由女士坐的。西餐厅的服务人员也会请女士首先入座。当女士来到餐桌前，应该站在椅子的左侧，等随侍在侧的服务人员拉开椅子后，一定要向服务人员道谢。

★小知识

脱下大衣的方法

冬季，你走进餐厅，解开大衣的纽扣，从两肩上拉下大衣。于是，你的男性同伴会走上前来，提起大衣的肩部，帮你脱下，然后交给餐厅人员。记住，这时你不必客气，因为这是随行男士应该做的。当然，如果你对此感到不习惯，也可以自己脱下大衣，然后交给餐厅人员。当你的同伴是女性时，那么这个动作就得由餐厅服务人员来完成了。无论是谁来帮你，都不要忘了诚恳地说声"谢谢"。

把大衣的衬里向外，然后对折，交给餐厅服务台，领取寄存牌。如有男士相伴，那这些全权交给男士来办就可以了。

三、西餐餐具的使用

不同国家、地区的菜肴，在用餐时借助的餐具往往大不相同。有的餐式要用筷子，有的餐式要用刀叉，有的则需要直接以手来取食。

使用刀叉进餐，是西餐最重要的特征之一。刀叉的正确使用，是西餐礼仪中的重要内容，而这对不少中国人而言，是想做而又不会做的。

除了刀叉之外，西餐的主要餐具还有餐匙、餐巾等。下面将分别对它们进行系统的介绍。至于西餐桌上出现的盘、碟、杯、水盂、牙签等餐具，其用法与中餐大同小异，这里不再介绍。

（一）刀叉

刀叉是对餐刀、餐叉两种餐具的统称，二者既可以配合使用，也可以单独使用。不过，在更多的情况下，刀叉是同时配合使用的。

学习刀叉的使用，主要是掌握刀叉的区别、刀叉的使用、刀叉的暗示等方面的问题。

1. 刀叉的区别

在正规一点儿的西餐宴会上，通常讲究吃一道菜要换一副刀叉，也就是说，吃每道菜时，都要使用专门的刀叉。既不可以胡拿乱用，也不可以从头至尾只用一副刀叉。

享用西餐正餐时，在一般情况下，出现在每位用餐者面前的餐桌上的刀叉主要有吃黄油所用的餐刀、吃鱼所用的刀叉、吃肉所用的刀叉、吃甜品所用的刀叉等。它们不但形状各异，更重要的是其摆放的具体位置各不相同。掌握后一点，对于正确地区分它们尤为重要。

吃黄油所用的餐刀，没有与之相匹配的餐叉。它的正确位置，是横放在用餐者左手的正前方。

吃鱼所用的刀叉和吃肉所用的刀叉，应当餐刀在右、餐叉在左，分别纵向摆放在用餐者面前的餐盘两侧。餐叉的具体位置，应处于吃黄油所用餐刀的正下方，有时在餐盘左右两侧分别摆放的刀叉会有三副之多。要想不拿错，一点儿也不困难，关键要记住，应当依次分别从两边由外侧向内侧取用。

吃甜品所用的刀叉，应于最后使用。它们一般被横向放置在用餐者面前餐盘的正前方。

2. 刀叉的使用

使用刀叉，一般有两种常规的方法可供借鉴：①英国式。它要求在进餐时，始终右手持刀，左手持叉，一边切割，一边叉而食之。通常认为此种方式较为文雅。②美国式。它的具体做法是，先是右刀左叉，一口气把餐盘里要吃的东西全部切割好，然后把右手里的餐刀斜放在餐盘前方，将左手中的餐叉换到右手里，再来大吃一气。这种方式的好处，据说是比较省事。

在以刀叉用餐时，不论采用上述哪一种方式，都应注意以下五点：

（1）在切割食物时，不可以弄出声响。

（2）在切割食物时，要切记双肘下沉，而且切勿左右开弓。那样做，一是有碍于人，二是"吃相"不佳，搞不好，还有可能使正在被切割的食物"脱逃而去"。

（3）被切割好的食物，应刚好适合一下子入口，切不可叉起它之后，再一口一口咬着吃。应当以叉铲着它吃，不能用刀扎着它吃。

（4）要注意刀叉的朝向。将餐刀临时放下时，不可刀口外向；双手同时使用刀叉时，叉齿应当朝下；右手持叉进食时，则应叉齿向上。

（5）掉落到地上的刀叉切勿再用，可请侍者另换一副。

3. 刀叉的暗示

使用刀叉，可以向侍者暗示用餐者是否吃好了某一道菜肴。其具体方法是：

如与人攀谈时，应暂时放下刀叉。其做法是，将刀叉——刀右、叉左，刀口向内、叉齿向下，呈汉字的"八"字形状摆放在餐盘之上，它的含义是：此菜尚未用毕。但要注意，不可将其交叉放成"十"字形，西方人认为，这是晦气的图案。

如果吃完了，或不想再吃了，则可以刀口内向、叉齿向上，刀右叉左地并排纵放，或者刀上叉下地并排横放在餐盘里。这种做法等于告知侍者，请他连刀叉带餐盘一块收掉。

★微型案例 5-5

餐具被收走了

李经理在一家高档西餐厅用餐。用餐进行了一半时，手机响了。为了出去接听电话，他匆忙放下刀叉就往外赶。等打完电话，准备回来继续用餐时，发现他的餐具已经被服务员收走了。

［分析提示］

临时离桌，刀叉可呈"八"字形置于碟上，这表示用餐尚未完毕，一会儿要回来继续用餐，服务员便不会收拾餐具。李经理匆忙放下刀叉就往外赶，可能在刀叉摆放上出现了误会。

（二）餐匙

品尝西餐时，餐匙是一种不可或缺的餐具。学习餐匙的使用，应重点掌握其区别、用法两大问题。有时，餐匙也叫调羹。

1. 餐匙的区别

在西餐正餐里，一般会至少出现两把餐匙，它们形状不同、用途不一，摆放的位置也有各自的既定之处。

一般个头较大的餐匙叫作汤匙，通常它被摆放在用餐者右侧的最外侧，与餐刀并列摆放。

个头较小的餐匙则叫甜品匙，在一般情况下，它应当被横向摆放在吃甜品所用刀叉的正上方，并与其并列。如果不吃甜品而用不上甜品匙的话，有时也会被个头同样较小的茶匙取代。

一定要记住，上述两种餐匙各有各的用途，不可相互替代。

2. 餐匙的用法

使用餐匙，有下述几点必须予以高度重视。

（1）餐匙除可以饮汤、吃甜品外，绝对不可直接舀取其他任何主食、菜肴。

（2）已经开始使用的餐匙，切不可再放回原处，也不可将其插入菜肴、主食，或是令其"直立"于甜品、汤盘或红茶杯之中。

（3）使用餐匙时，要尽量保持其周身的干净整洁，不要动不动就把它搞得"色彩缤纷""浑身挂彩"。

（4）用餐匙取食时，动作应干净利索，切勿在甜品、汤或红茶之中搅来搅去。

（5）用餐匙取食时，务必不要过量，而且一旦入口，就要一次将其吃完，不要一餐匙的东西反复品尝好几次。餐匙入口时，应以其前端入口，而不是将它全部塞进嘴去。

（6）不能直接用茶匙舀取红茶饮用。

（三）餐巾

1. 餐巾的铺放

西餐里所用的餐巾，通常会被叠成一定的图案，放置于用餐者右前方的水杯里，或是直接被平放于用餐者右侧的桌面上。它们面积上有大、中、小之分，形状上也有正方形与长方形之别。

不论是大是小，还是哪一种形状，餐巾都应被平铺于自己并拢的大腿上。使用正方形餐巾时，应将它折成等腰三角形，并将直角朝向膝盖方向。若使用长方形餐巾，则可将其对折，然后折扣口外平铺。打开餐巾并将其折放的整个过程，应悄然进行于桌下，万勿临空一抖，吸引他人注意。

尤其要注意，在外用餐时，一定不要把餐巾掖于领口，围在脖子上，塞进衣襟内，或是担心其掉落而将其系在裤腰上。

2. 餐巾的用途

在正餐里，餐巾所发挥的作用主要有如下几点：

（1）为服装保洁。将餐巾平铺于大腿上，就是为了"迎接"进餐时掉落下来的菜肴、汤汁，防止其搞脏自己的衣服。

（2）揩拭口部。以餐巾揩口时，其部位应大体固定，最好只用其内侧。通常不应以餐巾擦汗、擦脸，擦手也要尽量避免。特别要注意，不要用餐巾擦餐具，那样做等于向主人暗示餐具不洁，要求其调换另一套。

（3）掩口遮羞。在进餐时，尽量不要当众剔牙，也不要随口乱吐东西，万一非做不可时，应以左手拿起餐巾挡住口部，然后以右手去剔牙，或是以右手持餐叉接住"出口"之物，再将其移到餐盘前端。倘若这些过程没有遮掩，是颇为失态的。

（4）进行暗示。在用餐时，餐巾可用以进行多种特殊暗示。最常见的暗示又分三种：①暗示用餐开始。西餐都以女主人为"带路人"，当女主人铺开餐巾时，就等于是在宣布用餐可以开始了。②暗示用餐结束。当主人，尤其是女主人把餐巾放到餐桌上时，意在宣告用餐结束，请各位告退。如果其他用餐者用餐完毕，也可以用此法示意。③暗示暂时离开。若中途暂时离开，一会儿还要回来继续用餐，可将餐巾放置于本人座椅的椅面上，见到这种暗示，侍者就不会马上动手"撤席"，而会维持现状。

四、餐桌礼仪

（一）酒水的饮用

1. 西餐中酒菜的搭配

在正式的西餐宴会里，酒水是主角，它不仅最贵，而且它与菜肴的搭配也十分严格。一般来讲，吃西餐时，每道不同的菜肴要配不同的酒水，吃一道菜便要换上一种新的酒水。

西餐宴会中所上的酒水，一共可以分为餐前酒、佐餐酒、餐后酒三种。它们各自又拥有许多具体种类。

餐前酒，别名开胃酒，显而易见，它是在开始正式用餐前饮用的，或在吃开胃菜时与之配伍的。在一般情况下，人们喜欢在餐前饮用的酒水有鸡尾酒、味美思和香槟酒。

佐餐酒又叫餐酒，毫无疑问，它是在正式用餐期间饮用的酒水。西餐里的佐餐酒均为葡萄酒，而且大多数是干葡萄酒或半干葡萄酒。

在正餐或宴会上选择佐餐酒，有一条重要的讲究不可不知，即"白酒配白肉，红酒配红肉"。这里所说的白肉，即鱼肉、海鲜、鸡肉，吃它们时，须以白葡萄酒搭配。这里所说的红肉，即牛肉、羊肉、猪肉，吃这类肉时，应配以红葡萄酒，鉴于西餐菜肴里的白肉多为鱼肉，故这一说法有时又被改头换面地表述为："吃鱼喝白酒，吃肉喝红酒"，其实二者的本意完全相同。不过，此处所说的白酒、红酒，都是葡萄酒。

餐后酒，指的是在用餐之后，用来助消化的酒水。最常见的餐后酒是利口酒，它又叫香甜酒。最有名的餐后酒，则是有"洋酒之王"美称的白兰地酒。

2. 饮用酒水的礼仪

西餐宴会中，酒类服务通常是由侍者负责将少量酒倒入酒杯中，让客人鉴别一下品质是否有误。只需把它当成一种形式，喝一小口并回答"Good"。接着，侍者会来倒酒，这时，不要动手去拿酒杯，而应把酒杯放在桌上由侍者来倒。如果不想让侍者给你倒酒，那么就用指尖碰一下酒杯的边缘，以示不想要了。

为避免手的温度使酒温增高，正确的握杯姿势是用三根手指轻握杯脚，即用大拇指、中指和食指握住杯脚，小指放在杯子的底台固定。

喝酒时绝对不能吸着喝，应该倾斜酒杯，将酒放在舌头上似的喝。你可以轻轻摇动酒杯让酒与空气接触以增加酒味的醇香，但不要猛烈摇晃杯子。

非敬酒时的一饮而尽，或是边喝酒边透过酒杯看人、拿着酒杯边说话边喝酒、将口红印在酒杯沿上等，都是失礼的行为。不要用手指擦杯沿上的口红印，用面巾纸擦较好。

（二）咖啡的饮用

吃西餐的最后一道程序是喝咖啡或喝茶。除此之外，西方人打交道时，还有很多场合可能需要一起喝咖啡。

1. 喝咖啡的基本礼仪

（1）咖啡杯碟的用法。在餐后饮用的咖啡，一般都是用袖珍型的杯子盛出。这种杯子的杯耳较小，手指无法穿过。即使用较大的杯子，也不要用手指穿过杯耳再端杯子。咖啡杯的正确拿法，应是拇指和食指捏住杯把儿再将杯子端起。饮咖啡时，可以用右手拿着咖啡的杯耳，左手轻轻托着咖啡碟，慢慢地移向嘴边轻啜。不宜满把握杯、大口吞咽，也不宜俯首去就咖啡杯。喝咖啡时，不要发出太大的响动。添加咖啡时，不要把咖啡杯从咖啡碟中拿起来。若遇到一些不方便的情况，例如，坐在远离桌子的沙发上，双手不便端着咖啡饮用，此时可用左手将碟置于齐胸的位置，用右手端着咖啡杯饮用。饮毕，应立即将咖啡杯置于咖啡碟中，不可将二者分别放置。

（2）咖啡匙的用法。咖啡匙是专门用来搅咖啡的，饮用咖啡时应当把它取出来，不能用咖啡匙舀着咖啡一匙一匙地喝，也不要用咖啡匙捣碎杯中的方糖。搅过咖啡的匙，上面都会沾有咖啡，应轻轻顺着杯子的内缘将汁液擦掉，绝不能拿起匙甩动，或用舌头舔咖啡匙。用过的匙最好放在托盘的内侧，以免端起咖啡杯时碰落。标准的搅拌手法是将咖啡匙立于咖啡杯中央，先顺时针由内向外画圈，到杯壁再由外向内逆时针画圈至中央，然后重复同样的手法，这种方法令咖啡浓淡均匀。

（3）咖啡加糖的方法。给咖啡加糖时，砂糖可用咖啡匙舀取，直接加入杯内，不过现在有独立小包装的砂糖包，非常便于操作；也可先用糖夹子把方糖夹在咖啡碟的近身一侧，再用咖啡匙把方糖加在杯子里。如果直接用糖夹子或手把方糖放入杯内，有时可能会使咖啡溅出，从而弄脏衣服或台布，这是极不礼貌的行为。

2. 喝咖啡的注意事项

（1）刚刚煮好的咖啡太热，可以用咖啡匙在杯中轻轻搅拌使之冷却，或者等待其自然冷却后再饮用。用嘴试图去把咖啡吹凉，是很不文雅的动作。

（2）有时饮咖啡可以吃一些点心，但不要一手端着咖啡杯，一手拿着点心，要吃一口喝一口地交替进行。饮咖啡时应当放下点心，吃点心时则放下咖啡杯。

（3）喝咖啡不能像喝白开水一样，一口气把一杯都喝完；喝咖啡也不应像喝茶或果汁那样可以连续喝几杯，否则主人会笑话你老土或认为你失礼。

★ 小知识

喝咖啡步骤

第一步，闻香，体尝一下咖啡那扑鼻而来的原香；

第二步，观色，咖啡最好呈现深棕色，而不是一片漆黑，深不见底；

第三步，品尝，先喝一口黑咖啡，感受一下原味咖啡的滋味，咖啡入口不要急于将咖啡一口咽下，应暂时含在口中，让咖啡的香气自鼻腔呼出，然后再将咖啡咽下。

（三）餐桌上的注意事项

（1）就座时，身体要端正，手肘不要放在桌面上，不可跷腿抖腿，与餐桌的距离以便于使用餐具为佳。餐台上已摆好的餐具不要随意摆弄。

（2）喝汤时不要啜，吃东西时要闭嘴咀嚼。不要舔嘴唇或咂嘴发出声音。如汤菜过热，可待稍凉后再吃，不要用嘴吹。喝汤时，用汤勺从里向外舀，汤盘中的汤快喝完时，用左手将汤盘的外侧稍稍翘起，用汤勺舀净即可。吃完汤菜时，将汤匙留在汤盘（碗）中，匙把指向自己。

（3）吃鱼、肉等带刺或骨的菜肴时，不要直接外吐，可用餐巾捂嘴轻吐在叉上放入盘内。如盘内剩余少量菜肴时，不要用叉子刮盘底，更不要用手指相助食用，应以小块面包或叉子相助食用。吃面条时要用叉子先将面条卷起，然后送入口中。

（4）取面包应该用手去拿，然后放在旁边的小碟中或大盘的边沿上，绝不要用叉子去叉面包。取黄油应用黄油刀，而不要用个人的刀子。黄油取出要放在旁边的小碟里，不要直接往面包上抹。不要用刀切面包，也不要把整片面包涂上黄油，而应该一次扯下一小块，吃一块涂一块。

★小知识

什么时候用手吃

如果你不知道该不该用手拿着吃，就跟着主人做。记住：食物用浅盘上来时，吃前先放入自己的盘子。下面是一些可以用手拿着吃的食物：带芯的玉米、肋骨、带壳的蛤蚌和牡蛎、龙虾、三明治、干蛋糕、小甜饼、脆熏肉、蛙腿、鸡翅和排骨（非正式场合）、土豆条或炸薯片、小萝卜、橄榄和芹菜等。

小的三明治和烤面包是用手拿着吃的，大点的吃前先切开。配卤汁吃的热三明治需要用刀和叉。通过拿面包的方式，可以测试出一个人是否是个有修养的人。不过只要你记住在吃面包或蛋卷时，往上抹黄油之前，先把其切成两半或小块的话，你就可以轻松地通过测试。小饼干用不着弄碎，可以使用你盘中的黄油刀抹油，抹油应在盘子里或盘子上部进行。把黄油刀稍靠右边放，刀柄放在盘边外面以保持清洁。热土司和小面包要马上抹油，不必把面包条掰碎，可在其一面抹黄油。把丹麦糕点（甜蛋卷）切成两半或四半，随抹随吃。

熏肉吃法很简单，吃带肥肉的熏肉要使用刀和叉，如果熏肉很脆，则先用叉子将肉叉碎，再用手拿着吃。

（5）吃鸡时，应先用刀将骨去掉，不要用手拿着吃。吃鱼时不要将鱼翻身，要吃完上层后用刀叉将鱼骨剔掉后再吃下层。吃肉时，要切一块吃一块，决不能切得过大，或一次将肉都切成块。

（6）喝咖啡时如添加牛奶或糖，添加后要用小勺搅拌均匀，将小勺放在咖啡的垫碟上。喝时应右手拿杯把，左手端垫碟，直接用嘴喝，不要用小勺舀着喝。吃水果时，不要拿着水果整个去咬，应先用水果刀切成四瓣，再用刀去掉皮、核，用叉子叉着吃。

（7）用刀叉吃有骨头的肉时，用叉子将整片肉固定（可将叉子朝上，用叉子背部压住肉），再用刀沿骨头插入，把肉切开。最好是边切边吃。必须用手吃时，要附上洗手水。

（8）吃面包可蘸调味汁，吃到连调味汁都不剩是对厨师的礼貌。注意不要把面包盘子"舔"得很干净，而要用叉子叉住已撕成小片的面包，再蘸一点调味汁来吃，这是雅观的做法。

（9）要喝水时，应把口中的食物先咽下去。不要用水冲嘴里的食物。用玻璃杯喝水时，要注意先擦去嘴上的油渍，以免弄脏杯子。

（10）不要在餐桌前擤鼻涕或打嗝。如果打喷嚏或咳嗽，应向周围的人道声"对不起"。

（11）进餐时，始终保持沉默是不礼貌的，应该同身旁的人有所交谈。但是在咀嚼食物时不要讲话。即使有人同你讲话，也应咽下口中食物后再回答。谈话时可以不放下刀叉，但不可拿着刀叉在空中摇晃。

（12）在餐桌上，同一类的食物都应用刀叉去取。只有芹菜、小萝卜、青果、水果、干点心、干果、糖果、炸土豆片、玉米、田鸡腿和面包等可以用手拿着吃。

（13）当侍者依次为客人上菜时，走到你的左边，才轮到你取菜。如果侍者站在你右边，就不要取，那时轮到你右边的客人取菜。取菜时，最好每样都取一点儿，这样会令女主人愉快。如果实在不喜欢吃某种菜，也可以说："谢谢你，不要了。"

（14）当女主人要为你添菜时，你可以将盘子连同放在上面的刀叉一起传递给她或者交给服务员。如果她不问你，你就不能主动要求添菜，那样做很不礼貌。

（15）餐桌上有些食品，如面包、黄油、果酱、泡菜、干果、糖果等，应待女主人提议方可取食。大家轮流取食品时，男客人应请他身旁的女客人先取，或者问她是否愿意让你代取一些。进餐时，不能越过他人面前取食物。如需要某种东西时，应在别人背后传递。

（16）用餐毕，客人应等女主人从座位上站起后，再一起随着离席。在进餐中或宴会结束前离席都不礼貌。起立后，男宾应帮助女士把椅子归回原处。餐巾放在桌上，不要照原来的样子折好，除非主人请你留下吃下顿饭。

（17）用餐时禁止吸烟。

本章小结 \\\\

本章介绍了宴会的安排。宴会的筹备程序包括确定宴请的目的、名义、范围和形式，确定宴请时间、地点，邀请、订菜、席位安排，宴请程序及现场服务。

中餐礼仪是我国传统礼仪的重要组成部分，体现了中华礼仪的特色。本章介绍了中餐的主餐具和辅餐具的使用礼仪；酒水的饮用礼仪，包括中餐中酒菜的搭配、敬酒干杯和饮酒时应注意的问题；饮茶礼仪。

西餐礼仪是现代商务礼仪的重要内容。本章介绍了西餐餐具的使用礼仪，包括刀叉、餐匙、餐巾的使用礼仪；酒水的饮用礼仪，包括西餐中酒菜的搭配和饮用酒水的具体礼仪；同时，对西餐进餐时应着重注意的事项进行了具体阐述。

案例思考 \\\\

前不久，小美参加全国绘画大赛，获得了一等奖。于是小美的几个好朋友都要求她请客，星期六下午 6 点，小美的好朋友小雪、菁菁、凌子和小美一起在中餐馆的门口会面了，大家嘻嘻哈哈地走了进去，选了大厅里一个靠边的位置坐了下来。该点菜了，小美拿着菜单，一边询问她的几位好朋友，一边向服务员咨询，然后选定了菜品和饮料。天气实在太热了，服务员给大家拿来了湿毛巾，大家拿毛巾擦了擦手，随后又顺便把脸上的汗擦了擦，好爽啊！上菜了，先上的是一道凉菜，小美马上给每个人夹了一些放到她们的盘子里。

"田螺的味道真不错！"菁菁一边说着一边顺手把田螺的壳丢在桌子上。凌子的筷子在田螺的盘子里挑来拣去，先选了一些大个儿的田螺放在自己面前的盘子里，准备慢慢吃。不一会儿，凌子面前的盘子里的田螺已经堆成了一座小山。其他的菜品也陆陆续续地上来了。大家边吃边聊，尽情享受。在享受美食的同时，她们没有忘记向小美表示祝贺。她们不时地以饮料代酒，干杯祝贺。一不小心，凌子把她的饮料碰翻了，饮料洒在餐桌上，裙子也弄脏了。这下可把大家忙坏了。只见凌子站在座位旁边，小雪弯着腰，拿着餐巾纸为她擦拭着，菁菁也站在餐桌旁用餐巾纸擦拭餐桌上的饮料，小美则大声叫服务员拿更多的餐巾纸过来，一切都显得那么忙乱。当然，她们的举动吸引了周围就餐顾客的目光……

思考：

请指出小美和她的朋友们有哪些失礼之处。

本章习题

一、判断题

1. 进餐时不要将碗碟揣起来。喝汤可以将盘子倾斜，然后用汤匙取食。喝茶或喝咖啡时不要把汤匙放在杯子里。　　　　　　　　　　　　　　　　　　　　　　　（　　）

2. 吃饭的时候最好不要在酒具上留下口红印。　　　　　　　　　　　（　　）

3. 在正式宴会中，只要一落座就应打开餐巾。　　　　　　　　　　　（　　）

4. 食物太热的时候，用嘴吹凉。　　　　　　　　　　　　　　　　　（　　）

5. 宴请客人，一定要把酒喝好，因为"感情深，一口闷；感情浅，一点点"，如果没有陪客人喝好酒，会显得很失礼。　　　　　　　　　　　　　　　　　　（　　）

二、简答题

1. 参加宴请活动，如果你要中途离席，该怎么办？

2. 如何礼貌地拒酒？

3. 西餐餐巾有哪些用途？

本章实践

你单位为庆祝上半年销售额突破千万，决定在7月10日上午9：00在大连某酒店某宴会厅举行宴请活动。请你写一份请柬送给你单位的供应商——某某集团总经理王总，请他届时参加。

第六章

商务办公礼仪

★学习目标

1. 掌握办公室、商务出行和网络媒体礼仪的特点及要求；

2. 了解电子商务活动的礼仪要求，提升通信交流的质量和水平，全面提高办理公务的综合能力。

★本章导读

　　老丁身材较胖，看电视广告说"迷你甩脂机"减肥效果非常好，昨天，他不顾太太反对，打电话给电视购物中心，买了一部。晚上一试，根本感觉不到广告说的效果，想退又退不了，太太埋怨了一个晚上，今天早上一睁眼，就又开始唠叨，老丁的心情糟糕极了。谁知早晨一上班，财务部就来了几次电话，催他签名确认上个月的单据，这使老丁更心烦。突然，桌上的电话铃又响了，他以为又是财务部的催促电话，心里很生气，抓起电话就说："催什么催，你们要扣工资就扣吧，有什么了不起的！别来电话烦我，如果再来电话，我可对你不客气了！""啪"的一声摔了电话，坐到一旁生闷气。一会儿，电话铃又响了，旁边的同事拿起电话，脸色突然大变，对他说："老丁，刚才电话是总经理打来的，现在他让你到他办公室去一下。总经理好像很生气。"……老丁把个人情绪带到工作中来，本身就违反了办公礼仪的有关要求；在接听电话时没有先确认对方的身份，就乱说一通，又违反了电话礼仪。造成误会，给自己带来不必要的麻烦事小，如果对方是公司的客户，损坏了公司的形象，可就是大事了。

　　在人际交往中，信息交流除了面谈之外，还有书信、电话、计算机网络等通信方式。通信交流，不仅是商务人员日常工作的重要内容，而且还是他们日常处理公务的主要手段，甚至直接影响了他们的工作方式。所以商务人员除了需要掌握办公礼仪规范，还应该掌握各种不同方式的通信礼仪，力争做到"闻其声可知其德，阅其辞可知其人，见其人可知其才"。

第一节　办公室礼仪

办公室是商务公司业务人员、管理人员集中办公的地方。这里不仅是公司对内科学管理、对外广泛联系的重要窗口，也是接待外来客人和贸易伙伴的场所。规范工作人员的办公礼仪，既有助于塑造公司的良好形象，又可以促进营销活动的顺利开展。

一、办公室布置礼仪

办公室布置是指办公室内外环境的设置。环境应是自然和社会条件相统一的生态因素的综合。在礼仪行为中，环境的好坏是重要因素，它不仅体现出环境为人服务、以人为本的现代精神，也反映出活动在这个环境中人的精神面貌、审美情趣、工作作风，还会给来访者留下深刻的印象。

（一）办公室布置礼仪的基本要求

1. 展现精神风貌

办公室的安排布置，除了很有现代气势的硬件设施以外，还要有能够体现公司的经营理念和企业文化，体现公司独特精神风貌的软件设计。比如，某化妆品公司的标志是一抹淡粉红，除了它的产品包装一律用这一抹淡粉红外，它的办公室、车间、食堂、医务室，甚至工作服、沙发、办公桌、茶杯，都有专属这家企业的一抹淡粉红，这些外在风格，就已经体现了该公司的精神——热爱美、创造美。

2. 体现人文关怀

在办公室布置上，要体现以人为本，强调为人服务，这里的"人"，既包括本单位员工，也包括进出此地的各色人等。对本单位的人来说，办公室要舒适，家具用品要顺手，互相联系要方便；对外来者而言，公司的标志和形象要突出，办事寻访要方便，置身其中要自在。

（二）办公室布置工作规范

1. 保持清洁卫生

清洁卫生是办公室布置礼仪的第一要求，拥有清洁卫生的工作环境，人才能放松身心地投入工作。环境的清洁卫生，不仅能使人振奋精神，也能使人爱惜这个环境。一间办公室，始终保持清洁卫生、一尘不染，不仅体现了对办公室主人的尊重，也体现了对客人的尊重。

2. 做到整齐有序

在办公室的空间安排上，要做到整齐有序，既有效利用空间，又便于工作人员行动和联系。办公室一般设有办公桌、文件柜、座椅、电话、传真机、复印件、计算机等物件，其摆放应整齐合理，以整洁、美观、安全、高效为原则。办公桌上不要堆放过多的书报、文件、文具，更不要堆放生活物品，即使是常用的材料也要摆放整齐。生活用品、清洁用品应放在专用的空间里或不显眼处。

★微型案例6-1

我们需要呼吸权

去年单位院子里修建了一个篮球场，午休时间打篮球成了一景。可是到了夏天，就出问题了，大太阳底下跑跑跳跳一个中午，回办公室以后个个都汗流浃背。浑身湿乎乎的自然挺难受，小伙子们还真是有备而来，每人都带了替换的衣服，换下来的运动背心就搭在椅子上，球鞋就随便放在办公室的地上。猛一进屋以为到了球员休息室，摆放杂乱的衣服让人直眼晕，空气中也弥漫着酸酸的汗味。同事们不好意思为了这种"小事"专门"提醒"谁，只等着他们后知后觉。有个小姑娘实在受不了办公室的气味，想出了一个办法：把空调关上，开窗通风，这样一来不会有臭气，二来如果那几个人觉得热，自然会问这么热的天开什么窗啊？于是大家等着看结果，一点多的时候，几个玩球的小伙子说笑着进了办公室。开始他们还没什么反应，后来终于有一个走到窗前，他说："呦，今天开着窗呢，你们快来把球鞋放在窗口晾一晾，风吹一会儿就干了。"天哪，我们强烈要求呼吸权！

[分析提示]

在办公室里乱放衣物，自己方便了，却破坏了办公室的环境卫生，违反了以人为本、尊重他人的原则，必然会引起"众怒"。保持工作区域的空气质量，保持办公室的干净整洁，是每个人都应该具有的自觉行为。

3. 保持明亮安静

办公室光线昏暗、空间狭小，会使人产生沉闷压抑、抑郁不安的感觉；办公室环境嘈杂，会使人心烦意乱，难免无端发火，当然会有悖礼仪要求。宽敞明亮的办公室，不仅有利于头脑心神和眼睛的健康，而且会让人心情舒畅宁静，行为自然放松。这显然有利于工作效率的提高，有利于人际关系的和睦，有利于矛盾的化解。

二、办公室举止言行礼仪

在办公室工作的商务人员的言谈举止，既应显露个性，又要考虑客观环境的允许程度，注意办公场地的礼仪规范。因为他们待人接物的礼仪水平，不仅是他们个人能力素质的综合表现，往往还是客商评价公司的重要依据。

（一）礼仪基本要求

1. 分寸得当

所谓分寸得当，就是指在办公室工作的商务人员，必须注意自己的言谈举止是否与办公场所的环境气氛相吻合，是否与正在进行的工作内容相谐调。这种谐调融洽，既包括言行举止的分寸适度，也包括表情服饰的得体相称。

2. 尊重他人

在办公室工作的商务人员，还要做到相互尊重。只有相互尊重，才能相互理解，进而相互协作。无论说话办事，都应尽量避免影响他人；产生矛盾问题，应学会换位思考，尽量理解对方；尽管各司其职，也应关心他人，互相帮助，发挥团队精神。

（二）举止行为规范

1. 服饰整洁大方

公司职员无论男女，都应按公司要求，规范着装。对办公室的工作人员，可以不要求穿统一的工作服，但应该与办公室的工作性质和工作环境相协调，以能够体现权威、声望和精干的服饰为宜。一般来说，服装必须干净、平整、合体、大方，不能太艳、太奇、太随便。休闲装、运动装、牛仔服等，都不适宜在办公室里穿着。

2. 言谈分寸适度

出入办公室，应主动与同事打招呼，以自己良好的心情去感染对方，不要把个人的喜怒哀乐挂在脸上，任由个人情绪随意表露是十分失礼的。在办公室工作，要注意保持安静，讨论工作时，声音不宜太大。更不能为逞一时口舌之快，而与他人辩论不休，要知道，即使你的口才胜过对方，对方也会因丢了面子而记恨你。在办公室里给同事起绰号，互相以家庭私事乱开玩笑，或者随便谈论其他办公室的飞短流长，都是言语有失分寸的表现。同事之间，即使私交很深，在工作场合言语也不宜太过随便，用词不能只求时髦，声音不能嗲声嗲气，应注意使用规范礼仪用语。

★ 微型案例 6-2

"咱们关系怎么样"

"咱们关系怎么样？"是宋先生的一句口头禅。通常说完这句话，不等你回答，宋自己又接着说："不错吧，是不是？"望着他那笑成两条缝的小眼睛，谁好意思否认呢？既然是关系不错的铁哥们儿，就得像个哥们儿的样子。比如说没有烟抽了，宋就挨桌子搜寻，看到谁的抽屉里有，管它半盒还是一盒，抓住就装到自己的口袋里；上班时渴了，不管是谁的茶杯，端起就喝；最可气的是，他连刮胡刀都没有，今天用这个的，明天用那个的。谁要是不高兴，那句口头禅就从笑成弥勒佛的嘴里流了出来，让你哭也不是，笑也不是。我们单位的人，背地里谈起宋，都忍不住摇头摆手。

[分析提示]

尊重他人，讲究分寸，是衡量一个人素质高低的标准。像宋这样不拘小节、爱占小便宜的人，不会受人欢迎，不会有人愿意与他合作。他的个人发展也势必受到影响。

3. 同事和谐友善

礼貌待人既是对外接待客商的要求，也是公司同事之间相处的要求。不能认为只有对外来客人才需礼貌相待，而天天在一起工作的同事就可以随随便便。

（1）笑脸相迎，团结和睦。这是办公室事务处理礼仪的第一要素，每天都要与同事含笑点头，互致问候。只有在一个团结和睦的集体中工作，才会令人愉快。

（2）真诚相待，热情相帮。人在生病或者遇到困难时，最需要朋友的关心帮助。如果同事因病、因事未来上班，应该主动打电话问候，并根据情况决定是否去看望。即使只有一通电话，同事也会感到温暖。对同事的成功、升迁、获奖应予以衷心的祝贺，但不要总挂在嘴边。对新来的同事，应该不厌其烦地回答他的问题，以帮他尽快熟悉环境，助他尽快投入工作。

（3）正直相交，热忱有度。同事间的关系远近有所不同，也是正常现象，但万不可拉帮结派，应该以团队利益为重。如果你是初来乍到，应多听少说，以便多了解情况。待人应一视同仁，还应注意保持距离，不要自来熟。做事要留有余地，不要把话说得太满，应说"试试"，而在实际上努力做到。如果向人做了承诺，就一定要言而有信。

第二节　商务出行礼仪

一、行进中的位次礼仪

商务办公离不开走路，在这平常的"走路"中，包含着一系列的礼仪要求，同样需要讲求公德礼仪。

（一）基本要求

走路，不管是一个人独行，还是多人同行，都有一些基本的礼仪要求遵守。

（1）步行时走人行道，不走自行车或机动车道。过马路时走人行横道，如果是路口，一定要等绿灯亮了，看两边没车时再通过。

（2）走路时姿态要雅观。走路目光直视，不能左顾右盼，东张西望。男性遇到不相识的女性，不要久久注视，甚至回头追视，否则显得缺少教养；一面走路一面吃东西或抽烟显得很不雅观。如果确实肚子饿了或口渴了，可以停下来，在路边找个适当的地方，吃完后再赶路。走路时要爱护环境卫生，随地吐痰、随手抛弃脏物都是不文明行为。

（3）问路时应讲礼貌。需要问路时，应选择合适的对象，最好不去问正在急行的人、正在与人交谈的人及正在忙碌的人。不管对方能否给予满意的回答，问前要礼貌称呼，问后要道谢。

（4）问候、交谈时不能妨碍交通。走路遇到熟人，应主动打招呼或进行问候，不能视而不见，把头扭向一边，擦肩而过。如果在路上碰到久别重逢的朋友，想多交谈一会儿，应靠边站立，不要站在路中间或拥挤的地方，以免妨碍交通，增加不安全的因素。

（5）多人并行时的位置选择。在马路上，很多人并排行走，首先要考虑不要堵塞交通。此外，多人并行时在位置的选择上也有一些规定。通行的规矩是：两人行"尊贵的位置在右边"，三人行"尊贵的位置在中间"。

（二）具体情况

人们在步行时，往往会置身于不同的处所，在这种情况下，既要遵守上述基本要求，也要具体情况具体对待。日常商务活动中遇到的主要情况有进出房间、乘坐电梯和上下楼梯。

1. 进出房间礼仪

一般来说，职位低的人为职位高的人开门、男士为女士开门是进出房间的基本礼仪。随着社会生活节奏的加快，节省时间成了商务活动中人们的共同追求，开门被认为是举手之劳的小事，浪费时间不值得，导致进出房间的礼仪越来越实用化了。一般应该是主人在前为客人开门，通常情况是先到者先开门。

2. 使用电梯礼仪

电梯是办公楼里比较常用的代步工具。因此，乘坐电梯也就成了一个需要注意的礼仪方面。

（1）进电梯时。如果等候的人中有客人时，应让他们先上，不要抢着上。

（2）进电梯后。如果是无人控制电梯，应该为你后面的人按住开门按钮或扶着门。如果有人为你扶门，要说声"谢谢"。

在电梯里尽量不要攀谈，如果遇到熟人、同事或老板，打个招呼就可以了，如果和你的同事在一起时，你认识的人上了电梯，应为他们做介绍。在电梯里不要议论公事或私事。

（3）出电梯时。当电梯停下来时，要让下电梯的人先下去，给上来的人让出地方。如果你快到想要去的楼层时，应跟电梯上的其他人说："对不起，我该下了。"这样别人就可以让你过去。

3. 使用楼梯和自动扶梯礼仪

使用楼梯和自动扶梯时，应遵循"单行右行"的规则，以免阻挡他人。一般上楼时长者、女士在前，下楼则相反。由于走楼梯或乘自动扶梯时不便交谈，因此最好等到达目的地后再谈，这样可以避免他人因不便交谈而感到尴尬。

二、乘坐轿车的礼仪

商务人员乘坐轿车，不是为了享受，而是为了适应自己工作性质的需要，因为高速行驶的轿车，能为自己赢得宝贵的时间。既然如此，商界人士在乘坐轿车时，尤其是当乘坐轿车外出参加较为正式的应酬时，或是与他人一同乘坐轿车时，就应当注意保持自己应有的风度，应当使自己的行为表现得彬彬有礼，对他人时时处处"礼让三先"。

（一）座次礼仪

商务礼仪规定：确定任何一种轿车上座次的尊卑，应当通盘考虑谁在开车、开的什么车、安全与否以及嘉宾本人的意愿等四个基本要点。

1. 开车人员

何人驾驶轿车，是关系座次尊卑的头等大事。通常认为，轿车的座次后排为上座，前排为下座。这一规定的基本依据是轿车的前排座，即驾驶座与副驾驶座最不安全。然而商务人员在应用这一规定时，对"谁在开车"的问题，却不可不闻不问。驾驶轿车的司机主要分为两种：一是主人，二是专职司机。下面分述驾驶者不同时车上座次尊卑的差异。

（1）主人亲自驾车时，即商务人员的交往对象本人亲自驾驶轿车，商务礼仪规定：前排座为上，后排座为下；以右为尊，以左为卑。

由主人亲自驾驶双排座轿车时，车上其余四个座位的顺序，由尊而卑依次为：副驾驶座，后排右座，后排左座，后排中座。

由主人亲自驾驶三排七人座轿车时，车上座位的顺序，由尊而卑依次为：副驾驶座，后排右座，后排左座，后排中座，中排右座，中排左座。

由主人亲自驾驶三排九人座轿车时，车上座位的顺序，由尊而卑依次为：前排右座（假定驾驶座居左），前排中座，中排右座，中排中座，中排左座，后排右座，后排中座，后排左座。

在这里应特别强调的是，主人亲自驾车时，前排的副驾驶座为上座。车上若有其他人在座，一般不应当使之闲置。至少应当推举一人为代表，坐在副驾驶座上作陪，与开车的主人"同甘苦，共患难"。如果明知故犯，除开车的主人之外，车上只有自己一个人，却偏要坐到后排去，那就意味着自己"怕死"，也表示自己对主人极度不友好、不尊重。至少，对方也会觉得"待遇"不平等。其实，哪怕乘坐出租车，如果允许，主动在副驾驶座上落座，陪一陪辛苦的出租车司机，也是"与人方便，自己方便"。因为对方会意识到你对他的友好与尊重，便不太可能会为难你了。依照成规，全家外出时，轿车应由男主人驾驶，在其身旁的副驾驶座上就座的应当是女主人。他们的孩子，则应当坐在后排座位上。如果主人夫妇开车接送客人夫妇，则男女主人的座次应如前面一样，客人夫妇应当坐在后排。若主人一人开车接送一对夫妇，则男宾应就座于副驾驶座上，而请其夫人坐在后排。若前排可同时坐三人，则应请女宾在中间就座。若主人亲自驾驶轿车时，车上只有一名客人，则其务必就座于前排。若此刻车上的乘客不止一人时，应推举其中地位、身份的最高者，在副驾驶座上就座。如果他于中途下车，则应立即依次类推，"替补"上去一个，始终不让该座位空下来。

（2）专职司机驾驶轿车时，商务礼仪规定：后排座为上，前排座为下；以右为尊，以左为卑。

由专职司机驾驶双排座轿车时，除驾驶座外，车上其余的四个座位的顺序，由尊而卑依次为：后排右座，后排左座，后排中座，前排副驾驶座。

由专职司机驾驶三排七人座轿车时，车上其余六个座位（加上中间一排折叠椅的两个座位）的顺序，由尊而卑依次为：后排右座，后排左座，后排中座，中排右座，中排左座，副驾驶座。

由专职司机驾驶三排九人座轿车时，车上其余八个座位的顺序，由尊而卑依次为：中排右座，中排中座，中排左座，后排右座，后排中座，后排左座，前排右座（假定驾驶座居左），前排中座。

2. **车的类型**

上述方法，主要适用于双排、三排轿车，对于其他特殊类型的车并不适用。

在吉普车上，副驾驶座总是上座。至其后排座位，则讲究右尊左卑。

在大中型轿车上，通常合"礼"的座次排列应当是由前而后，由右而左。其位次的排列，由尊而卑依次为：第一排右侧右座，第一排右侧左座，第一排左侧座；第二排右侧右座，第二排右侧左座，第二排左侧座；第三排右侧右座，第三排右侧左座，第三排左侧座；第四排右侧右座……

对于这种礼仪上的座次尊卑，商界人士应当了然于胸。当然，更为重要的是需要在基本原则的基础上灵活运用。例如，当你与上司乘坐一辆由专职司机驾驶的双座轿车外出办公事时，虽然后排上坐得下，但是还是应当自觉地去前排副驾驶座上就座，而不要在后排与上司一道"平起平坐"。当然，大家若是以私交的身份一同外出观光游览，那时坐在后排左座，而请上司坐在后排右座，则是完全可以的。

3. 安全与否

乘坐轿车外出，除了迅速、舒适之外，安全的问题是不容忽略的。从某种意义上讲，甚至应当作为头等大事来对待。在轿车上，后排座比前排座要安全，最不安全的座位为前右座。最安全的座位为后排左座。所以按照国际惯例，在乘坐由专职司机驾驶的轿车时，通常不应当让女士在副驾驶座就座。

4. 嘉宾本人意愿

如果不是在某些重大的礼仪性场合抛头露面，对于轿车上座次的尊卑，不宜过分地墨守成规。从总体上说，只在乘车者自己的表现合乎礼仪，就完全"达标"了。应当说明的一点是，若宾主不乘坐同一辆轿车时，依照礼仪规范，主人的车应行驶在前，是为了开道和带路。若宾主双方的车辆皆非一辆，应当依旧是主人的车辆在前，客人的车辆居后。它们各自的先后顺序，也应由尊而卑地由前往后排列，只不过主方应派一辆车殿后，以防止客方的车辆掉队。

（二）上下车礼仪

商务人员应当注意自己在上下轿车时的表现，主要体现在上下轿车的先后顺序和举止两方面。

1. 上下车顺序

在正式的情况下，与他人一起乘坐轿车时，上下车的先后顺序，有着一定的礼数。如果当时环境允许，应当请女士、长者、上司或嘉宾首先上车，最后下车。具体又分为多种情况。

若一同与女士、长者、上司或嘉宾在双排座轿车的后排就座，应请后者首先从右侧后门上车，在后排右座上就座。随后应从车后绕到左侧后门登车，落座于后排左座。到达目的地后，若无专人负责开启车门，则应首先从左侧后门下车，从车后绕行至右侧后门，协助女士、长辈、上司或嘉宾下车，即为之开启车门。

乘坐有折叠椅的三排座轿车时，循例应当由在中间一排加座上就座者最后登车，最先下车。

乘坐三排九座轿车时，应当由低位者，即男士、晚辈、下级、主人先上车，而请高位者，即女士、晚辈、上司、客人后上车。下车时，其顺序正好相反。唯有坐于前排者可优先下车，拉开车门。

若主人亲自开车时，出于对乘客的尊重与照顾，可以由主人最后一个上车，最先一个下车。

2. 上下车举止

商务人员自己在上下车时，动作应当"温柔"一点，不要动辄"铿锵作响"。上下车时，都不要大步跨越，连蹦带跳，像跨栏一样。穿短裙的女士，上车时，应首先背对车门，坐下之后，再慢慢地将并拢的双腿一齐收入，然后再转向正前方。下车时，应首先转向车门，先将并拢的双腿移出车门，双脚着地后，再缓缓地移出身去。

上下车时，应当注意对高位者主动给予照顾与帮助。除此之外，商务人员如果身为低位，则在上下车时，还需主动地为高位者开关车门。具体来讲，当高位者准备登车时，低位者应当先行一步，以右手或左右两只手并用，为高位者拉开车门。拉开车门时，应尽量将其全部拉开，即形成90°的夹角。在下车之时，低位者也可以用先下车去帮助开门的方法，去示敬于人。其操作的方法与上车时基本相同。

（三）乘车礼节

商务人员还应当注意自己在车上的谈吐与举止。轿车在行驶过程中，大家可以与同车人略作交谈，但是，畅所欲言是行不通的。在轿车内不宜与司机过多地交谈，不宜谈论隐私性内容。不要在轿车内吸烟。不要在轿车内整理衣饰、描眉画眼，以及脱鞋、抖袜子。对着车内后视镜补妆的做法，是很让人反感的。请勿乱抛乱放自己的东西。不要在轿车内与异性打打闹闹，表现得过分亲昵。不要在车内吃东西、喝饮料、吐痰。也不能打开车窗，让废物与浓痰随风而去，因为这样是有悖社会公德的。

（四）乘坐轿车的注意事项

乘坐轿车，讲究的是快节奏，时间虽然短暂，但仍要保持风度，以礼待人，不要为了快而忘乎所以。在这里还有两点需要提醒大家。

1. 商务人员应当注意提前联系好轿车

通常，商务人员在乘坐轿车外出之前，应提前进行联系。所需轿车的类型、数量、预定上车或会合的地点等，均需事先通报给司机。尤其是当商务人员搭乘他人的车辆时，更应当提前讲清楚。到了预定的时间，商务人员应当准时在约定的地点等候。越是重要的人际交往，越是要求商务人员守时守约。因自己的迟到而让"车等人"，是很不应该的。若因故不能如约到达，应提前告诉司机，不要让人家白跑一趟。

2. 中途搭乘他人轿车，应以不妨碍对方为前提

中途主动要求或应邀搭乘他人的轿车时，不要忘记向车主、司机或邀请自己的人当面道谢。上车之后，若碰上自己以前不认识的人，应主动打招呼。必要时，还要为对方受到自己的连累而道歉。下车时要说"再见"。

三、乘坐火车的礼仪

商务人士出差或长途旅行时，乘坐火车出行乃是第一位的考虑。在此情况下，有必要学习有关乘坐火车的礼仪。

（1）乘火车时若有同行者，男士或年轻者应首先上车，找好座位、放好行李之后，再回头帮助女士或者长者上车。若找不到座位，则应站在女士或长者身旁，以便照顾。

（2）上车应按次序对号入座。若赶上非对号入座，且遇上有空座的时候，可以在就座前有礼貌地征得旁边乘客的同意，如"对不起，我可以坐在这儿吗?"不要不打招呼，见座就抢。

（3）所带行李应放在行李架上，不能放在过道上或小桌上。长途旅行一般携带的行李较多，乘客之间要相互照顾，合理使用行李架，放、取行李时应脱掉鞋子，以免踩脏座位。自己的行李要摆放整齐，尽量不压在别人的行李上，如果不得不压也应征得别人的同意。

（4）入座后，要向临近的乘客点头致意。若要交谈，应先看清对象，与不喜欢交谈的人谈话是不明智的，和正在思考问题的人谈话也是失礼的。即便与旅伴谈得很投机，也不要没完没了，看到对方有倦意，就应停止谈话。谈话中不要问对方的姓名、住址及家庭情况。阅览别人的报刊或使用邻座的物品，应先征得对方同意，不可随便取用。别的乘客看报时，不能凑上去观看。在座席车上休息时，不能东倒西歪，卧倒于座席上、茶几上、行李架上或过道上。不能靠在他人身上，或把脚放到对面的座席上。

（5）火车上要注意行为举止，车上再热男士也不得穿背心甚至上身赤裸，也不得一坐下来就脱鞋，把腿伸到对面座椅上去，这是很不文明的。火车行驶中，欣赏沿途风景时注意不要开窗把头伸出窗外，以防不测。

（6）到达目的地后，要拿好自己的物品，有礼貌地与邻座旅客道别，按秩序从规定的通道口验票、出站。

四、乘坐飞机的礼仪

空中旅行便捷、快速，因此，是商务旅行的主要旅行工具，人们不仅乘飞机在国内出差、开会，而且还乘飞机到国外访问。乘飞机旅行要注意一些事项。

（1）登记前要耐心办手续。无论是乘坐国内航班或国际航班，都必须办理乘机手续。它包括检查机票、验看各种旅行证件、安全检查等。这些手续较为烦琐，但为了保证乘客旅行安全，却是必不可少的，乘客要予以谅解，耐心等候，主动配合。

（2）乘机时应尊重乘务员。当你上下飞机时，空中小姐都会站在机舱门口迎送乘客，乘客应表示感谢或点头示意。飞行中，如果你需要服务，可按头顶上的呼唤按钮或向乘务员招手示意，不要起身高声叫喊，并且，接受服务后要礼貌地致谢。为了保证飞行安全，乘客应在乘务员的指点下，按规定系好安全带，不要等到乘务员专门走过来提醒你。在乘机过程中，对乘务员的指点、服务要给予配合。

（3）飞机飞行期间，要熟知各项有关安全乘机的规定。当起飞或降落时，一定要自觉系好自己的安全带，并且收起自己所使用的面前的小桌板，同时将自己的座椅调直。当飞机受到高空气流的影响而发生颠簸、抖动时，也要将安全带系好，切勿自行站立、走动。在飞行期间，不得使用移动电话、手提电脑、激光唱机、微型电视机、调频收音机、电子式玩具、电子游戏机等电子设备。

（4）乘机前需要对安全设备有一定程度的了解。在飞机起飞前，所有的客机均会由客舱乘务员或通过播放电视录像片，向全体乘客介绍氧气面罩、救生衣的位置及正确的使用方法，以及机上紧急出口所在的位置及疏散、撤离飞机的办法。在每位乘客身前的物品袋内，通常还会备有专门有关上述内容的示意图。一定要认真倾听讲解并阅读提示，并且牢记在心。切勿乱摸、乱动机上的安全用品。偷拿安全用品或私开安全门，不仅有可能犯法，而且还有可能危及自己和其他机上乘客的生命安全。

（5）飞机上应以礼律己，以礼待人。上下飞机时，要注意依次而行。在机上放置自己随身携带的行李时，与其他乘客要互谅互让。在自己的座位上就座时，要维护自尊。当自己休息时，不要使身体触及他人，或是将座椅调得过低，从而有碍于人。与他人交谈时，可以以"今天飞行的天气真好"等开场白来试探同座是否愿意交谈，在谈话中不必互通姓名，只是一般谈话而已。如你不愿交谈，对开话头的人只需"嗯哼"表示，或解释："我很疲倦。"跟身边的乘客打招呼或交谈，应不影响对方的休息。不要盯视、窥视素不相识的乘客，也不要与其谈论令人不安的劫机、撞机、坠机事件。

（6）停机后，带好随身携带的物品，国际航班上下飞机后需办理入境手续，通过海关便可凭行李卡认领托运行李。许多国际机场都有传送带设备，机场行李搬运员也可协助乘客，但是要给一定小费。

★微型案例6-3

老张的旅行

2016年11月，老张随某商务团队前往南方某城市考察，飞机经停深圳。在经停期间，所有乘客均在机舱内等候。突然，机舱内一阵骚动，甚至已经有部分乘客涌向登机入口处。难道发生了什么紧急事故？乘务人员快速赶往出事地点，经查，原来是老张因忍耐不住机舱内高温，擅自打开飞机安全门，跑到机翼上乘凉。此时的乘客们不明真相，都以为飞机出现了重大事故，所以出现了骚动。事后，老张认识到了事情的严重性，立即向乘客及航空部门道歉，并且赔偿了航空部门一笔不小的损失。

[分析提示]

案例中的老张应该遵循飞机上的礼仪，因为只有在发生紧急事故时飞机安全门才可以打开。另外，商务人员在考察中随时能遇上合作伙伴、客户，应该牢记自己的形象代表着组织的形象。

第三节 网络媒体礼仪

网络媒体是一种新型的、发展迅速的商务活动媒介，是随着电子计算机的普及和互联网的发展而发展起来的。它似一股浪潮，迅速席卷了整个世界，甚至影响到我们的生活方式。生产、流通、消费等领域的很多企业，都已认识到了电子商务的重要性，纷纷开展或准备开展电子商务。

一、电子邮件礼仪

电子邮件又称电子信函，它利用电子计算机所组成的互联网络，不仅安全保密、节省时间，又不受篇幅的限制，清晰度极高，还可以大大地降低通信费用。收发电子邮件是人们利用网络办公最常见的手段，也是最重要的方式。在收发电子邮件的不同阶段，大家务必要遵循一定规则。

1. 撰写与发送

电子邮件的撰写与发送皆有一定的规定和要求：

（1）利用网络办公时所撰写的必须是公务邮件，不可损公肥私，将单位邮箱用作私人联系途径，不得将本单位邮箱地址告诉亲朋好友。

（2）在地址板上撰写时，应准确无误地键入对方邮箱地址，并应简短地写上邮件主题，以使对方对所收到的信息先有所了解。

（3）在消息板上撰写时，应遵照普通信件或公文所用的格式和规则。邮件篇幅不可过长，以便收件人阅读。

（4）邮件用语要礼貌规范，以示对对方的尊重。撰写英文邮件时不可全部采用大写字母，否则就像发件人对收件人盛气凌人的高声叫喊。

（5）不可随便发送无聊、无用的垃圾邮件，无端增加网络的拥挤程度。

（6）要保守国家机密，不可发送涉及机密内容的邮件，不得将本单位邮箱的密码转告他人。

2. 接收与回复

接收与回复电子邮件时，通常应注意以下几点：

（1）应当定期打开收件箱，最好是每天都查看一下有无新邮件，以免遗漏或耽误重要邮件的阅读和回复。

（2）应当及时回复公务邮件。凡公务邮件，一般应在收件当天予以回复，以确保信息的及时交流和工作的顺利开展。若涉及较难处理的问题，则可先电告发件人已经收到邮件，再择时另发邮件予以具体回复。

（3）若由于因公出差或其他原因而未能及时打开收件箱查阅和回复时，应迅速补办具体事宜，尽快回复，并向对方致歉。

（4）不要未经他人同意就向对方发送广告邮件。

（5）发送较大邮件时，需要先对其进行必要的压缩，以免占用他人信箱过多的空间。

（6）尊重隐私权，不要擅自转发别人的私人邮件。

二、即时通信工具礼仪

（一）遵时守信

子曰："民无信不立，与朋友交，言而有信。"当你与别人约定时间在 QQ 或微信上聊天或商谈某项事情时，一定要严格遵守事先约定的时间上线，如果因为网络或其他原因拖延了时间或者不能如期上线，要通过电话或短信的方式告知对方，或者待上线后说明理由并真诚地向对方道歉。

（二）热情有礼

热情的人总会获得良好的人缘，建立良好的人际关系。与面对面的交流相比，QQ 聊天或微信不容易看到对方的表情、动作，感受对方是否热情主要是凭借文字信息的获取。因此，要非常注意措辞及说话的口吻。热情的态度会使人产生受重视、受尊重的感觉。相反，对人冷若冰霜，则会伤害别人的情感。比如，当别人用问候语"您好"向你打招呼时，同样要用"您好""上午好""下午好""晚上好"等问候语予以及时回复，千万不能置之不理或隔了很长的时间才给予回应。

（三）忙而有礼

当你有工作要处理而又开着 QQ 时，应该把登录状态设置为"忙碌""请勿打扰"模式。假定设置成了以上模式仍然有好友和你打招呼时，此时应当见缝插针地回复对方；如果你确实非常忙，无暇顾及别人的消息，那就告诉对方并表示歉意，并将自己的模式设置为"隐身"，或者干脆下线专心工作。对于另一方，如果登录后看到对方处于"忙碌""请勿打扰"状态，最好不要与之闲聊。如若确有重要的事情，尽快用言简意赅的话陈述完毕。

（四）善于寻找合适的话题

平时与人交流时，如果不会寻找话题，就有可能出现冷场的局面，这个时候就会影响到交谈的气氛。QQ 或微信交流时，如果不善于寻找话题或者话题不合适，也会出现这样的状况。聊天时寻找到了合适的话题，或者话题丰富多彩，气氛就会轻松愉快。聊天在于创造一种愉悦和谐的谈话气氛，要使交谈双方都感到这次谈话是令人愉快的，而不致使对方落入尴尬、窘迫之境，所以尽量避免谈论容易引起争执的题目，不要涉及令人不愉快的内容，如疾病、死亡；不要涉及他人的隐私，尤其是面对陌生人时，千万不能出口就问"你叫什么名字""你家是哪里的""你多大"等类似的问题。

（五）注意语言表达

若想在交际中获得良好的效果，掌握一定的语言表达艺术是非常重要的，因为它是表达思想及情感的重要工具，是人际交往的主要手段。面对面交流时的主要载体是口头表达语言，谈话的得体与否，常常决定着办事是否顺利，甚至成败。在 QQ 或微信中进行交流时，它的主要载体是文字语言。这种文字语言在网络交际中的重要性是不容忽视的，懂得文字语言的表达礼仪，就可以使你的谈吐风趣、高雅、富有感染力。

1. 杜绝非礼貌用语的使用

在使用文字交谈时，以下几类语言与语气是应当避免的：第一，不雅的粗话；第二，不洁的脏话；第三，匪气十足的黑话；第四，命令的语气；第五，冷漠的语气。

2. 经常使用礼貌用语

在交谈时多使用谦词和敬语，这是容易博取别人好感、赢得别人体谅的一种简单易行的方法。在与别人进行网络交谈时，尤其有必要经常用"五声十字"礼貌用语，即"您好，请，谢谢，对不起，再见"。这既是对对方的尊重，也是自身修养的体现。

3. 注意双方的互动

交谈是双向互动的过程，所以不要始终使自己处在讲话的位置，如果只顾自己发表意见，而不愿听别人说话，甚至不容别人插话，交谈就变成了"一言堂"，这样的谈话方式，或许可以显示文采，但结果往往事与愿违；反之，也不能一直处于沉默状态，要时不时地给予对方一定的回应。

4. 正确使用表情符号

在网络里，人们会用标点符号或者一些表情符号表情达意，以增强表达效果，比如表示调皮，表示再见，表示"OK"。在发出一个表情之前，应先在心里掂量是否与当时的语境相适应，还需要检查一下是否用鼠标错点了表情，以免误发成另一种不合时宜的表情而引起不必要的误会。

5. "好友资料"谨记在心

卡耐基曾强调记住别人名字的重要性，记住对方的名字，并把它叫出来，等于给了对方一个很巧妙的赞美，会让对方感觉到你在重视他，关心他；而若是把他的名字忘了，或写错了，就会处于非常不利的地位，也是一种无礼的表现。QQ 聊天时，记住别人的名字也是一种尊重。有时候好友太多，加之网名千姿百态，很容易记混淆，当叫错别人名字时，是一件非常尴尬的事情。面对这种情况，建议可以修改昵称或备注来记住网友的姓名等资料信息，方便自己记忆。

★小知识

微信礼仪知多少

1. 经常翻看朋友圈，感兴趣的就点个赞，多赞别人，你才能靠互动获得更多好评，这是一种风度。

2. 及时回复，争取做到一分钟内回复，最起码也不能让信息隔夜，这是尊重别人。

3. 力争内容原创，不要动不动就转发别人的内容，很多时候，你觉得新鲜热乎的内容，其实都是别人几年前嚼剩下的馒头，这是尊重自己。

4. 不要频繁发朋友圈，最好每小时发一次，千万别像有些话痨恨不得每分钟发一次，太过频繁就是贫嘴和烦人的"贫烦"，这需要克制。

5. 自己的朋友圈内容要有明确规划，不要东一榔头西一棒槌，今天愤世嫉俗，明天心灵鸡汤，后天显摆专业，这样有可能会被人当成精神分裂。

6. 我们提倡互粉互赞互评，即"三互"精神，多鼓励和肯定别人，少说教和批评别人。这样大家才都能有个好心情。

7. 如果有可能，尽量把每天的内容规划一下，发点自己的生活照片，转发一点儿你感兴趣的文章，原创一些你自己对所从事行业的专业点评，这三种内容，每天都有一点儿比较好。

8. 千万不要大半夜玩微信乱发信息。

9. 不要宣传违法、违规信息。

10. 先点赞，后转发，转发标明出处。

本章小结 \\\

本章介绍了商务人员的办公、商务出行和网络媒体礼仪，分别就办公室工作、商务出行和网络媒体礼仪等方面进行了阐述。作为商务工作人员，只有了解商务办公礼仪要求，掌握商务办公言谈举止礼仪规范，才能胜任商务办公工作。无论是传统的通信方式，还是现代的电子通信手段，都对商务活动的顺利进行发挥着重要作用，不但有助于提高个人的综合素质，更有助于塑造单位组织的整体形象。网络新媒体在中国刚刚起步，但发展迅速，了解网络媒体礼仪，掌握网络媒体的礼仪要求，是现代商务工作人员必修的功课。

案例思考 \\\

徐凯刚刚大学毕业，进入一家私企，以他开朗的性格，很快就和公司里的同事打成一片。上司对他的印象也很好，打算让他锻炼一段时间后提拔他。一天，上司出差回来，刚进公司，看见办公室里的人都在紧张地开展手头上的工作，徐凯却在一旁悠闲地聊天，电脑屏幕上还显示着正在"厮杀"的游戏界面。这哪里是工作！平时温和的上司看到这般场景顿时火冒三丈，提拔徐凯的念头也打消了。

思考：

徐凯触犯了哪些办公室禁忌？

本章习题 \\\

1. 商务办公礼仪要求有哪些？

2. 商务出行礼仪有哪些？

3. 网络媒体礼仪有哪些？

4. 怎样正确使用电子邮件？

本章实践 \\\

　　在课堂上模拟各种身份（员工与领导、客户与职员、同事之间等）和各种场景（投诉、找人、咨询、汇报等）接打电话。

第七章

商务会务仪式礼仪

★学习目标

1. 了解各种会议及相关商务仪式组织者应遵循的礼仪原则;
2. 了解各种会议和仪式参加者应遵循的礼仪原则;
3. 掌握各种会议和仪式准备工作的内容和流程;
4. 掌握场地布置、位次安排等基本会议或仪式礼仪规范。

★本章导读

会议座次的重要性

某日,某分公司要举办一次重要会议,请来了总公司的总经理和董事会的部分董事,并邀请了当地政府要员和同行业知名人士出席。由于出席的重要人物较多,领导决定用 U 字形的桌子来布置会议桌。分公司领导坐在位于 U 字横头处的位置,其他参会人员坐在 U 字的两侧。在会议的当天,贵宾们都进入了会场,并按照安排好的座签找到了自己的位置就座。当坐在横头位置的分公司领导宣布会议开始时,发现会议气氛有些不对劲,有贵宾相互低语后借口有事站起来要走,分公司领导人不知道发生了什么事情或是出了什么差错,非常尴尬。

第一节 会议礼仪

会议也称聚会,是人们有组织、有领导、有目的地通过集会的形式商议、研讨或解决事项的一种社会活动方式。所谓会议礼仪,则是指在会议中应遵守的礼节和仪式。在商务活动中,会议占有相当重要的地位。一次会议的成功与否,固然取决于会议内容是否恰当、组织者的组织水平的高低、与会者的素质高低等诸多因素，但其中重要的一条在于组织者、与会双方是否能够遵守开会时的礼节和仪式。会议礼仪是会议成功与否的重要因素之一，是不容忽视的一环。

一、大型会议礼仪

（一）会议的组织

1. 会议的发起

（1）确定会议主题与名称。会议主题是指会议要研究的问题、要达到的目的，会议主题要有切实的依据和明确的目的。会议名称要拟得妥当，名实相符。一般会名不宜太长，但也不能随便简化。会议名称必须用正确、规范的文字表达。

★小知识

会　标

大型会议的名称被制作成横幅大标语，置于会议主席台的上方或后方，作为会议的标志，简称"会标"。会标必须用全称，不能随意省略。

（2）确定会议规模、会期、参会范围。要根据会议的内容、性质、议题、任务来确定出席会议和列席会议的有关人员，从而确定会议的规模和规格，并考虑主要参会者最适宜的参会时间，确定会期的长短和会议召开的时间，力求精简高效。

2. 会前准备

（1）制定会议预算。大型会议由于参加人员和使用资源具有复杂性，因此一般需要提前进行会议预算。会议预算应包括会议场地租金、设备租金、交通费用、住宿餐饮费用以及宣传、服务等其他支持费用。

①会议场地租金。要根据会议的规模和规格确定会议场地并进行费用预算，包括会议场所租用费，如会议室、大会会场的租金，以及其他会议活动场所的租金。

②设备租金。通常而言，场地的租赁已经包含某些常用设施，如激光笔、音响系统、桌椅、主席台、白板或者黑板、油性笔、粉笔等，但一些非常规设施并不涵盖在内，如投影仪、笔记本电脑、移动式同声翻译系统、会场展示系统、多媒体系统、摄录设备等，租赁时通常需要支付一定的使用保证金，租赁费用中包括设备的技术支持与维护费用。

③交通费用。会议交通费是参会人员交通往返的费用，如果由会议主办单位承担，则应列入预算；会议期间的各项活动如需使用车辆等交通工具，其费用也应列入预算。可以将其细分为出发地至会务地的交通费用、会议期间交通费用以及欢送和返程交通费用。

④住宿餐饮费用。通常主办单位会对会议伙食补贴一部分，由与会者自己承担一部分。一般情况下住宿费是由与会人员自理一部分，由会议主办者补贴一部分，也有主办单位全部承担的情况。如果无住宿要求，则预算中可不列此项。

⑤其他支持费用。这些支持通常包括文件资料的制作、广告及印刷、礼仪、秘书服务、

运输与仓储、娱乐、媒体写作、公共关系以及一些不可预见的开支，这些费用都需要在预算中体现，以保障会议的顺利完成。

（2）选择会场。会场的选择包括：一是选择会议召开的地区，二是选择会议召开的具体会场。为了使会议取得预期效果，选择会议的最佳会址也得考虑多种因素。

会场的大小和规格应与会议规模相符。同时应考虑会议时间的长短，时间长的会议，场地不妨大些，如果是租借场地，场地租借的费用要合理。会议室尽可能不紧靠生产车间、营业部等人声嘈杂的地方，以免受到干扰。会场应考虑交通便利，同时要考虑有无停车场所和安全设施问题。

（3）安排会议议程与日程。

①会议议程。会议议程是对会议所要通过的文件、解决问题的概略安排，并冠以序号将其清晰地表达出来。它是为完成议题而做出的顺序计划，即会议所要讨论、解决问题的大致安排，会议主持人要根据议程主持会议。拟定会议议程是秘书的任务，通常由秘书拟写议程草稿，交上司批准后，在会前复印后分发给所有与会者。会议议程是会议内容的概略安排，它通过会议日程具体地显示出来。

②会议日程。会议日程是指会议在一定时间内的具体安排。会议日程需在会前发给与会者。会议日程是根据议程逐日做出的具体安排，它以天为单位，包括会议全程的各项活动，是与会者安排个人时间的依据。会议日程表的制定要明确具体，准确无误。

★小知识

会议日程

会议日程一般采用简短文字或表格形式，将会议时间分别固定在每天上午、下午、晚上三个单元中，使人一目了然。如有说明，可附于表后。

③安排会议议程和日程应注意的问题。要把握会议目的，即了解会议召开的原因。先安排关键人物的时间，要保证重要人物能够出席会议。根据多数人意见安排日程，保证尽可能多的人员都有时间参与会议。

如遇几个议题，应按其重要程度排列，最重要的排列在最前面。尽量保证在最佳时间开会。每次会议的时间应控制在一个半小时左右，避免出现会议过长给人们带来的疲劳。

（4）下发会议通知。按常规，举行正式会议均应提前向与会者下发会议通知。它是指由会议的主办单位发给所有与会单位或全体与会者的书面文件，还包括向有关单位或嘉宾发的邀请函件。会议通知的方式有书面、口头、电话、邮件等。

会议通知的拟制由秘书处负责，会议书面通知或邀请函的内容包括会议的主题（或名称）、召开会议的目的、与会人员（会议出席人）、会议的日程及期限、召开会议的地点、报到时间、路线、与会要求（如服装要求、应准备什么）、携带的材料和个人需支付的费用、主办单位、联系人姓名和电话等。

下发的会议通知应设法保证其及时送达，不得耽搁延误。与会人员接到通知后，应向大会报名，告知将参加会议，以便大会发证、排座、安排食宿。重要的、大型会议的通知要编文号，一般的会议通知可以不编文号。

（5）布置会场。

①会场的设备准备。桌椅家具、通风设备、照明设备、空调设备、音像设备等，要尽量齐全。同时应该根据会议的需要检查有无需要租用的特殊设备，如演示板、电子白板、放映设备、音像设备、录音机、投影仪、计算机、麦克风等。

②会议用品的准备。如纸张、本册、笔具、文件夹、姓名卡、座位签、黑白板、万能笔、粉笔、板擦、签到簿、名册、圆珠笔以及饮料、免洗杯等，应根据会议需要进行采购和准备。

3. 会中组织

（1）现场服务。会议举行期间，一般应安排专人在会场内外负责迎送、引导、陪同与会人员。对与会的贵宾往往还需进行重点照顾。对于与会者的正当要求，应有求必应。

（2）组织签到。参加会议人员在进入会场一般要签到，会议签到是为了及时、准确地统计到会人数，便于安排会议工作。有些会议只有达到一定人数才能召开，否则会议通过的决议无效。因此，会议签到是一项重要的会前工作。

（3）现场记录。凡重要的会议，均应进行现场记录，其具体方式有笔记、打印、录入、录音、录像等。可单用某一种，也可交叉使用。负责手写笔记会议记录时，对会议名称、出席人数、时间地点、发言内容、讨论事项、临时决议、表决选举等基本内容要力求做到完整、准确、清晰的记录。

（4）餐饮安排。举行较长时间的会议，一般会为与会者安排间的工作餐。与此同时，还应为与会者提供卫生可口的饮料。会上所提供的饮料，最好便于与会者自助饮用，不提倡为其频频斟茶续水。频频斟续茶水往往既不卫生、安全，又有可能妨碍对方。如果必要，还应为外来的与会者在住宿、交通方面提供力所能及、符合规定的方便条件。

4. 会后工作

（1）礼品馈赠。会议结束后，可根据需要为与会者准备富有主办单位特色或本次会议纪念意义的礼品，会议礼品要选择体积小、重量轻、便于携带、实用、有特色的物品，不宜赠送过于贵重的礼物，同时避免品种、色彩、图案、形状、数目、包装方面的禁忌，禁送现金、有价证券、天然珠宝、贵重首饰、药品、营养品、广告性和宣传性物品、易于引起异性误会的物品、涉及国家机密和商业秘密的物品及不道德的物品。

（2）协助返程。大型会议结束后，主办单位一般应为外来的与会者提供一切返程的便利。若有必要，应主动为对方联络、提供交通工具，或是替对方订购、确认返程的机票、船票、车票。当团队与会者或与会的特殊人士离开本地时，还可安排专人为其送行，并帮助其托运行李。

（3）会议资料的整理与总结。在会议结束后，应对与其有关的一切图文、声像材料进行细致的收集和整理。收集、整理会议的材料时，应遵守规定与惯例，该汇总的材料一定要认真汇总；该存档的材料要一律归档；该回收的材料一定要如数收回；该销毁的材料则一定要仔细销毁。对于会议决议、会议纪要等，一般要求尽快形成，会议一结束就要下发或公布。

（二）会议的座次安排

大型会议要在会场上分设主席台与群众席。主席台上必须认真排座，群众席的座次则可排可不排。

1. 主席台排座

大型会场的主席台，一般应面对会场主入口。在主席台上就座的人，通常应与群众席上就座的人面对面。在其每一名成员面前的桌上，均应放置双向的桌签。

（1）主席团排座。主席团是指在主席台上正式就座的全体人员。按照国际惯例，排定主席团位次的基本规则有：一是前排高于后排，二是中央高于两侧，三是右侧高于左侧。判断左右的基准是顺着主席台上就座的视线，而不是观众视线。不过，国内目前排定主席团位次的基本规则与国际惯例略有不同，具体为：一是前排高于后排，二是中央高于两侧，三是左侧高于右侧。具体又有单数与双数的区分，此时执行的是主要领导左侧为上的原则，主席台领导为单数时，最高领导坐正中，他的左侧为2号，右侧为3号，依此顺推；主席台领导为双数时，执行双中心，即1、2号领导坐正中两个位置，他们的左侧为3号领导，右侧为4号，而正中的两位领导又以坐在左边的为大。

（2）主持人座席。会议主持人又称大会主席。其具体位置有三种方式可供选择：一是居于前排正中央；二是居于前排的两侧；三是按其具体身份排座，但不宜令其就座于后排。

（3）发言者席位。发言者席位又叫作发言席。在正式会议上，发言者发言时不宜就座于原处发言。发言席的常规位置有两种：一是主席团的正前方；二是主席台的右前方。

2. 群众席排座

在大型会议上，主席台之下的一切座席均称为群众席。群众席的具体排座方式有两种。

（1）自由式择座。自由式择座即不进行统一安排，而由大家各自择位而坐。

（2）按单位就座。按单位就座是指与会者在群众席上按单位、部门或者地位、行业就座。它的具体依据既可以是与会单位、部门的汉字笔画的多少、汉语拼音字母的前后，也可以是其平时约定俗成的序列。按单位就座时，若分为前排后排，一般以前排为高，以后排为低；若分为不同楼层，则楼层越高，排序越低。

在同一楼层排座时，又有两种普遍通行的方式：一是以面对主席台为基准，自前往后进行横排；二是以面对主席台为基准，自左而右进行竖排。

（三）与会者礼仪

一般而言，与会人员在出席会议时，应当严格遵守会议纪律，即规范着装、严守时间、维护秩序、专心听讲等。在会议进行中，与会者主要有以下三种类型。

1. 会议主持人

各种会议的主持人，一般由具有一定职位的人来担任，其礼仪表现对会议能否圆满成功有着重要影响。主持人是会议的"总工程师"，他在会议上要做的工作主要有：介绍参会人员、控制会议进程、避免跑题或议而不决、控制会议时间。

（1）主持人应衣着整洁、大方庄重，走上主席台应步态稳健有力、精神饱满，行走的速度因会议的性质而定。切忌不修边幅、邋里邋遢。

（2）入席后，如果是站立主持，应双腿并拢、腰背挺直。持稿时，右手应持稿子的底中部，左手五指并拢自然下垂；双手持稿时，应与胸齐高。坐姿主持时，应身体挺直、双臂前伸，两手轻按于桌沿。主持过程中，切忌出现搔头、揉眼、抖腿等不雅动作。

（3）主持人发言应口齿清楚、思路清晰、简明扼要。

（4）主持人应根据会议性质调节会议气氛，或庄重，或幽默，或沉稳，或活泼。

（5）主持人对会场上的熟人不能打招呼，更不能寒暄闲谈。会议开始前或会议休息时间可点头、微笑致意。

（6）作为会议的现场指挥者和掌控者，主持人要使既定的会议议程得以落实，必须做到熟悉议程，并确保会议按照既定方针进行。主持人无权私自变更会议的议程，尤其是其中的主要议程。

（7）为了确保会议能够按照既定议程顺利进行，主持人必须严格控制会议时间。一是把握好起止时间，不宜随便拖延开会与散会时间；二是要对每位发言人的发言时间有所限定，并一律通知到其本人；三是要留有休息时间，在进行会间休息前，需明确休息时间的具体长度，以便与会者能够准时返回会场。

（8）在会议进行期间，主持人要掌握会场，避免跑题或议而不决，最重要的是要注意少讲多看和调节气氛，及时发现问题、解决问题，采取必要的措施来调节现场的气氛，令其保持良好的状态。

2. 会议发言人

会议发言有正式发言和自由发言两种，前者一般是领导报告，后者一般是讨论发言。正式发言者应衣冠整齐，走上主席台应步态自然、刚劲有力，体现一种胸有成竹的风度与气质。发言时，应口齿清晰、分清对象、思路清晰、简明扼要。如果是书面发言，要时常抬头扫视一下会场，不能只低头念稿、旁若无人。发言完毕，应先对听众的倾听表示谢意，再欠身施礼，然后才能退场。

自由发言则较为随意，但是要注意发言的顺序和秩序，不能争抢发言。发言应简短扼要、观点鲜明；与他人有分歧时，应以理服人、态度平和，听从主持人的指挥，不能只顾自己。

如果有会议参加者对发言人提问，应礼貌作答，对不能回答的问题，应机智而礼貌地说明理由，对提问人的批评和意见应认真听取，即使提问者的批评是不恰当的，也不应失态。

3. 会议参加者

一般与会人员是会议上的聆听者，最基本的是要衣着整洁、仪表大方、按时到会，依会议安排落座，遵守会议纪律。

开会时要尊重会议主持人和发言人，应认真听讲，可以准备纸笔记录下与自己工作相关的内容或要求。不要小声说话、随意走动或打哈欠。会中尽量不要离开会场，如果必须离开，要轻手轻脚，尽量不影响发言者和其他与会者。如果长时间离开或提前退场，应与会议组织者打招呼，并说明理由，征得同意后再离开。

在开会过程中，如果有讨论，最好不要保持沉默。想要发言时要先做好心理准备，用手或目光向主持人示意或直接提出要求。发言应简明、清楚、有条理并实事求是。反驳别人时不要打断对方，应等待对方讲完后再阐述自己的见解；别人反驳自己时，要虚心听取，不要急于争辩。

二、小型会议礼仪

（一）小型公司会议礼仪

1. 参会礼仪

（1）如果有工作装，应该穿工作装。若没有统一的工作装也应着正装出席，仪容仪表大方得体，不过分修饰，体现出一定的职业性。

（2）尊重他人发言。对于别人的意见和看法应该给予最大的尊重，不可一意孤行，过于坚持，甚至取笑他人的想法或创意。

（3）主动思考问题，正面响应、踊跃提案。成功的会议靠与会者积极思考、共同参与。

（4）坚守事实。会议中的陈述，一定要有事实依据，不可过于夸大。

（5）保持弹性，坚持原则。很多人赞同大事化小，小事化了，对于某些原则过于放松，以致绩效不彰，但是有些议题，必须视情况弹性调整。要根据需要设置开放议题，给予适当弹性，以免议事讨论陷入焦灼。

（6）有备而来。会议中出现的相关数据、图表，与会者均应事先准备、深入了解，这样才能达到会议目的，提出解决议案。

（7）慎选座位。会议的席次和座位有其既定的安排礼节，与会者应谨守分寸，选择符合自己职务的位置入座，以免贻笑大方。

（8）聚精会神。例如趴着、倚靠、打哈欠、胡乱涂画、低头睡觉、接打电话、来回走动以及和邻座交头接耳的行为，都是非常不礼貌的。

（9）准时出席。好的开始是成功的一半，会议能准时开始，就表示会议目的已经达到了一半，人人准时出席，会议才会成功。

2. 座次安排

小型公司会议一般是指参加者较少、规模不大的会议，其主要特点是全体与会者都应安排座位，不设立专用的主席台。小型公司会议的排座可采取以下三种形式。

（1）自由择座。不安排固定的具体座位，由全体与会者自由选择座位就座。

（2）面门设座。一般以面对会议室正门之位为会议主席的座位，其他的与会者可在两侧自由而又依次地入座。

（3）依景设座。依景设座即会议主席的位置不必面对会议室正门，而是应背依会议室之内的主要背景，如字画、讲台等。其他与会者的排座，同于前者。

（二）洽谈会议礼仪

在涉外商务活动中，为了融洽双边或多边关系，促进彼此之间的了解与合作，或为达成某种合作意向或协议，商务人员经常需要在公司或主客双方约定的地点，与自己的业务伙伴及其他来往的客商进行会见和会谈。这是一种比较正式的商务活动，应认真准备，妥善安排，周密组织，不失礼仪。

1. 商务会见的礼仪规范

会见是指人们在某些正式场合的见面。按照国际惯例，凡身份高的人士会见身份低的，或是主人会见客人，一般称为接见或召见。凡身份低的人士会见身份高的，或是客人会见主人，一般称为拜会或拜见。国内不做上述区分，统称会见。接见和拜会后的回访，称回拜。

会见就其内容来说，有礼节性的和事务性的，或兼而有之。礼节性的会见时间较短，话题较为广泛，一般不涉及具体实质性问题，重在沟通信息，联络感情。事务性会见指一般业务商谈，时间较长，也较严肃。

2. 商务会谈的礼仪规范

会谈是双方或多方就实质性的问题交换意见，进行讨论，阐述各自的立场，或为求得某些具体问题的解决而进行的严肃且正式的商谈，如各国贸易代表、各国企业及公司之间关于商务、经济合作等方面的会谈。会谈一般内容较为正式，专业性较强。会谈也可按照不同的类型进行分类。

（1）按照会谈首席代表的身份、地位，可分为最高层次会谈、专业人员会谈。

（2）按照会谈内容性质，可分为实质性会谈、技术性会谈。

（3）按照会谈程序，可分为预备性会谈、正式会谈和善后性会谈。

3. 会见与会谈座位的安排

一般情况下，会见客人时的座次安排有如下五种方式。

（1）相对式。具体做法是宾主双方面对面而坐。这种方式显得主次分明，往往易于使宾主双方公事公办，保持距离。这种方式多用于公务性会客，根据会议室的布置分为以下两种情况。

①双方就座后，其中一方面对正门，另一方背对正门。此时讲究"面门为上"，应该请客人坐在面对门口的位置。

②双方就座于室内两侧，面对面就座。此时讲究进门后"以右为上"，应该请客人坐在进门后右侧的座位。若宾主双方不止一人时，情况也是如此。

（2）并列式。基本做法是宾主双方并排就座，以暗示双方平起平坐、地位相仿、关系密切。具体分为以下两种情况。

①双方一同面门而坐。此时讲究"以右为上"，即主人要请客人就座于自己的右侧。若双方不止一人时，双方的其他人员可分别在主人或主宾的一侧，按身份高低依次就座。

②双方一同在室内的右侧或左侧就座。此时讲究"以远为上"，即距门较远之座为上座，应当让给客人；距门较近之座为下座，应留给主人。

（3）居中式。所谓居中式排位，实际为并列式排位的一种特例。它是指当多人并排就座时，讲究"居中为上"，即以居于中央的位置为上座，请客人就座；以其两侧的位置为下座，由主方人员就座。

（4）主席式。主要适用于正式场合，由主人一方同时会见两方或两方以上的客人。此时，一般由主人面对正门而坐，其他各方来宾应在其对面背门而坐。这种安排犹如主人在主持会议，故称为主席式。有时，主人也可以坐在长桌或椭圆桌的一端，而请各方客人坐在他的两侧。

（5）自由式。自由式的座次排列，即会见时有关各方均不分主次，不讲位次，而是一律自由择座。自由式通常用在客人较多，座次无法排列，或者大家关系比较熟悉，没有必要排列座次时。进行多方会面时，此法常常采用。

4. 会见与会谈合影留念位次排序

会见的程序中，一般都有合影留念的内容，因此主方可事先安排好椅凳（人数不多时可站立拍照）。位次的安排，按礼宾常规，宾主双方的领导居中间位置，主人右方为上，主客双方穿插排列。如果是多边会见，应注意各方代表的人员比例和其代表性。代表人数众多时，要分成多排，注意每排人数应大体相等，主方人员一般尽量压边站立。

第二节　签字仪式

签字仪式是商务会谈的后续程序。它是指订立合同与协议的各方在合同、协议正式签署时所举行的仪式。签字仪式是一种比较隆重、正式的礼仪，礼仪规范比较严格。举行签字仪式，不仅是对谈判成果的一种公开化、固定化，而且也是有关各方对自己履行合同、协议所做出的一种正式承诺。因此，对于签署合同这种被称为各方关系发展史"里程碑"式的重大事件，应当严格地按照规范运用礼仪。

一、做好签字仪式的准备

（一）合同文本的准备

签字仪式是在记载各方达成共识和协议的合同文本上签字，商务类合同很多，又均有各自的写作规范，因此必须精心制作、精心准备。

1. 确定待签文本

会谈结束之后，主客双方应派专人负责待签文本的准备，即定稿、翻译、校对、印刷、装订、盖印等一系列工作；文本一旦签署，法律效应自动生效。因此，待签文本的准备要慎重严肃。

定稿是通过谈判确定的会谈正式文件中各项具体条款及其表述，这是待签文本形成的前提。也只有在文本最后定稿后，签字仪式才能举行。并且，所有正式的合同都具有法律约束力，一旦订立，任何一方都不可擅自变更或解除。如在草拟合同时，遇上有关法律、法规尚未规定的，则可采用国际惯例。

2. 确定文字类型

根据《中华人民共和国缔结条约程序法》的规定，如我国与某外国签订双边条约，双方均不大熟悉对方的语言，除了用双方的语言制作文本外，还可以用双方共同熟悉的第三种语言增加一种文本。如《中国尼泊尔边界条约》用中文、尼泊尔文、英文三种文字写成，三种文本具有同等效力。因此涉外双方签约，如双方使用不同的语言文字，签字文本应当用双方的文字写成，必要时还可以使用第三种文字；而涉及国际组织框架内的多边谈判，最后文本的起草和印刷，应使用该组织规定的正式语言；非国际组织框架内的多边谈判，最后文件的起草和印制所使用的语言由各方协商确定。一些技术性较强的专门文件，经各方同意也可只用某一国际通用语言写成。

3. 确定正本和副本

正本即签字文本。国际性多边会谈的最后文本可以使用多种文字书写和印刷，形成多个文字文本。缔约各方可以在每一种文字文本上签字，也可以仅在一个共同商定的文本上签字。如《保护工业产权巴黎公约》，文字文本有法、英、德、意、葡、俄、西文等，但签字文本只有法文文本一个。

会谈的正式文本分正本（即签字文本）与副本，正本用于签字后由各方各自保存，或由专门的机构保存。但有时为了方便工作，也可以印制若干副本。副本的法定效力、印制数量和各方保存的份数，由缔约各方根据实际需要协商确定，并在条款中加以规定。一般情况下，副本不用签字、盖章，或者只盖章、不签字。

4. 核对待签文本

在准备过程中，除了要核对协议条件与文本的一致性以外，还要核对各种批件、许可证及相关文件是否齐全，合同内容与批件内容是否相符等。在审核文本时，必须对照原稿件，做到一字不漏；如果在审核过程中发现问题要及时通报，直到达成一致，并相应调整签约时间。协议涉及几个利益方就要为签字仪式准备几份文本。如有必要，还应为每一方提供一份副本。

5. 待签文本盖章

为了保证文本在签字后立即生效，一般在举行签字仪式前，先在签字文本上盖上双方的公章，这样，文本一经签字便具有法定效力。外交方面的签字文本需事先加盖火漆印。

6. 待签文本装订

待签文本应该装订成册，并以真皮、仿皮或其他高档质量的材料作为封皮，以示郑重。其规格一般是大八开，所使用的纸张务必高档。印刷要精美、庄重、高档。

★小知识

签字仪式的作用

（1）反映主客双方对商谈成果的重视。签字仪式是一种在会谈文件上签字的比较隆重的形式，只有在会谈双方对会谈成果满意时才会举行，并且有时主客双方还必须派出职位较高的领导出席。举行签字仪式体现了双方的诚意，反映了双方对商谈成果的重视。

（2）明确会谈文件的有效性。会谈中产生的正式文本只有经过会谈双方的签字才能生效，而且一般都要举行签字仪式以表示通过确认而生效。因此，签字仪式是商务谈判的延续。

（3）扩大双方所代表公司的影响力。举行签字仪式时，签字各方都要派代表参加，并邀请记者前来采访并做宣传报道，既可以扩大影响，又有利于树立双方所代表公司的形象及提高公司的知名度与美誉度。

（二）出席人员的选派

参加签字仪式的人员应在举行签字仪式之前预先确定好，并向有关方面通报。客方尤其要将自己一方出席签字仪式的人数提前告知主方，以便主方安排。

1. 主签人

主签人是签字仪式上的主要角色。主签人可以是双方参加谈判的主谈人，为表示重视，也可选派职位更高的领导作为主签人。

各方主签人必须具有代表一级政府或一个组织的法定资格。如代表国家签字，必须有全权证书，全权证书应由政府首脑或外交部部长签署；国内企业之间的合同签字，必须由法人代表签字，或者由法人代表所委托的人员签字。委托签字时必须出示委托人亲笔签署的委托书。

各方主签人的职务和身份应当一致或大体相等。比如企业之间举行签字仪式，一方由董事长作为主签人签字，另一方也应由董事长出面作为主签人，在没有十分特殊的情况下，不应选派职位较低的人员作为主签人出席。

主签人在出席签字仪式之前应注意自身的仪态、举止，要落落大方、得体自然，既不要严肃有余，也不要过分喜形于色。

2. 助签人

助签人首先必须参加谈判的全过程，参与待签文本的整理、起草和制作工作，非常熟悉业务。助签人的主要职责是在签字过程中帮助签字人员翻揭文本，指明需要签字之处。由于涉外签字的文本由中外文印成，各方签字的位置不一，一旦签错，就会造成文本作废，甚至导致签字仪式的失败。故双边签字时，双方助签人的人选应事先商定。多边签字时，也可由主方派一名助签人，依次协助各方签字。

3. 领导人

为了表示对谈判成果的重视和庆贺，签约各方也可以派出身份较高的领导人参加签字仪式，同时应当注意规格大体相等。

4. 主持人

在签字仪式中安排有各方领导讲话等活动的前提下，主持人的职责是向全体签字仪式的参加人员介绍致辞人的身份。主持人一般由主办单位担任，但应当同其他各方协商确定主持人的身份。

5. 见证人

见证人主要是参加会谈的人员，各方人数应当大致相等。有时也可邀请律师、公证机关的公证人员等参加签字仪式。

6. *群众代表*

有时为了充分发挥签字仪式的鼓动和宣传教育效应，可邀请主办单位或双方单位的部分群众代表参加，以鼓舞员工的士气及渲染气氛。

（三）**签字仪式的适用场合**

签字既是一种非常常见和实用的仪式，又是一种纯礼仪仪式。其适用场合如下：

从礼仪的角度考虑，一般国家间通过谈判，就政治、军事、经济、科技等某一领域相互达成协议，缔结条约或公约，一般举行签字仪式。

各地区、各单位在与国外交往中，通过会谈、谈判，最终达成有关合作项目的协议、备忘录、合同书等，通常也举行签字仪式。

当一国领导人访问他国，经双方商定达成共识，有时发表联合公报也举行签字仪式。

业务部门之间签订的协议，一般不举行签字仪式。

举行签字仪式的场地，一般视参加签字仪式的人员规格、人数以及协议内容重要程度来确定，有的设专用的场地，有的临时以会议厅、会客室作为签字仪式的场地。也可以选择在客人所住的宾馆、饭店或主办方的会客厅、洽谈室举行签字仪式。无论选择何处，都应征询双方的同意。

二、布置签字厅

举行签字仪式的场地，一般视参加签字仪式的人员规格、人数以及协议内容重要程度来确定，有的设专用的场地，有的临时以会议厅、会客室作为签字仪式的场地。也可以选择在客人所住的宾馆、饭店或主办方的会客厅、洽谈室举行签字仪式。无论选择何处，都应征询双方的同意。

布置签字厅的总原则是庄重、整洁、清净。

1. 签字厅陈设

一间标准的签字厅，室内应当铺满地毯，除了必要的签字用桌椅外，其他一切的陈设都不需要。正规的签字桌应为长桌，桌上最好铺设深绿色台呢。

2. 会标

签字仪式的会标要求醒目，写法有如下两种：

（1）由签约双方名称、签字文本标题以及"签字仪式"或"签约仪式"构成。

（2）由签约各方的名称、签约内容和"签约仪式"构成。

3. *待签文件及相关物品的摆放*

在签字桌上，应事先安放好待签文本，以及签字笔、吸墨器等签字时所用的文具。签字桌上可放置各方主签人的席卡。席卡一般写明签约的国家或组织的名称、签字人的职务及姓名。涉外签字仪式应当用中英文两种文字标示。

4. 桌椅的摆放

签署双边性合同时，可放置两张座椅，供主签人就座。签署多边性合同时，可以仅放一张座椅，供各方主签人签字时轮流就座，也可为每位主签人各自提供一张座椅。

5. 国旗的摆放

与外商签署涉外商务合同时，须在签字桌上插放有关各方的国旗。插放国旗时，在其位置与顺序上，必须依照礼宾序列而行。例如签署双边性文本时，有关双方的国旗须插放在该方主签人座位的正前方。如签署多边性合同、协议等时，各方的国旗应依一定的礼宾顺序排列在各方主签人的身后。

6. 香槟酒的摆放

在签字仪式结束后，应举杯共庆会谈成功。工作人员应事先准备好香槟酒、酒杯等。

三、签字厅的座次安排

从礼仪上来讲，举行签字仪式时，座次的排列方式最为引人注目，作为签字仪式的组织者要格外谨慎。

1. 双方人数与职位要求

除了主签人以外，为了体现对此次商务活动和待签协议的重视，一般会邀请更高级或更多的相关人士参加签字仪式，从礼宾礼仪的角度讲，这时应通过协商保证双方参加的人数和出席者的职位及身份大致相同。

2. 礼宾次序与具体排位

在签字仪式的准备中，需要注意的是，签字场所的桌椅摆放和人员位次应符合礼宾礼仪的要求。通常有以下四种摆放和排位方式：

第一种：在签字厅内摆放一张长条桌作为签字桌，桌后为主签人准备两把或多把座椅，按照国际惯例，排位方式遵循以右为贵的原则。如果是涉外签字仪式，还应考虑在签字桌中央插放签字双方的国旗，这时一定要注意国旗的摆放位置。其余参加签字仪式的主客方代表依职位高低分别站在自己一方主签人的座位后面。我国的签字仪式多采用这种形式。

第二种：与第一种方式不同的是，双方的国旗分别悬挂在各自的主签人座位后面，其余参加签字仪式的人员依职位高低分别坐在自己一方主签人的对面，但是依然要注意按照国际惯例，排位方式遵循以右为贵的原则。

第三种：签字厅内设两张或多张签字桌，按照国际惯例，排位方式遵循以右为贵的原则，双方主签人各坐一桌，国旗分别摆放在各自的签字桌上。参加签字仪式的人员按主客划分并依职位高低分别坐在自己一方主签人的对面。

第四种：多边签字时，只摆放一张签字桌，签字人员座次按礼宾次序排列。排列最前的国家居中，以下按字母顺序先右后左向两边排开。参加人员按身份高低从前向后就座，这时需要注意的是多边签字时，只签一份正本。

★ 小知识

签字仪式的注意事项

双方主签人的身份和职位应对等，过高或过低都会造成不必要的误会。其他人员在站立的位置和排序上也应有讲究，不可自行其是。在整个签字仪式完成之前，参加仪式的双方人员都应平和地微笑着直立站好，不宜互相走动谈话。

四、签字仪式的流程

签字仪式是合同、协议签署的高潮，其操作程序规范、气氛庄重热烈，时间简短紧凑。一般签字仪式的流程如下：

1. 参加签字仪式的人员进入签字厅

（1）有关各方人员进入签字厅，按照礼仪次序在指定的位次上坐好。

（2）双方助签人分别站在本方主签人的外侧，协助翻揭文本，指明签字处，待签字完毕，应用吸墨器为已经签署的文本吸墨。

2. 主签人签署文本

（1）主签人首先应在本国保管的文本上签字，然后由助签人帮助交换文本。

（2）主签人在对方文本上签字。

3. 主签人交换合同文本

双方主签人签字完毕，应交换正式签署的文本，均保留本方首签的文本。交换后，双方主签人应热烈握手，互致祝贺，而且可以相互交换各自使用过的签字笔，作为纪念。这时出席签字仪式的所有在场人员应该鼓掌，以表示祝贺。

4. 共同举杯庆贺

交换已签订的合同文本后，礼宾小姐会用托盘端上香槟酒，双方主签人应当场喝上一杯香槟酒，但不能大声喧哗，碰杯要轻，而后高举示意，浅抿一口即可，举止要文雅有风度。这是国际上通用（目的是增添喜庆色彩）的做法。

5. 双方合影留念

根据不同签字仪式场合的要求，有的场合允许从头至尾拍照而不受限制，但有的场合只允许拍摄其中某一场面。不论哪种情况，如安排中外双方人员合影留念，一般应请双方人员排成一行，客方人员按其身份自左至右居于右侧，主方人员按其身份自右而左居于左侧，也可按照交叉排序的原则站立拍照。若一行站不开时，则可参照"前高后低"的规则，排成两行或三行。

6. 双方有秩序地退场

签字仪式结束后，应先请双方最高领导者及客方人员先退场，然后东道主再退场，整个签字仪式的时间安排以半小时为宜。

第三节 开业庆典

开业庆典主要是指在单位创建、开业，项目完工、落成，某一建筑物正式启用，或是某项工程正式开始之际，为了表示庆贺或纪念，而按照一定的程序隆重举行的专门的庆典。开业庆典是某项事物的开端性标志，是在社会公众面前的第一次亮相。在不同的场合，还有其他一些名称，如开幕仪式、开工仪式、奠基仪式、破土仪式、竣工仪式、下水仪式、通车仪式、通航仪式等。它们有自己的共性，都是要以热烈而隆重的仪式，来为本公司的事业发展创造一个良好的开端，但是在仪式的具体运作上存在着差异。

一、举办开业庆典的原则与作用

1. 举办开业庆典的原则

（1）热烈。举办开业庆典理应删繁就简，但不可以不热烈、隆重。与其平平淡淡、草草了事，或是偃旗息鼓、灰溜溜地走上一个过场，反倒不如索性将其略去。这也就意味着要想方设法在开业庆典的进行过程中营造出一种欢快、喜庆、隆重而令人激动的氛围，而不应令其过于沉闷、乏味。

（2）节俭。本着节制、俭省的原则，在经费的支出方面量力而行。在举办开业庆典以及为其进行筹备工作的整个过程中，要求主办单位该花的钱要花，不该花的钱千万不要白花，坚决反对铺张浪费。

（3）缜密。遵循礼仪惯例，力求周密、细致，严防百密一疏，临场出错。要做到具体情况具体分析，认真策划，注重细节，分工负责，一丝不苟。

2. 举办开业庆典的作用

一般认为，举办开业庆典，至少可以起到以下作用：

（1）有助于增强企业全体员工的自豪感与责任心；

（2）有助于让支持过企业的社会各界能与企业一同分享成功的喜悦，进而为日后进一步合作奠定良好的基础；

（3）有助于将企业的建立或成就"广而告之"，借以吸引更多的顾客；

（4）有助于扩大企业的社会影响，吸引社会各界的重视与关心；

（5）有助于塑造出企业的良好形象，提高企业的知名度与美誉度。

二、开业庆典的谋划与筹备

（一）组织机构的筹备与舆论宣传

1. 确立目标

确立目标是通过开业庆典向社会各界宣布该组织的成立，取得广泛的认同，扩大知名度，提高美誉度，树立良好的形象，从而为今后的生存发展创造一个良好的外部环境。

2. 成立临时指挥部

成立庆典活动临时指挥部，可设立部长一人，副部长若干人，负责全程指挥与决策；成立临时秘书处，辅助决策，综合协调，沟通信息。

3. 选定主题

开业庆典的主题选定要求形象鲜明，通过主题进行舆论宣传，扩大企业的知名度；通过主题向公众显示该企业在各方面有良好的配套设施和服务功能。

4. 舆论宣传

（1）设置醒目的条幅、广告、宣传画等，进行宣传。

（2）广告单页传播，向公众介绍商品、报道服务内容或宣传本企业的服务宗旨等。

（3）利用报纸、杂志等具有信息发布迅速、接受面广、持续阅读时间长的特点进行视觉媒介物传播。

（4）运用电台、电视台等大众媒体进行传播。但要考虑到这种传播方式效率最高，成本也最高，因此注意投入与产出比例要合理。

（二）邀请来宾

开业庆典影响力的大小，实际上往往取决于来宾的身份高低与数量多少。

1. 应该邀请的人员

（1）上级领导。邀请地方党政领导、上级主管部门的领导，可以提升档次和可信度；邀请工商、税务等直接管辖部门，以便今后取得支持。

（2）社会名流。公共关系学中有一"名人效应"原理，能够邀请到他们，将有助于提高组织的知名度、美誉度，因为社会各界的名人对于公众是最有吸引力的。

（3）媒体记者。在现代社会中，报纸、杂志、电视、广播等大众媒介，被称为仅次于立法、行政、司法三权的社会"第四权力"。邀请他们，并主动与他们合作，将有助于他们公正地介绍组织的成就，进而有助于加深社会对组织的了解和认同。

（4）合作伙伴。邀请潜在的、预期的未来客户是企业经营的基础；邀请同行业人员，以便相互沟通合作。

（5）社会公众。那些与组织共居于同一区域、对组织具有种种制约作用的社会实体，如组织周围的居民委员会、医院、学校、幼儿园、商店以及其他组织等，他们的参加，无疑会使对方进一步了解组织、尊重组织、支持组织，或是给予组织更多的方便。

（6）单位员工。在组织庆典时，是不容许将本组织的员工完全"置之度外"的，因为他们才是组织的主人，组织每一方面的进步与发展，都离不开他们。

2. 如何邀请

首先邀请工作应该提前一周完成，以便被邀者及早安排和准备。邀请的方式可以采用电话邀请，还可以制作通知、发传真。如想进一步表明诚意与尊重，可以发邀请函或派专人当面邀请。

（三）庆典场地的布置要求

开业庆典多在开业现场举行，其场地可以是正门之外的广场，也可以是正门之内的大厅。开业庆典的场地布置要遵守以下设置要求：

1. 典礼台

典礼台应为长方体，长 25 米，宽 20 米，高 1 米。按照惯例，举行开业典礼时宾主一律站立，一般不布置主席台或座椅。

2. 装饰

（1）在场地四周悬挂标语横幅。

（2）为显示隆重与尊敬客人，可在来宾尤其是贵宾站立之处铺设红色地毯。

（3）悬挂彩带、宫灯。

（4）在醒目处摆放来宾赠送的花篮、牌匾、飘空气球等。

（四）来宾接待的各项服务

在举行开业庆典的现场，组织者一定要派专人负责来宾的接待服务工作。停车场安排专人负责指挥来宾的车辆摆放，一定要做到整齐有序、车位充足、安排合理。接待贵宾时，需由组织主要负责人亲自出面，在正门接待来宾。在接待其他来宾时则可由礼仪小姐负责，由礼仪小姐引领至休息室休息，并且负责来宾签到。负责接待的人员应热情待客、有求必应、主动相助、主动向宾客鞠躬，面带微笑说"欢迎光临"。

（五）馈赠来宾的礼品选择

赠予来宾的礼品属于传播媒介的范畴，一般是宣传性的礼品。具有以下特征的礼品可以向来宾赠送。

（1）价值性。具有一定的纪念意义，使拥有者对其珍惜、重视。

（2）宣传性。可选用本组织的产品，也可在礼品及其外包装上印有本组织的企业标志、产品图案、广告用语、开业日期、联系方式等。

（3）实用性。礼品应具有较广泛的使用场合，以取得宣传效应。

（4）荣誉性。礼品应制作精美，有名人名言或名画，使拥有者为之感到光荣和自豪。

三、开业仪式的类型与具体运作

（一）奠基与破土仪式

1. 奠基仪式

奠基仪式通常是指一些重要的建筑物，比如大厦、场馆、亭台、楼阁、园林、纪念碑等，在动工修建之初正式举行的庆贺性活动。

对于奠基仪式现场的选择，是有一些独特的规矩的。奠基仪式举行的地点，一般应选择在动工修筑建筑物的施工现场。奠基的具体地点，则按常规均应选择在建筑物正门的右侧。

在一般情况下，举行奠基仪式的奠基石应为一块完整无损、外观精美的长方形石料。在奠基石上，所刻文字应当竖写，奠基石上的字体，大都讲究以楷体字刻写，并且最好是白底金字或黑字。在奠基石右上方，应刻有所建建筑物的正式名称。在奠基石正中央，应刻有"奠基"两个大字。在奠基石左下方，则应刻有奠基单位的全称以及举行奠基仪式的具体时间。

在奠基石的下方或一侧，还应安放一只密闭完好的铁盒，内装该建筑物的各项资料以及奠基人的姓名。届时，同奠基石一道被奠基人培土掩埋于地下，以示纪念。

通常，在奠基仪式的举行现场应设立彩棚，安放该建筑物的模型或设计图、效果图，并使各种建筑机械就位待命。

奠基仪式的主要程序如下：

（1）仪式正式开始。由主持人介绍来宾。

（2）全体起立，奏国歌。

（3）主人对该建筑物的功能以及规划设计进行简介。

（4）来宾致辞道贺。

（5）正式进行奠基。

在正式奠基开始时，应锣鼓喧天，或演奏喜庆乐曲。首先由奠基人双手持握系有红绸的新铁锹为奠基石培土。随后，由主人与其他嘉宾依次为之培土，直至将奠基石埋没为止。

2. 破土仪式

破土仪式也称破土动工，它是指在道路、河道、水库、桥梁、电站、厂房、机场、码头、车站等正式开工之际，专门为此而举行的动工仪式。

破土仪式举行的地点，大多应当选择在工地的中央或某一侧。举行仪式的现场，务必事先进行过认真的清扫、平整、装饰。至少，也要防止出现道路坎坷泥泞、飞沙走石，或是蚊蝇扑面的状况。倘若来宾较多，尤其是当高龄来宾较多时，最好在现场附近临时搭建某些供休息的帐篷或活动房屋，避免来宾受到风吹、日晒、雨淋。

破土仪式的主要程序如下：

（1）仪式宣布开始。由主持人介绍来宾。

（2）全体肃立，奏国歌。

（3）主人致辞。以介绍和感谢为发言的重点。

（4）来宾致辞祝贺。

（5）正式破土动工。

其常规的做法是：所有的嘉宾环绕在破土之处的周围站立，并且目光一律注视破土者，以示尊重。接下来，破土者应该双手拿着系有红绸的新铁锹垦土三次，以表示整个工程有一个良好的开端。最后，全体在场者一起鼓掌，并演奏喜庆音乐，或燃放鞭炮及敲锣打鼓。

（二）开工仪式

开工仪式，即工厂准备正式开始生产产品、矿山准备正式开采矿石时，所专门举行的庆祝性、纪念性活动。

开工仪式大都讲究在生产现场举行，即以工厂的主要生产车间、矿山的主要矿井等处，作为举行开工仪式的场所。除司仪人员按惯例应着礼仪性服装之外，东道主一方的全体职工均应穿着干净而整洁的工作服出席仪式。

开工仪式的主要程序如下：

（1）仪式宣布开始。全体起立，由主持人介绍各位来宾，乐队奏乐。

（2）在司仪的引导下，本组织的主要负责人陪同来宾走向开工现场并肃立。例如，走到机器开关或电闸附近。

（3）正式开工。届时应请本组织职工代表或来宾代表来到机器开关或电闸旁，动手启动机器或合上电闸。全体人员此刻应鼓掌庆贺，并奏乐。

（4）全体职工各就各位，上岗进行操作。

（5）在主人的带领下，全体来宾参观生产现场。

（三）下水仪式

下水仪式是指在新船建造完毕下水之时专门举行的仪式，是造船厂在吨位较大的轮船建造完成、验收完毕、交付使用之际，为其正式下水起航而特意举行的庆祝性活动。

按照国际上目前所通行的做法，下水仪式基本上都是在新船码头上举行的。在干道两侧，应饰有彩旗、彩带。在新船所在的码头附近，应设置专供来宾观看或休息之类用的彩棚。对下水仪式的主角新船，必须认真进行装扮，要在船头上扎上由红绸结成的大红花，并且在新船的两侧船舷上扎上彩旗，系上彩带。

下水仪式的主要程序如下：

（1）仪式宣布开始。由主持人介绍来宾，全体起立，乐队奏乐，或锣鼓齐奏。

（2）全体肃立，奏国歌。

（3）由主人简介新船的基本状况，如船体、吨位、马力、长度、高度、吃水、载重、用途、工价等。

（4）由特邀掷瓶人行掷瓶礼。砍断缆绳，新船正式下水。

（5）来宾代表致辞祝贺。

★小知识

行掷瓶礼的由来

行掷瓶礼是下水仪式上独具特色的一个节目，在国外由来已久，后传入我国。它的目的是要渲染出喜庆的气氛。具体做法是由身着礼服的特邀嘉宾双手持一瓶正宗的香槟酒，用力将瓶身向新船的船头投掷，使瓶破之后酒香四溢，酒沫飞溅。在嘉宾掷瓶以后，全体到场者须面向新船行注目礼，并随即热烈鼓掌。此时，还可在现场再度奏乐或演奏锣鼓，释放气球，放飞信鸽，并且在新船上撒彩花，落彩带。

（四）通车与通航仪式

1. 通车仪式

通车仪式大都是在重要的交通建筑完工并验收合格之后，正式举行的启用仪式。例如，公路、铁路、地铁以及重要的桥梁、隧道等，在正式交付使用之前，均会举行一次以示庆祝的通车仪式。有时，通车仪式又称开通仪式。

举行通车仪式的地点，通常为公路、铁路、地铁新线路的某一端，新建桥梁的某一头，或者新建隧道的某一侧。在现场附近，以及沿线两旁，应当适量地插上彩旗、挂上彩带。必要时，还应设置彩色牌楼，并悬挂横幅。在通车仪式上，被装饰的重点，应当是进行第一次行驶的汽车、火车或地铁列车。在车头上，一般应系上红花。在车身两侧，则可酌情插上彩旗，系上彩带，并悬挂上醒目的大幅宣传性标语。

通车仪式的主要程序如下：

（1）仪式宣布开始，由主持人介绍来宾。

（2）全体起立，奏国歌。

（3）主人致辞。其主要内容是，介绍即将通车的新线路、新桥梁或新隧道的基本情况，并向有关方面谨致谢意。

（4）来宾代表致辞祝贺。

（5）正式剪彩。

（6）首次正式通行车辆。届时，宾主及群众代表应一起登车而行。有时还须由主人所乘坐的车辆行进在最前方开路。

2. 通航仪式

通航仪式又称首航仪式，指的是飞机或轮船在正式开通某一条新航线之际，正式举行的庆祝性活动。一般而言，通航仪式在具体程序的操作上，往往与通车仪式大同小异。因此，进行实际操作时，一般均可参照通车仪式的具体做法进行。

（五）开幕庆典

开幕庆典通常是指企业、宾馆、商店、银行正式启用之前，或是各类商品的展示会、博览会、订货会正式开始之前，所正式举行的相关仪式。每当开幕庆典举行之后，企业、宾馆、商店、银行将正式营业，有关商品的展示会、博览会、订货会将正式接待顾客与观众。依照常规，举行开幕式需要较为宽敞的活动空间，所以门前广场、展厅门前、室内大厅等处，均可用作开幕庆典的举行地点。

开幕庆典的程序如下：

（1）庆典宣布开始，全体肃立，由主持人介绍来宾。

（2）邀请专人揭幕。揭幕的具体做法是：揭幕人首先应走到彩幕前站立，然后礼仪小姐双手将开启彩幕的彩索递交给揭幕人。这时揭幕人应目视彩幕，双手拉启彩索，展开彩幕。全场人员目视彩幕开启，鼓掌并奏乐。

（3）在主人的亲自引导下，全体到场者依次进入幕门。

（4）主人致答谢辞。

（5）来宾代表发言祝贺。

（6）主人陪同来宾进行参观。开始正式接待顾客或观众，对外营业或对外展览宣告开始。

（六）竣工仪式

竣工仪式有时又称落成仪式或建成仪式，它是指本组织所属的某一建筑物或某项设施建设、安装工作完成之后，或者是某一纪念性、标志性建筑物——诸如纪念碑、纪念塔、纪念堂、纪念像、纪念雕塑等建成之后，以及某种意义特别重大的产品生产成功之后专门举行的庆贺性活动。

举行竣工仪式的地点，一般应以现场为第一选择。例如，在新建成的厂区之内、新落成的建筑物之外，以及刚刚建成的纪念碑、纪念塔、纪念堂、纪念像、纪念雕塑的旁边。

竣工仪式的主要程序如下：

（1）仪式宣布开始，由主持人介绍来宾。

（2）全体起立，奏国歌，并演奏本组织标志性歌曲。

（3）组织负责人发言，以介绍、回顾、感谢为主要内容。

（4）进行揭幕。

（5）全体人员向竣工仪式的"主角"——刚刚竣工或落成的建筑物，郑重其事地行注目礼。

（6）来宾致辞。

（7）进行参观。

在竣工仪式举行时，全体出席者的情绪应与仪式的具体内容相适应。例如，在庆贺工厂、大厦落成或重要产品生产成功时，应当表现得欢快而喜悦。在庆祝纪念碑、纪念塔、纪念堂、纪念像、纪念雕塑建成时，则须表现得庄严而肃穆。

第四节　剪彩仪式

剪彩仪式是为了庆贺公司的设立、企业的开工、宾馆的落成、商店的开张、银行的开业、大型建筑物的启用、道路或航线的开通、展销会或展览会的开幕等，而隆重举行的一项礼仪性程序。因其主要活动内容是约请专人使用剪刀剪断被称为"彩"的红色缎带，故此被人们称为剪彩。剪彩最初只不过是人们用以促销的一种手段，后来才渐渐地演变为商务活动中一项重要的仪式，在其发展进程中，其自身也在不断地吐故纳新，不断发展。

一、剪彩仪式的前期准备

从操作的角度来讲，目前通行的剪彩仪式的准备主要包括以下三方面：

1. 场地的选择与时间的分配

（1）场地的选择。在正常情况下，剪彩仪式应在即将启用的建筑、工程或者展销会、博览会的现场举行。正门外的广场、正门内的大厅，都是可予优先考虑的。

（2）时间的分配。一般来说，剪彩仪式宜紧凑，忌拖沓，时间越短越好。短则一刻钟即可，长则不宜超过一个小时。

2. 场地的装点

装点的过程必须一丝不苟，场地的布置、灯光与音响的准备、媒体的邀请、人员的培训等，必须认真细致，精益求精。在活动现场，剪彩之处悬挂写有剪彩仪式具体名称的大型横幅，更是必不可少的。

3. 剪彩用具的选择与准备

剪彩仪式使用的特殊用具，诸如红色地毯、托盘、新剪刀、白色薄纱手套以及红色缎带，应仔细地进行选择与准备。

（1）红色地毯。在剪彩现场铺设红色地毯，主要是为了提升其档次，并营造一种喜庆的气氛，有时也可不铺设。主要用于铺设在剪彩者正式剪彩时的站立之处，其长度可视剪彩者人数的多少而定，宽度则应在一米以上。

（2）托盘。在剪彩仪式上所使用的托盘，最好是崭新、洁净的，通常首选银色的不锈钢制品。托在礼仪小姐手中，主要盛放红色缎带、剪刀、白色薄纱手套。就其数量而论，在剪彩时，可以用一只托盘依次向各位剪彩者提供剪刀与手套，并同时盛放红色缎带；也可以为每一位剪彩者配置一只专为其服务的托盘，同时使红色缎带由一只专用托盘盛放。后一种方法显得更加正式。为了显示正规，可在使用时上铺红色绒布或绸布。

（3）新剪刀。新剪刀是专供剪彩者在剪彩仪式上正式剪彩时使用的。现场剪彩者人手一把，而且必须崭新、锋利而顺手。事先，一定要逐把检查将被用以剪彩的剪刀是否已经开刃，好不好用，确保剪彩者在正式剪彩时，可以"手起刀落"，一举成功，切勿一再补刀。在剪彩仪式结束后，主办方可将每位剪彩者所使用的剪刀经过包装之后，送给对方以作纪念。

（4）白色薄纱手套。在正式的剪彩仪式上，剪彩者剪彩时最好每人戴上一副白色薄纱手套，以示郑重其事。在准备白色薄纱手套时，除了要确保其数量充足之外，还需使之大小适度、崭新平整、洁白无瑕。

（5）红色缎带。红色缎带即剪彩仪式中的"彩"，按照传统做法，它应当由一整匹未曾使用的红色绸缎，在中间结成数朵花团而成。目前，演变成红色缎带、金色缎带等形式。

二、剪彩仪式的人员安排

在剪彩仪式上对剪彩人员必须认真地进行选择，并于事先进行必要的培训。除主持人之外，剪彩的人员主要是由剪彩者与助剪者构成，需要注意的是，对他们的礼仪性要求是不同的。

（一）剪彩者的选定与礼仪要求

在剪彩仪式上担任剪彩者，是一种很高的荣誉。剪彩仪式档次的高低，往往也同剪彩者的身份密切相关。

1. 剪彩者的选定

根据惯例，剪彩者可以是一个人，也可以是多人，但是一般不应多于五人。通常，剪彩者多由上级领导、合作伙伴、社会名流、员工代表或客户代表担任。

2. 确定剪彩者名单

必须在剪彩仪式正式举行之前确定剪彩者名单。名单一经确定，应尽早告知对方，使其有所准备。在一般情况下，确定剪彩者时，必须尊重对方意见，切勿勉强。需要由数人同时担任剪彩者时，应分别告知每位剪彩者届时他将与何人同担此任。这样做，是对剪彩者的一种尊重。

3. 对剪彩者的礼仪要求

剪彩者是剪彩仪式的主角，由于其特殊身份，更易于被人们和媒体关注。他们在仪式上的举止行为要符合礼仪规范。

剪彩者的仪表要庄重、整齐，着装要正规、严肃。按照常规，剪彩者应着套装、套裙或制服，不过着中山装、西装或职业制服也可，以剪彩内容的需要而选定。不允许戴帽子或墨镜，也不允许穿着便装。头发要梳理，颜面要洁净，要给人以容光焕发、干净利落的好印象。

剪彩者在仪式全程中，应始终保持稳重的姿态、洒脱的风度和优雅的举止。剪彩者登台时应从右侧登台，若多名剪彩者一同登台时应按照主剪彩者在前的顺序，排列成一行依次登台。登台后到达既定位置站好，同时向礼仪小姐微笑致意。剪彩时，应面带微笑地稳步走向待剪的彩带，从礼仪小姐的托盘中自取剪刀，并向礼仪小姐及两边的拉彩带者微笑示意，然后将彩带一刀剪断。如果剪彩者不止一人，还应当兼顾各位，彼此尽量同时开剪。剪完后，将剪刀放回托盘，并举手向人们致意或鼓掌庆祝。

剪彩者一定要按照约定的时间提前来到仪式现场。到现场后，可与主办单位或其他先到一步的嘉宾交谈，不宜独坐一隅。仪式开始后，则应专心听取别人发言，关注仪式进展程序，不宜喋喋不休地与他人谈笑。剪彩归来回位之前，应先与主办单位的代表握手致贺，礼节性地谈几句，或与他们在一起长时间地鼓掌。在后续活动中，也应善始善终，听从主办单位的安排。

4. 剪彩时的位次排定

若剪彩者仅为一人，则其剪彩时居中而立即可。若剪彩者不止一人时，则其同时上场剪彩时位次的尊卑就必须予以重视。一般的规则是：中间高于两侧，右侧高于左侧，距离中间站立者越远位次便越低，即主剪者应居于中央的位置。需要说明的是，之所以规定剪彩者的位次"右侧高于左侧"，主要是因为这是一项国际惯例，剪彩仪式理当遵守。

（二）助剪者的选定与礼仪要求

助剪者，是指在剪彩的一系列过程中，为剪彩者从旁提供帮助的人员。一般而言，助剪者多由东道主一方的女职员担任。她们承担着装点仪式、具体参与仪式的服务等重任，体现着举办单位的形象和员工的素质，礼仪在她们身上显得尤其重要。

1. 对助剪者的礼仪要求

助剪者，即礼仪小姐。作为礼仪小姐的基本条件是：相貌较好、身材颀长、年轻健康、气质高雅、反应敏捷、机智灵活。

礼仪小姐的最佳装束应为：化淡妆、盘起头发，穿款式、面料、色彩统一的单色旗袍，配肉色连裤丝袜、黑色高跟皮鞋。除戒指、耳环或耳钉外，不佩戴其他任何首饰。

在仪式进行中，礼仪小姐应训练有素，走有走姿，站有站相，整齐有序，动作一致。尤其应注意始终保持应有的微笑。如遇意外情况，礼仪小姐应平静地处理。

2. 剪彩时不同助剪者的具体任务

具体而言，在剪彩仪式上提供服务的助剪者——礼仪小姐，又可以分为迎宾者、引导者、服务者、拉彩者、捧花者、托盘者。以下是在剪彩时不同助剪者的具体任务。

（1）迎宾者的任务是在活动现场负责迎来送往。

（2）引导者的任务是在进行剪彩时负责带领剪彩者登台或退场。

（3）服务者的任务是为来宾尤其是剪彩者提供饮料，安排休息之处。

（4）拉彩者的任务是在剪彩时展开、拉直红色缎带。

（5）捧花者的任务则是在剪彩时手托花团。

（6）托盘者的任务则是为剪彩者提供剪刀、手套等剪彩用品。

在一般情况下，迎宾者与服务者应不止一人。引导者既可以是一个人，也可以为每位剪彩者各配一名。拉彩者通常应为两人。捧花者的人数则需要视花团的具体数目而定，一般应为一花一人。托盘者可以为一人，也可以为每位剪彩者各配一人。有时，礼仪小姐也可身兼数职。

三、剪彩仪式的流程

（一）剪彩仪式的具体程序

（1）请来宾就位。在剪彩仪式上，通常只为剪彩者、来宾和本组织的负责人安排座席。在剪彩仪式开始时，即应敬请大家在已排好顺序的座位上就座。在一般情况下，剪彩者应就座于前排。若剪彩者不止一人时，则应使剪彩者按照剪彩时的具体顺序就座。

（2）宣布仪式正式开始。在主持人宣布仪式开始后，乐队应演奏音乐，现场可燃放鞭炮，全体到场者应热烈鼓掌。此后，主持人应向全体到场者介绍到场的重要来宾。

（3）奏国歌。此刻须全场起立，必要时，也可随之演奏本组织标志性歌曲。

（4）代表发言。发言者依次应为东道主单位的代表、上级主管部门的代表、地方政府的代表、合作单位的代表等。其内容应言简意赅，每人不超过3分钟，重点为介绍、道谢与致贺。

（5）剪彩开始。此刻，全体应热烈鼓掌，必要时还可奏乐或燃放鞭炮。在剪彩前，向全体到场者介绍剪彩者。

（6）参观。剪彩之后，主人应陪同来宾参观，仪式至此宣告结束。随后东道主单位可向来宾赠送纪念性礼品，并以美味佳肴款待全体来宾。

（二）剪彩过程中的注意事项

剪彩仪式上不仅有众多的惯例、规则必须遵守，而且在具体程序中也应注意如下四点：

（1）当主持人宣告剪彩开始之后，礼仪小姐即应率先登场。

（2）在剪彩者登台时，引导者应在其左前方进行引导，使之各就各位。

（3）剪彩者行至既定位置之后，应向拉彩者、捧花者含笑致意。

（4）剪彩者依次与主人握手道喜，并列队在引导者的引导下退场。

本章小结

本章主要介绍了会议、签字仪式、开业庆典、剪彩仪式等会务仪式礼仪。每种商务活动都需要注意相关礼仪规范，包括会议或仪式程序、工作人员的服饰及行为、场地布置、位次排列等内容。商务会议及相关活动仪式既是宣传企业信息的活动，又是塑造企业形象的活动，必须规范、礼貌、周密安排，才能获得成功。

案例思考

某公司举行新项目开工剪彩仪式，请来了张市长和当地各界名流嘉宾参加，请他们坐在主席台上。仪式开始时，主持人宣布："请张市长下台剪彩！"却见张市长端坐没动；主持人很奇怪，重复了一遍："请张市长下台剪彩！"张市长还是端坐没动，脸上还露出一丝恼怒。主持人又宣布了一遍："请张市长剪彩！"张市长才很不情愿地起来去剪彩。

思考：

请指出本案例中主持人的失礼之处。

本章习题

一、选择题

1. 中方公司与法方客商准备签订一份合同，签约地点设在中方公司会议厅。试回答以下问题：

（1）签约活动的组织者应是哪一方？（   ）

    A. 中方   B. 法方   C. 双方   D. 第三方

（2）签字桌上国旗的摆放应遵循什么原则？（   ）

    A. 以右为贵   B. 以左为贵   C. 以东为贵   D. 以南为贵

（3）待签合同的文本共20页，中方公司采用一般的打印纸打印而成，并进行了简单装订。封面以彩色信纸打印，上书"协议"二字。这样的待签合同文本是否符合相关要求？（   ）

    A. 符合   B. 基本符合   C. 不符合

2. 在开业庆典中，所涉及的邀请人员当中，以下哪位是应该被邀请的？（   ）

    A. 社会知名人士   B. 社区人员

    C. 媒体   D. 工商、税务局的领导

3. 剪彩者登台时应从（   ）侧登台，若为多名剪彩者一同登台，应按照（   ）在前的顺序，排列成一行依次登台。登台后要到达既定位置站好，同时向礼仪小姐微笑致意。

    A. 右主剪彩者   B. 左主剪彩者   C. 左随意次序   D. 右随意次序

二、简答题

1. 参加公司会议需要注意哪些礼仪？
2. 大型会议的座次安排需要注意什么？
3. 签字仪式的具体程序是什么？
4. 开业庆典中各个仪式在具体运作上有什么差别？
5. 剪彩仪式中对剪彩者与助剪者的礼仪要求是什么？

本章实践

　　甲公司与乙公司经过为期半年的艰苦谈判，终于就一项合作项目达成了合作协议。甲公司的刘总经理与谈判小组的全体成员应邀到乙公司签订合作协议。

训练内容：

1. 乙公司该派哪些人员参加合作协议的签字仪式？
2. 签字仪式现场应该怎样布置？
3. 签字仪式的座位应该如何排列？
4. 签字仪式有哪些程序和步骤？
5. 请同学们分组扮演甲乙两公司的相关人员，并举办模拟签字仪式。

训练项目	训练要求	分值	实际得分
现场布置	布置好签字厅	10	
	准备好相关文件、物品	10	
位次安排	位置安排得当	10	
流程设计	按要求设计流程	10	
	内容完整	10	
	衔接流畅	10	
角色扮演	角色齐全	10	
	举止得体	10	
	发言清晰	10	
	表情自然	10	

第八章

商务涉外礼仪

1. 了解澳大利亚、马来西亚、泰国的社交、用餐礼仪和习俗禁忌；
2. 掌握日本、美国、新加坡社交、服饰和用餐礼仪及礼仪禁忌；
3. 熟知法国、俄罗斯的社交、服饰礼仪和礼仪禁忌。

★本章导读

  法国一家公司的经理邀请日本商人到自己家做客。在宴席上，主妇端上洗手指用的水，这个日本商人一时大意，竟然把碗中的水喝下去了，主人看到后，马上就向同坐的孩子们示意，两个孩子也就一声不响地跟着喝下了碗中的水，顾全了对方的面子。

  随着国际化经济发展进程的加快和我国改革开放的不断深入，不仅越来越多的外籍商务工作者进入国内市场，而且国人走出国门经商和旅游的人数急剧增多。在国际交往中，由于各个国家和地区的语言、文化背景、风俗习惯和宗教信仰等诸多方面的不同，涉外商务工作者了解涉外商务礼仪相关知识，对赢得外商的友谊和合作起着十分重要的作用。

第一节　涉外礼仪原则和禁忌

  任何社会、任何国家的人们在交往中都需要遵循一定的原则，而这些原则又因文化背景的差异而不同。

一、涉外礼仪原则

  全球经济一体化，使信仰、价值观念、道德标准、风俗习惯及文化背景各不相同的各国商人走到了一起。因此，商务工作者在日常工作中，应遵循的原则包括：

1. 求同存异原则

世界各国的礼仪与习俗都存在着一定程度的差异性，重要的是要了解这种差异，要遵守"求同存异"原则。"求同"就是要遵守礼仪的"共性"；"存异"则是不可忽略礼仪的"个性"。对于礼仪习俗的"个性"，尤其是我国与交往对象所在国之间的礼仪习俗的"个性"，重要的是了解，而不是评判是非，鉴定优劣。比如，世界各国的人往往使用不同的见面礼节，其中较常见的就有日本人的鞠躬礼，泰国人的合十礼，中国人的拱手礼，阿拉伯人的贴面礼，欧美人的吻面、吻手礼和拥抱礼等。它们各有讲究，都属于礼仪的"个性"，与此同时，握手作为见面礼节，则可以说是通行于世界各国，与任何国家的人士打交道，以握手这一"共性"礼仪作为见面礼节都是适用的。

2. 个人形象原则

在国际交往中，人们应对个人形象倍加关注。在涉外交往中的基本着装规范是：女人看头，男人看腰。女人看头是看发型，比如染不染色，长度如何等。一般是不染彩色发的，除非把花白的头发染黑。另外头发不宜过长，一般不长于肩部。对于一个有社会地位的男人，一个有层次的人，在大庭广众之前腰上是不挂任何东西的。

在国际社交场合，服装大致分为礼服和便装。正式的、隆重的、严肃的场合着深色礼服（燕尾服或西装），一般场合则可着便装。目前，除个别国家在某些场合另有规定（如典礼活动，禁止妇女穿长裤或超短裙）外，穿着趋于简化。在与外国朋友交谈时，一定要遵守国际惯例，自觉地降低音量，同时还应使用规范的尊称、谦语、敬语与礼貌用语。

3. 不卑不亢原则

不卑不亢原则是涉外礼仪的一项基本原则，每一个人都必须意识到，自己在外国人眼里是代表着国家，代表着民族，代表着所在的单位。因此，言行应当从容得体、堂堂正正，既不应畏惧自卑，要以自尊、自重、自爱和自信为基础，表现得坦诚乐观、豁达开朗、从容不迫、落落大方；也不应高傲自大、盛气凌人，孤芳自赏、目空一切。

4. 信守约定原则

信守约定原则是指在一切国际交往中，必须认真遵守自己的承诺，说话要算数，许诺要兑现，约会要如期而至。在涉外交往中，在一切有关时间方面的正式约定之中，尤其需要恪守不怠，真正做到"信守约定"。万一由于难以抗拒的因素失约，应尽早向对方通报，如实说明原委，并要向对方致以歉意，必要时应主动承担给对方造成的物质损失。千万不能得过且过，一味推诿，或避而不谈。

5. 入乡随俗原则

入乡随俗原则是涉外礼仪的基本原则之一。习俗是世界上的各个国家、各个地区、各个民族，在其历史发展的具体进程中，形成的各自的宗教、语言、文化、风俗和习惯，并且存在着不同程度的差异。这种"十里不同风，百里不同俗"的局面，是不以人的主观意志为转移的，也是世间任何人都难以强求统一的。

在涉外交往中注意尊重外国友人所特有的习俗，容易增进中外双方之间的理解和沟通，有助于更好地、恰如其分地向外国友人表达我方的亲善友好之意。当自己身为东道主时，通常讲究"主随客便"；当自己充当客人时，则又讲究"客随主便"。接待人员必须充分地了解交往对象的风俗习惯，无条件地加以尊重，不可少见多怪、妄加非议。

6. 尊重隐私原则

在国际交往中，普遍讲究尊重个人隐私。任何个人的实际收入，均与其个人能力和实际地位存在因果关系。所以，个人收入的多少一般被外国人视为自己的脸面，非常忌讳他人打听。比如，纳税数额、银行存款、股票收益、私宅面积、娱乐方式、度假地点等，都不宜随便提及；外国人普遍将自己的年龄当作"核心机密"，轻易不会告之于人。所以在国外有这么一种说法：一位真正的绅士，应当永远做到"记住女士的生日，忘却女士的年龄"。

中国人相遇时，常会问候对方："身体好吗？"要是确知对方一度欠安，见面时常会问对方"病好了没有""吃过些什么药"或是向对方推荐名医、偏方。可在国外，人们在闲聊时，非常反感对自己健康状况的过多关注，因为在市场经济条件下，每个人的身体健康都被看作"资本"；中国人习惯对于亲友的恋爱、婚姻、家庭生活牵挂在心，但绝大多数外国人对此不以为然。比如提及"有没有恋人""两个人怎么结识的""结婚了没有""有没有孩子"等，很让外国人难堪；中国人对家庭住址、电话都是不保密的。而在国外恰好相反，他们不会将个人住址、私宅电话轻易"泄密"，在他们的名片上，此项内容也难得一见。

★微型案例 8-1

问候的学问

一个老兄问一个美国人，说："你怎么脸色不大好？"美国人说最近比较累，晚上经常熬夜。"你是不是胃不行？吸收不好的胃一般不好，脸色就不好。"美国人说："我的胃还行，比较能吃。那你的肝呢？……"

[分析提示]

对于中国人来说，都知道此人并无恶意。但是在对外交往中，他要这样问，就容易引起歧义、误会以及对方的反感。

二、涉外礼仪禁忌

《礼记·曲礼》说，"人竞（境）而问禁，入国而问俗，入门而问讳"，旨为崇敬主人之意，这也是当今国际交往中的一条普遍原则。禁忌是风俗礼仪中最重要的内容之一，在跨文化交流中违犯禁忌是一大忌。了解有关禁忌，并服从禁忌是有效的跨文化交流的重要条件之一。

（一）数字的禁忌

西方人普遍认为"13"这个数字是凶险或不吉利的，常以"14（A）"或"12（B）"代替。在日常生活中，他们总是尽量避开这一数字。有的人甚至会在 13 日这一天产生莫名其妙的恐惧感，停止一切工作和活动。西方人最忌讳的还有 13 人同桌共餐。"星期五"和

"3"这个数字，也为很多西方人所忌。特别是点烟时，忌用一根火柴或打火机连续点燃3支烟。若恰逢13日又是星期五，西方人认为更是"凶日"，称为"黑色星期五"，因为这一天是耶稣的受难日。

"四"字在汉语和日语中的发音与"死"相近，所以在日本与朝鲜等东方国家将它视为不吉利的数字，因此这些国家的医院里没有四号病房和病床。在我国也是如此，如遇到"四"，且非说不可时，忌讳的人往往说"两双"或"两个二"来代替；另外，在日语中"九"发音与"苦"相近似，因而也属忌讳之列。

（二）颜色的禁忌

1. 亚洲国家的色彩禁忌

日本：忌黑色、黑白相间色、绿色、深灰色。在日本，黑色代表丧事。绿色被认为是不吉利的颜色。

蒙古国：黑色被认为是不幸和灾祸，故蒙古人不穿黑衣服。

泰国：禁忌黑色和红色。泰国人认为，红色是不吉利的颜色，因为写死人姓氏时用红色笔。

越南：白色是不吉利的颜色，因此越南的傣人、瑶人、佬人禁忌使用白蚊帐和白被。

马来西亚：忌用黄色，一般人是不穿黄色衣服的。黑色也被列为禁忌的颜色，认为黑色是消极的。

新加坡：视紫色、黑色为不吉利。黑、白、黄为禁忌色。

巴基斯坦：视黑色为消极。

印度：黑色、白色和灰色被视为消极的、不受欢迎的颜色。

伊拉克：忌用粉红色、紫色和黄色。在商业上禁止使用国旗的橄榄绿。讨厌蓝色，视蓝色为魔鬼，在日常生活中忌讳使用蓝色。

沙特阿拉伯：忌用黄色，认为黄色代表着死亡。

叙利亚：平时忌用黄色，认为黄色象征着死亡。

2. 美洲国家的色彩禁忌

墨西哥：认为紫色是不吉利的棺材色，应避免使用。认为黄色表示死亡，也不宜用。

阿根廷：避免使用黑色、紫色和紫褐色。

巴西：棕色为凶丧之色，紫色表示悲伤，黄色表示绝望，紫色配黄色被认为是患病的预兆。另外，深咖啡色会招来不幸。

3. 欧洲国家的色彩禁忌

英国：对绿色十分反感。

捷克斯洛伐克：不喜欢黑色，视黑色为消极的颜色。

意大利：禁忌紫色。

希腊：禁忌黑色。

比利时：忌用墨绿色（纳粹军人服装颜色）。

瑞典、瑞士：忌用黑色。

土耳其：认为花色是凶兆，所以在布置房间的时候尽量选用素色。

4. 非洲国家的色彩禁忌

埃及：认为蓝色是恶魔的象征，通常只有在遇有不吉利的事时才穿蓝色衣服。埃及人也不爱紫色、暗淡蓝色。

利比亚：忌讳黑色。

摩洛哥：忌用白色。

埃塞俄比亚：视黑色和红色为不吉利的颜色。埃塞俄比亚人对死者表示深切哀悼时穿淡黄色服装。因此，出门做客时不能穿淡黄色的衣服。

加纳：不喜欢黑色，认为黑色不吉利。

（三）花卉的禁忌

由于历史文化的不同，各个国家对于某些花卉的看法具有很大的差异。具体表现在以下三方面：

（1）象征性的花卉。如加拿大人喜欢枫叶，国旗上就印有 5 个叶瓣的枫叶，有"枫叶之国"的美称。

（2）忌讳性的花卉。在国际交往场合，忌用菊花、杜鹃花、石竹花及其他黄色的花献给客人。

（3）各个国家花卉禁忌的差异。比如，荷花在中国、印度、泰国、孟加拉、埃及等国评价很高，但在日本被视为象征祭奠的不祥之物，仅用于祭奠；郁金香在土耳其被看作爱情的象征，但德国人认为它是没有感情的花；兰花是东南亚的象征，而在波兰认为是激情之花；对罗马人来说，白百合花是美与希望的象征，而波斯人认为它是纯真和贞洁的表示；菊花是日本皇室的专用花卉，而在比利时、意大利和法国人眼中，菊花却与死亡相联，只能在墓地或灵前使用。在法国不要送黄色的花，因为这是不忠诚的表示；不要送康乃馨，因为它表示不幸。在日本去医院探视朋友不能送白花，因为表示不吉利。在巴西，绛紫色的花只能用于葬礼。因此，对这些花卉需要特别注意，以免引起不良后果。

★微型案例 8-2

红玫瑰要送对人

波兰公司的老总请中方吴经理到家里做客，吴经理在花店买了一捧红玫瑰，正好 36 朵。没想到，波兰老总的夫人一点儿也不高兴。"难道波兰人没有好运的概念？"吴经理有些糊涂了。

[分析提示]

在涉外礼仪中，送花是一种重要的交际方式。但如送得不当，就会引起误会。红玫瑰花在波兰是浪漫爱情的信物，做客时，一般不送给女主人。

（四）动物图案的禁忌

（1）忌讳性的动物图案。比如法国人把仙鹤作为蠢汉和淫妇的代称。

（2）喜欢的动物图案。比如公鸡是法国的国鸟，它以勇敢、顽强的性格而得到法国人的青睐。野鸭商标图案也很受法国人的喜爱。

（3）各国忌讳动物的差异。如在泰国和印度，大象是吉祥的动物，代表智慧、力量和忠诚，而在英国被认为是愚笨的象征。孔雀在中国是喜庆的象征，在法国却把它看作祸鸟、淫鸟。美国人认为蝙蝠代表凶神恶煞，日本人对狐狸和獾很反感。英国人认为黑猫是不祥之物；瑞士人认为猫头鹰是死人的象征，北非一些国家忌讳用狗做商标。

（五）其他禁忌

（1）左手忌。在许多国家，如泰国、缅甸、印度和阿拉伯各国等认为左手是肮脏的，忌讳用左手拿食物、接触别人或给别人递东西。否则，这将被别人误会是轻蔑。

（2）扶老忌。西方的老人忌讳由别人搀扶着，他们认为这是有失体面、受轻视的表现。

（3）拉手忌。在许多拉美国家街道上，同性之间忌讳携肩挽手。

（4）衣物忌。西方人对自己的衣物、行装有随意乱放的习惯，但忌讳别人乱动。

（5）肢体语言忌。严禁以手指人，甚至亚洲许多佛教国家和地区，忌讳摸别人的头，即使大人对小孩爱抚，也严忌摸小孩头顶。

可见，人们的言谈举止、行为方式因民族习俗和文化背景的不同而有相当大的差异。涉外工作人员在外事活动中必须注意这一点，无知与狂妄自大都会被摈弃于世界之外。因此，涉外商务工作者在平时要学好外语，因为语言与文化密不可分，语言中渗透着文化知识；要注意关心世界大事，学习国外的有关知识；要学习有关跨文化交流方面的知识，尽可能多地了解各国不同的风俗习惯、注意禁忌，特别要注意尊重合作国的民族礼仪习俗，圆满顺利地实现跨文化交流。

第二节　主要国家礼仪风俗

一、日本

日本与中国一水之隔，两国友好往来的历史源远流长，日本的许多风俗习惯都可以从中国找到根。日本人对中国的文化表现出一种特有的尊重，他们的生活习俗虽与中国的习俗有诸多相近之处，但也存在很大的差异。

1. 社交礼仪

日本以"礼仪之邦"而闻名于世，讲究礼节是日本人的习俗。日本人平时见面时总要互施鞠躬礼并互相问候，常说的话是"您好""再见""请多关照"等。日本人在初次见面时非常重视交换名片。初次见面不带名片，被视为失礼或不好交往。互赠名片时，要先行鞠躬礼并双手递接名片。接到对方名片后，要认真看阅，用点头表示已清楚对方的身份。日本人认为名片是一个人的代表，对待名片就像对待他们本人一样。如果接过名片后，不看而随手放入口袋，便被视为失礼。如果参加谈判或其他活动，必须向房间里的每一个人递送名片，并接受他们的名片，不能遗漏任何一个人，这是表示相互友好和尊敬的一种方式。

到日本人家里去做客，要事先和主人约定时间，进门前先按门铃通报姓名。如果这家住宅未安装门铃，绝对不要敲门，而是打开门上的拉门，问一声："对不起，里面有人吗？"进门后要主动脱衣脱帽，解去围巾，穿上备用的拖鞋，并把带来的礼品送给主人。需要注意的是，即使天气炎热，也不能穿背心或赤脚，否则是失礼的行为。在屋内就座时，背对着门坐是有礼貌的表现，只有在主人的劝说下，才可以移向尊贵位置，一般摆着各种艺术品和装饰品的壁龛前的座位，是专为贵宾准备的。日本人不习惯让客人参观自己的住房，所以不要提出四处看看的请求，上厕所也要征得主人的同意。日本特别忌讳男子进入厨房。告别时，要客人先提出，并向主人表示感谢。回到自己的住所后要打电话告诉对方，告诉已安全返回，并再次感谢。过一段时间后再遇到主人时，仍不要忘记表达感激之情。

送礼在日本商务交往中也很风行。送礼这种礼仪既是历史的遗风，又被赋予了时代新意。在商务活动中送一件礼物，即使是小小的纪念品送给日本朋友，他都会铭记心中，因为这不但表明你的诚意，而且说明你们的交往已超出了商务的界限，你重视了他的面子。日本人认为送一件礼物，要比说一声"谢谢"意义大得多。给日本人送礼要掌握好"价值分寸"，礼品既不能过于贵重，也不能过于便宜。若过于贵重，他会认为你有求于他；若过于便宜，则会认为你轻视他。日本人对礼品讲究包装，礼品要包上好几层，再系上一条漂亮的缎带或纸绳。日本人认为，绳结之处有人的灵魂，标志着送礼人的诚意。不过，日本人不喜欢在礼品包装上系蝴蝶结，用红色的彩带包扎礼品象征身体健康。此外，不要给日本人送带有动物形象的礼品、梳子和不完整的中国书法篆刻印章。日本人送礼一般不用偶数，这是因为偶数中的"四"在日语中与"死"同音，为了避开晦气，诸多场合都不用"四"，久而久之，干脆不送二、四、六等偶数礼物了。他们喜欢单数，尤其是三、五、七这三个单数。"九"也要避免，因为在日语中"九"与"苦"发音相同。

2. 服饰礼仪

当代日本人的服装可以分为传统式服装（和服）和现代式服装两类。日本人在交际应酬中对打扮十分在意，除某些专门从事茶道、花道的教师等特殊工作的人外，绝大多数日本人在商务交往、政务活动以及对外场合中都身着现代式服装，传统式和服礼服只在节日或举行某些仪式时才穿用。日本人的严谨态度是举世公认的，参加各种活动都非常守时。在正式活动场合，男士一般都西装革履，女士也郑重其事，会精心梳妆打扮。不修边幅会令你失去对方的信任和本该到手的合同。

在与日本人打交道时，衣着上必须注意三条：①日本人认为衣着不整齐便意味着没有教养，或不尊重交往对象。所以，在与日本人会面时，一般不宜穿着过分随便，特别是不要光脚或穿背心。②拜访日本人时，切勿未经主人许可，而自行脱去外衣。③参加庆典或仪式时，不论天气多么热，都要穿套装或套裙。

3. 餐饮礼仪

受地理、气候等客观环境的影响，日本人自古以来就以大米为主食，并且爱吃鱼。一般不吃肥肉和猪内脏，有的人不吃羊肉和鸭子。不论在家中或餐馆内，座位都有等级，一般听从主人的安排即可。进餐时，如果不清楚某种饭菜的吃法，要向主人请教，夹菜时要把自己的筷子掉过头来使用。日本人设宴时，传统的敬酒方式是在桌子中间放一只装满清水的碗，并在每人面前放一块干净的白纱布，斟酒前，主人先将自己的酒杯在清水中涮一下，杯口朝下在纱布上按一按，使水珠被纱布吸干，再斟满酒双手递给客人。客人饮完后，也同样做，以示主宾之间的友谊和亲密。

日本人爱喝酒，日本人敬酒方手持酒瓶，不断地为对方斟满酒，他自己却不喝。而且为了表示诚意，往往要跪在被敬者面前，低头鞠躬表示敬意，直到对方被他灌醉。日本有一种富有参禅味道、用于陶冶情趣的民族习俗——茶道，虽然不少现代日本青年对此已不感兴趣，但作为一种传统艺术仍受到社会的重视。日本人也爱喝茶，但他们饮茶从不直接将茶叶放入茶杯中冲，而是放在一个带过滤网的小茶壶里。斟茶时不像中国那样一次斟满，而是以半杯为敬，并且一般不再续茶。

4. 习俗禁忌

"爱面子"是日本人的共性。面子是一个人荣誉的记录，又是自信的源泉，情面会强烈地影响日本人的一切，一句有伤面子的言语，一个有碍荣誉的动作，都会使你的商务努力陷入僵局。"面子"是日本人最重视的东西，因此，与日本人做生意和日常相处应牢记给对方面子，这样将会对你的商务活动大有裨益。和日本人做生意或者打交道，必须要"有一套"。因为日本人坚信"优胜劣汰"的法则。他们不会同情弱者，而是尊敬强者。在合作和商务活动中，如果你不能拿出一套切实可行的方案，他们就认为你缺乏诚意而拒绝下一步的谈判或合作。日本人办事显得慢条斯理，对自己的感情常加以掩饰，不轻易流露。他们不喜欢对抗性和针对性的言行，也不接受急躁的办事风格。所以，在与日本商人打交道的过程中，缺乏耐性和沉稳的性格，冲动而草率的举止都会严重影响你和对方的生意。虽然内敛含蓄，谦恭有礼，但日本人天生就喜欢掌控别人，尤其是他们认为能力不如自己的人。因此在和他们进行商务活动时，一定要有自己的主见。自身能力越强，实力越雄厚，对方越尊重你，成交和合作的可能性也就越大，否则很容易被对方掌控或者失去主动。最后，需要提醒的是到日本开展商务活动，以春季和秋季为宜。

日本人无比喜爱樱花，而很反感荷花。樱花是日本的国花，荷花是丧葬活动用的花，菊花在日本是皇室的标志，不要作为礼物送给日本人，盆花和带有泥土的花，则被理解为"扎根"，所以不要送给病人。在探望病人时还要注意不要送山茶花、仙客来花、白色的花和淡黄色的花。水晶是日本的国石。日本人很喜欢猕猴和绿雉，并且将其分别确定为国宝和国鸟。同时，他们对鹤和龟也颇有好感，认为其是长寿和吉祥的代表。但是，日本人对金色的猫以及狐狸和獾极为反感，认为它们是"晦气""贪婪"和"狡诈"的化身。一般而言，日本人大都喜欢白色和黄色，讨厌绿色和紫色。日本人不喜欢紫色，认为这是悲伤的色调；最忌讳绿色，认为是不祥之色。他们忌讳三人一起合影，认为中间的人被左右两人夹着，是不幸的预兆。

二、新加坡

新加坡在世界上有"花园城市"的美称，是东南亚的一个岛国。说到新加坡，人们的第一印象就是环境整洁，还有就是其对于破坏环境的严厉惩罚制度。要去这个"花园城市"，首先要了解他们的礼仪和禁忌。

1. 社交礼仪

在社交场合，新加坡人与他人所行的见面礼节多为握手礼。在待人接物方面，新加坡人特别强调笑脸迎客，彬彬有礼。对新加坡人而言，在人际交往中讲究礼貌、以礼待人，不但是每个人所应具备的基本修养，而且已成为国家和社会对每个人所提出的一项必须遵守的基本行为准则。

在开国之初，政府就注重"礼治"，立志要将新加坡建成一个礼仪之邦。政府不但强调"不学礼，无以立"，而且专门编定了《礼貌手册》，对于人们在各种不同场合所作所为是否符合礼仪，都做出了明确的规定。"人人讲礼貌，生活更美好""真诚微笑，处世之道"，在新加坡早已家喻户晓，深入人心。在新加坡，不讲礼貌不仅会让人瞧不起，而且还会寸步难行。

在新加坡，人们普遍讲究社会公德。政府通过采用"法"与"罚"这两大法宝，促使人们提高社会公德意识。在新加坡，可以说是有法可依，有法必依，执法必严，违法必究。前往新加坡，对于这方面的情况，必须心中有数。例如，在公共场所人们不准嚼口香糖；过马路时不能闯红灯，"方便"之后必须拉水冲洗；在公共场合不准吸烟、吐痰和随地乱扔废弃物品，否则必受处罚，需要缴纳高额的罚金，有时还会吃官司，甚至被鞭打。在商务和公务交往中，男士通常要穿白色长袖衬衫和深色西裤；女士要穿套装或深色长裙。在公共场所，穿着也不能过于随便，尤其不能穿露肩、露背、露脐的服装。

2. 服饰礼仪

新加坡不同民族的人在穿着上有自己的特点。马来族男子头戴一顶叫"宋谷"的无边帽，上身穿一种无领、袖子宽大的衣服，下身穿长及足踝的纱笼；女子上衣宽大如袍，下穿纱笼。新加坡华人妇女多爱穿旗袍。政府部门对其职员的穿着要求较严格，在工作时间不准穿奇装异服。

3. 餐饮礼仪

新加坡人的主食多是米饭，有时也吃包子等，但不喜食馒头。马来族用餐一般用手抓取食物，他们在用餐前有洗手的习惯，进餐时必须使用右手。饮茶是当地人的普遍爱好，客人来时，他们常以茶水招待，新加坡华人喜欢饮元宝茶，意为财运亨通。

4. 习俗禁忌

在新加坡，用食指指人，用紧握的拳头打在另一张张开的掌心上，或紧握拳头，将拇指插入食指和中指之间，均被认为是极端无礼的动作。新加坡人认为"4""7""13"和"69"是触霉头的数字。在新加坡人眼中，男婚女嫁是件大事，不论新加坡华人还是马来族人都很重视。马来族人的婚事要经过求亲、送订婚礼物、订立婚约等程序。新加坡的华人讲求孝道，如有老人行将去世，其子孙必须回家中守在床前。丧礼一般都很隆重。

三、马来西亚

马来西亚人的习俗与中国习俗相差甚远，所以必须加以留意，以免无意中犯了禁忌，造成失礼，或引起误会与无谓的纷争。

1. 社交礼仪

马来西亚人认为左手不洁，因此，见面与其握手时，一定要用右手。平时接递东西时，也必须用右手而不能随便用左手，用左手便是失礼。在不得不用左手时，一定要说声"对不起"。对女士不可先伸出手要求握手。头被认为是神圣的部位，在亲近儿童时，不可触摸他的头部，否则会引起不快。马来西亚不同民族采用不同的见面礼节。马来西亚人的常规做法是向对方轻轻点头，以示尊重。马来西亚人传统的见面礼节，是"摸手礼"。它的具体做法为：与他人相见时，一方将双手首先伸向对方，另一方则伸出自己的双手，轻轻摸一下对方伸过来的双手，随后将自己的双手收回胸前，稍举一下，同时身体前弯呈鞠躬状。马来西亚的华人与印度人同外人见面时，则大多以握手作为见面礼节。

马来西亚人热情、谦恭、大方、讲究礼节。在马来西亚人家中做客应注意举止得体，尊重长者。如果双方都是穆斯林教徒，宾主要用伊斯兰教特定的问候语打招呼。进门时得到主人的许可后，客人必须把鞋脱在门口或楼梯口，方可进屋。进屋后，宾主双方要互相问候和握手。握手时，双手仅仅触摸一下，然后把手放到额前，以表示诚心。当发现屋里还有其他客人，而自己又必须从他们面前经过时，必须略低下头，并说"对不起，请借光"，然后走到自己的位置上。坐在椅子上不能跷起二郎腿，尤其是在老人面前更不应如此，女子则应并拢双脚，表现得更加文雅。如果席地而坐，男子最好盘腿，女子则要跪坐，不得伸直腿。主人摆出饮料、点心招待客人，客人如果推辞，主人反而会不高兴。客人要走时，应向主人告辞，主人一般把客人送出门外。在黄昏时登门拜访是不受欢迎的，因为这时穆斯林都要做祷告，晚上拜访通常应在20：30以后。

2. 服饰礼仪

长袖衬衣"巴迪"被称为马来西亚"国服"，多以蜡染的花布做成，多在正式交际场合穿用。在一般情况下，马来西亚男子通常上穿"巴迪"，下身则围一大块布，叫作"沙笼"。马来西亚的女子，则一般要穿无领、长袖的连衣长裙，头上围头巾。

在社交场合，马来西亚人可以穿着西装或套裙。马来西亚人的服饰偏好红色、橙色和其他一些鲜艳的颜色。他们认为黑色属于消极之色，黄色也不适于作为服装之色。受伊斯兰教影响，马来西亚人对绿色十分喜爱。去马来西亚人家里做客，进门前必须首先脱下鞋子，并且摘下墨镜。

3. 餐饮礼仪

马来西亚以伊斯兰教为国教，饮食习俗禁酒，喜欢饮用椰子水、红茶、咖啡等。马来西亚的穆斯林教徒不吃猪肉，不吃自死之物，不食用一切猪制品；他们通常吃米饭，喜食牛肉，极爱吃咖喱牛肉饭，并且爱吃具有其民族风味的"沙嗲"烤肉串。马来西亚的印度人不吃牛肉，但是可以吃羊肉、猪肉和家禽肉。马来西亚人一般十分好客，他们认为，客人在主人家里若不吃不喝，等于不尊敬主人。他们平常用餐时只用右手抓食食物，左手被视为"不洁之手"，禁用其取食食物或饮料。只有在十分正规的宴请中，马来西亚人才以刀叉进餐。

马来西亚人用餐时习惯用手取食，因而在用餐前须把手洗干净。进餐时必须用右手，否则会被视为不礼貌。如不得不用左手用餐或取餐具，应先向他人道歉。用餐时一般不坐在椅子上，而是把食物放在席子上，围坐而食。男人盘腿而坐，女人则跪坐，身体稍向右偏。上了年纪的妇女可以像男人一样盘腿而坐。伊斯兰教信徒禁酒，招待客人一般不用酒，饮料多为热茶、白开水或椰汁。马来西亚人还有咀嚼槟榔的习惯。有客人到访，主人除了热情招呼外，最先向宾客表示殷勤和诚意的礼节就是捧上槟榔盘，请客人共嚼槟榔。

4. 习俗禁忌

马来西亚的习俗禁忌主要有：①伊斯兰教的教规教义在马来西亚具有法律效力，并为人民所严格遵守。②在马来西亚马来族人不仅人口最多，政治影响最大，社会地位也最高，他们的语言与宗教也分别成为国语与国教。马来西亚人的礼仪习俗在社会生活中居于支配地位。③不要触摸被其视为神圣不可侵犯的头部与肩部。④不要在其面前跷腿、露出脚底，或用脚去挪动物品。⑤不要用一手握拳，去打另一只半握的手，这一动作在马来西亚人看来是十分下流的。⑥与其交谈时，不要将双手贴在臀部上，不要当众打哈欠。

四、泰国

俗话说："人国问禁，入乡随俗。"凡是初到泰国访问、经商的人，必须注意遵守泰国人的风俗礼节，不然很容易发生误会。

1. 社交礼仪

人们说泰国是"微笑之国"，他们对外国人特别和蔼可亲。泰国人见面时，除非是在相当西化的场合才握手，一般是双手合十放在胸前。双手抬得越高，越表示对客人的尊重，但双手的高度不能超过双眼。一般双掌合起应在额至胸之间，注意，地位较低或年轻者，应先向对方致合掌礼。通常另一方应还以合掌礼，只有和尚可不受约束，不必向任何人还礼，即使面见泰王和王后，也不用还礼，只是点头微笑致意。泰国人不是按姓来称呼对方，如"陈先生""李先生""张女士"，而是称诸如"建国先生""章达先生""秀兰女士"。拜访大公司或政府办公厅须先约会，准时赴约是一种礼貌，同时应持用英文、泰文、中文对照的名片。由于左手被认为不洁净，所以交换名片、接受物品都必须使用右手。在泰国，在众目睽睽之下与人争执，咄咄逼人的表现会被泰国人认为是最可耻的行为。

2. 服饰礼仪

泰国各个民族都有自己的传统服饰。现在，泰国城市中的男子在正式社交场合通常穿深色的西装，打领带。妇女在正式社交场合穿民族服装，也可穿裙子；在日常生活中，可穿各式流行服装，但在公共场合忌穿短裤。

3. 餐饮礼仪

泰国人不喝热茶，而习惯在茶里放冰块，称为冰茶。用餐时，泰国人习惯围着小圆桌跪膝而坐，用手抓食，不用筷子，但现在有用叉子和勺子的。

4. 习俗禁忌

在泰国，人的头部被认为是精灵所在的重要部位。不要触及他人头部，也不要弄乱他人的头发。如果你无意中碰及他人的头部，应立即诚恳地道歉。泰国人忌讳外人抚摸小孩，尤其是小孩子的头部，小孩子的头只允许国王、僧侣和自己的父母抚摸。即使是理发师也不能乱动别人的头，在理发之前必须说一声"对不起"。不能用手指僧侣，不能接触僧侣身体。尤其是女性不许与僧侣握手，在汽车上不许与僧侣邻坐。女士若想将东西奉给僧侣，宜托男士转交。泰国寺院是泰国人公认的神圣地方。在进入佛教寺庙时应衣着得体端庄，身着任何短裙、短裤或袒胸露背装都将不得入内。在进入佛堂、回教寺或私人住宅时，需要脱鞋，并注意不可脚踏门槛。

泰国人认为人的右手清洁而左手不洁，左手只能用来拿一些不干净的东西。因此，重要东西用左手拿会招来嫌弃。左撇子在日常生活中可以不注意，但在正式场合必须使用右手。在比较正式的场合，还要双手奉上，用左手则会被认为是鄙视他人。与左手一样，脚掌也被认为是不净的，只能用来走路，不能干其他事情，例如用脚踢门和用脚指东西等。在入座时，应避免将脚放在桌子上。用脚尖撞人或指人都会被严厉地呵斥，也绝对不能把脚掌冲向佛。坐着时，不要跷起脚和把脚底对着别人。妇女落座，要求更为严格，双腿必须并拢，否则会被认为是不文明行为，缺乏教养。

五、澳大利亚

澳大利亚人友善热情，较高的物质文明、安定的生活和良好的文化教养，使澳大利亚人谦恭随和。

1. 社交礼仪

握手是澳大利亚人见面相互打招呼的方式，拥抱亲吻的情况罕见。不过有些女子之间不握手，女友相逢时常亲吻对方的脸。男人们相处，感情不能过于外露，大多数男人不喜欢紧紧拥抱或握住双肩之类的动作。在社交场合，忌讳打哈欠、伸懒腰等小动作。澳大利亚人大都名在前，姓在后，称呼别人先说姓，然后接上先生、小姐或太太之类，熟人之间可称小名。

澳大利亚进行商务活动的最佳月份是每年的3—11月。澳大利亚是一个讲求平等的国家，不喜欢以命令的口气指使别人。他们把公和私分得很清楚，所以不要以为一起进过餐，生意就好做了。

2. 服饰礼仪

澳大利亚人非常注重公共场所的仪表，男子大多数不留胡须，出席正式场合时西装革履，女子是西服上衣加西服裙。平时一般穿着T恤、短裤，或者牛仔装、夹克衫。由于阳光强烈，他们在出门时，通常喜欢戴上一顶棒球帽来遮挡阳光。在澳大利亚的达尔文市，当地居民的穿着自成一体，在正式场合他们一定要穿衬衫、短裤和长袜。这种穿法，当地人叫作"达尔文装"。

澳大利亚的土著居民平时习惯赤身裸体，至多在腰上扎上一块围布遮羞而已。但他们通常要佩戴额箍、鼻针、臂环、项圈等多种饰物，有时他们还会在身上扎上一些羽毛，并且涂上各种颜色。

3. 餐饮礼仪

澳大利亚人一般喜欢吃牛肉、羊肉、鸡、鸭、蛋、野味等。菜要清淡，讲究花样，不吃辣，对中国菜颇感兴趣。澳大利亚爱吃各种煎蛋、炒蛋、冷盘、火腿、虾、鱼、西红柿等，西餐则喜欢吃奶油烤鱼、炸大虾、什锦拼盘、烤西红柿等，澳大利亚人不吃狗肉、猫肉、蛇肉、动物的内脏与其头、爪。对于加了味精的食物，他们也十分厌恶，他们认为味精好似毒药，令人作呕。

用餐时，一般主人坐在离厨房最近的位置上，其余的人一般是坐主人指定的座位。有时主人说"Sit where you like."，这时可以随便坐。男士在落座前要看一下右边的女士是否已经坐下，如果她还没有入座，帮她把椅子调整到最佳位置并请她入座便是你义不容辞的责任。席间谈话不应涉及个人私事。有关政治、宗教等谈论必须持谨慎态度，否则很可能无意中冒犯别人。最好的办法是等别人拉开话题后再谈。

到澳大利亚人家里去做客，当主人给你上菜时，你说不要是不礼貌的。应尽量把盘子里的东西吃完，如果剩一些，会被认为很不礼貌。如果主人问你是否要点什么时，你应直截了当地说，不应谦让。否则主人会认为你既不饿也不渴，也不会再询问了。和其他国家一样，澳大利亚人的喝酒习惯也不大相同。有的家庭从不请人喝含酒精的饮料，有的则在饭前喝，饭后也许再喝点儿酒。

澳大利亚土著居民目前大多不会耕种粮食、饲养家畜，他们靠猎渔为生，并且经常采食野果。他们的食物品种甚多，制作方法往往也各具特色。在进食的时候，他们经常生食，并且习惯于用手抓食。

4. 习俗禁忌

澳大利亚也有"女士优先"的习惯；澳大利亚人的时间观念很强，约会必须事先联系并准时赴约，最合适的礼物是给女主人带上一束鲜花，也可以给男主人送一瓶葡萄酒。澳大利亚人待人接物都很随和。

澳大利亚人最喜爱的动物是袋鼠与琴鸟，前者被视为大洋洲大陆最早的主人，后者则是澳大利亚的国鸟。兔子则被视为不吉利的动物，碰到兔子意味着厄运降临。

在数目方面，受基督教的影响，澳大利亚人对"13"和"星期五"反感至极。

澳大利亚人不喜欢将本国和英国处处联系在一起，虽然不少人私下里会对自己与英国存在某种关系而津津乐道，但在正式场合，却反感将两国混为一谈。

澳大利亚人不喜欢"外国"或"外国人"这类称呼，认为这样抹杀个性，因为人与人是不同的，应当区别对待，过于笼统的称呼比较失礼。

在公共场所大声喧哗，特别是隔门喊人，是最失态、最无礼的行为。澳大利亚人极其厌恶在公共场合制造噪声，当地银行、邮局、公共汽车站等公共场所都秩序井然。

周日是澳大利亚基督徒的"礼拜日"，所以一定不要在周日与其约会，因为那是非常不尊重对方的举动。

六、法国

法国是一个浪漫的国家，法国人工作起来很有责任感，但即使公务烦琐，喝咖啡的时间往往是雷打不动的。

1. 社交礼仪

对于法国人来说社交是人生的重要内容，没有社交活动的生活是难以想象的。在社交场合与客人见面时，法国人一般习惯以握手为礼，少女向妇女也常施屈膝礼。男女之间、女子之间见面时，还常以亲面颊来代替相互间的握手。法国人还有男性互吻的习俗，两位大男人见面，一般要当众在对方的脸颊上亲一下。在法国一定的社会阶层中"吻手礼"也颇为流行。不过施吻手礼时，嘴不应接触到女士的手，也不能吻戴手套的手；不能在公共场合吻手，更不得吻少女的手。交谈时要回避个人、政治和金钱之类的话题。被邀请到某人家里做客是难得的，若有这类邀请，给女主人送上鲜花（不要送玫瑰花或菊花）或巧克力之类小礼品将是非常受欢迎的。另外，能激起人们思维和美感的礼物特别受欢迎，但不要送印有公司名称的显眼大标志的礼品。

2. 服饰礼仪

法国人对于衣饰的讲究，在世界上是最有名的。所谓"巴黎式样"，在世人耳中即与时尚、流行含义相同。在正式场合法国人通常要穿西装、套裙或连衣裙，颜色多为蓝色、灰色或黑色，质地则多为纯毛。

出席庆典仪式时一船要穿礼服。男士所穿的多为配以蝴蝶结的燕尾服，或是黑色西装套装；女士所穿的多为连衣裙式的单色大礼服或小礼服。对于穿着打扮，法国人认为重在搭配是否得法。在选择发型、手袋、帽子、鞋子、手表、眼镜时，都十分强调要使之与自己着装协调一致。

3. 餐饮礼仪

作为举世皆知的世界三大烹饪王国之一，法国人十分讲究饮食，中午和晚上的两餐是日常生活中的重要组成部分，不容忽视。在西餐中，法国菜可以说是最讲究的。法国人爱吃面食和奶酪；在肉食方面，他们爱吃牛肉、猪肉、鸡肉、鱼子酱、鹅肝，不吃肥肉、宠物、除肝脏之外的动物内脏、无鳞鱼和带刺骨的鱼。法国人特别善饮，他们几乎餐餐必喝，而且讲究在餐桌上要以不同品种的酒水搭配不同的菜肴；除酒水之外，法国人平时还爱喝生水和咖啡。法国人用餐时，两手允许放在餐桌上，但不许将两肘支在桌子上，在放下刀叉时，他们习惯将其一半放在碟子上，一半放在餐桌上。

法国人为了形体美而讲究饮食。吃鸡腿时要把鸡皮撕掉，哪怕是烤的或炸的，再香也不吃皮，他们认为上面脂肪太多。吃蔬菜很多，但烹饪简单，往往是在生菜上浇些汁，再配上烤鱼、煎牛排之类，很少动明火爆炒油炸。

4. 习俗禁忌

对法国人来说，工作和假日分得很清，工作不能影响假日，但假日可以占用工作时间。法语里有一句俚语叫"架桥"，比如星期四是某个法定假日，那么他们会自行在星期四和周末之间"架桥"，星期五就不去上班了。法国人工作时尽职尽责，一旦下班或休假，谁也甭想让他再干什么活儿，因为假日对他们来说是神圣不可侵犯的。法国人干什么事都讲究预约：请人吃饭要预约，去银行办事要预约，修车要预约，找医生看病要预约，甚至连理发也要预约。

法国的国花是莺尾花。菊花、牡丹、玫瑰、杜鹃、水仙、金盏花和纸花，一般不宜随意送给法国人。法国的国鸟是公鸡，他们认为它是勇敢、顽强的化身。法国人多喜爱蓝色、白色与红色，他们所忌讳的色彩主要是黄色与墨绿色。法国人所忌讳的数字是"13"与"星期五"。在人际交往之中，法国人对礼物十分看重，但又有其特别的讲究。宜选具有艺术品位和纪念意义的物品，不宜选刀、剑、剪、餐具或是带有明显的广告标志的物品。男士向一般关系的女士赠送香水，也是不合适的。在接受礼品时若不当着送礼者的面打开其包装，则是一种无礼的表现。

七、俄罗斯

俄罗斯民族是一个浪漫的民族，也是一个非常注重礼仪的民族。要想真正与俄罗斯人成为好朋友，就必须熟悉他们的礼仪，了解他们的风俗习惯，这是最基本的前提和准备。

1. 社交礼仪

在人际交往中，俄罗斯人素来以热情、豪放、勇敢、耿直而著称于世。在交际场合，俄罗斯人习惯和初次会面的人行握手礼。握手时要脱手套，不要摇对方的手，一般的关系，轻轻地握；关系很好时可用力。对初见面的妇女，可先鞠躬。但对于熟悉的人，尤其是在久别重逢时，他们则要与对方热情拥抱。在迎接贵宾之时，俄罗斯人通常会向对方献上"面包和盐"。这是给予对方的一种极高的礼遇，来宾必须对其欣然笑纳。

在正式场合，他们也采用"先生""小姐""夫人"之类的称呼。与俄罗斯人在一个较正式的场合互相认识和交谈，要努力记住对方的全名，既要称呼他的名字还要加上父姓，以示尊敬和客气，而且记住：称"您"不称"你"。在俄罗斯，人们非常看重社会地位。因此对有职务、学衔、军衔的人，最好以其职务、学衔、军衔相称。让烟时，一般要递上烟盒让其自取，不能只给一支。特别注意不要一根火柴点三个人的烟。男人吸烟时，先问问你身旁妇女介意不介意。对他人不得用手指指点点，交谈时不要大声嚷嚷。俄罗斯人在公共场合要么不说话，要么低声交谈，很文明。

2. 服饰礼仪

俄罗斯人很注重仪表，很爱干净，衣着整洁。出门旅行总要带熨斗。在俄罗斯，已婚妇女必须戴头巾，并以白色的为主；未婚姑娘则不戴头巾，但常戴帽子。在城市里，俄罗斯人目前多穿西装或套裙，俄罗斯妇女往往还要穿一条连衣裙。前去拜访俄罗斯人时，进门之后请自觉地脱下外套、手套和帽子，并且摘下墨镜，这是一种礼貌行为。参加晚会、观看演出，尤其是看芭蕾舞剧，俄罗斯人习惯穿晚礼服，显得特别高贵。

3. 餐饮礼仪

在饮食习惯上，俄罗斯人讲究量大实惠、油大味厚。他们喜欢酸、辣、咸，偏爱炸、煎、烤、炒的食物，尤其爱吃冷菜。总的来说，他们的食物在制作上较为粗糙一些。一般而论，俄罗斯以面食为主，他们很爱吃用黑麦烤制的黑面包。除黑面包之外，俄罗斯人的特色食品还有鱼子酱、酸黄瓜、酸牛奶等。吃水果时，他们多不削皮。在饮料方面，俄罗斯人很能喝冷饮。具有该国特色的烈酒伏特加，是他们最爱喝的酒。此外，他们还喜欢喝一种叫"格瓦斯"的饮料。

俄罗斯人一日三餐，早餐比较简单，面包夹火腿，喝茶、咖啡或牛奶。午餐则丰富得多，通常都有四道菜：第一道菜是冷盘；第二道菜是汤，俄式汤类比较营养，有土豆丁、各类蔬菜，还有肉或鱼片；第三道菜是肉类或是鱼类加一些配菜；第四道菜是甜点和茶、咖啡之类。按照俄罗斯的习惯，菜的顺序不能颠倒。俄罗斯人用餐时，多用刀叉。他们忌讳用餐发出声响，并且不能用匙直接饮茶，或让其直立于杯中。通常，他们吃饭时只用盘子，而不用碗。参加俄罗斯人的宴请时，宜对其菜肴加以称道，并且尽量多吃一些，俄罗斯人将手放在喉部，一般表示已经吃饱。

4. 习俗禁忌

面包和盐是俄罗斯人用来招待贵宾的。这是因为在古俄罗斯盐很珍贵，只有款待宾客时才用。面包在当时代表着富裕和地位。一般将面包放在铺有精致刺绣方巾的托盘上，由主人献给尊贵的客人。客人先对面包状作亲吻状，然后掰一小块，撒上点盐，品尝一下，表示感谢。俄罗斯人喜喝红茶加糖、蜂蜜或果酱。俄罗斯的饮茶文化源远流长。早在18世纪，俄罗斯的一些城市就开始生产茶具，其中图拉被公认为真正的茶炊之都。茶炊是俄罗斯传统饮茶文化的象征。在今天的俄罗斯，茶炊已经成了温馨家庭的独特标志。俄罗斯人喜欢饮酒，但不太讲究菜肴，有酒喝就行。女士们一般喝香槟和果酒，男士们则偏爱伏特加。伏特加是一种用粮食酿造的烧酒。好的伏特加虽然度数高，但喝后不容易上头。

在俄罗斯，被视为"光明象征"的向日葵最受人们喜爱，它被称为"太阳花"，并被定为国花，拜访俄罗斯人时，送给女士的鲜花宜为单数。在数目方面，俄罗斯人最偏爱"7"，认为它是成功、美满的预兆。对于"13"与"星期五"，他们则十分忌讳。他们也特别爱小动物，像猫、狗等。俄罗斯人喜欢文学，酷爱读书。在汽车上、地铁里，随处可见看报、读书的人。很多俄罗斯人的家里都有丰富的藏书，有的甚至有自己的家庭图书馆。俄罗斯人非常崇拜盐和马。俄罗斯人主张"左主凶，右主吉"，因此，他们也不允许以左手接触别人，或以之递送物品。俄罗斯人讲究"女士优先"，在公共场合里，男士往往自觉地充当"护花使者"。俄罗斯人忌讳谈论政治矛盾、经济难题、宗教矛盾、民族纠纷、苏联解体、阿富汗战争以及大国地位等话题。

八、美国

入境就要随俗，了解一些一般的美式生活礼仪是必要的，免得在各种场合里，做出不适宜的举动，使自己或对方尴尬。

1. 社交礼仪

一般而言，美国人以不拘礼节、自由自在著称。美国人和陌生人打招呼，不见得便是想做朋友；与美国人进行一场愉快的交谈，不见得会变成知心莫逆。美国人只在正式场合行握手礼，一般场合见面时相视一笑，说声"嗨"或"哈啰"即为见面礼节。初次见面，相互介绍也很简单。一般原则为将卑介绍给尊，将客人介绍给主人，将年轻人介绍给年长者，将下级介绍给上级，将女士介绍给男士。介绍后握手须简短有力，美国人认为有力的握手代表诚恳坦率。在公务场合，美国女子会主动伸手，其他场合则不一定，女性先伸手，男性才能握女性的手，女性之间一般不互相握手。若女士无意握手，则男士点头或鞠躬致意。与女士握手不可太紧。握手前应脱手套，来不及脱应致歉。关系密切的亲朋之间，可行亲吻礼，女子之间互吻面颊，男女之间由男子吻女子面颊。对于别人的握手、拥抱、吻手、注目、点头等礼节，美国人也以同样方式回礼。告别时也不必握手，挥挥手说声"再见"即可。

美国人相互称呼直呼姓名，一般不用"先生""太太""小姐"等称呼，一般也不用正式头衔。只对法官、医生、高级官员、教授、高级神职人员称呼头衔。一般不用职务作为称呼。称呼长者忌用"老"字。交谈时忌问年龄、家庭状况、婚姻状况、宗教信仰、经济收入以及其他私生活情况。美国交谈、示意喜欢用手势。请人接电话，用听电话的手势；请侍者结账，用写字的手势。习惯于打过招呼即谈正事，不送茶、寒暄。美国人不把互赠名片视为礼节，只为便于日后联系时才送名片。送名片给他人时并不期待他人回送名片。与美国人交往，有两种场合可通过赠礼来自然地表达祝贺和友情，一是每年的圣诞节期间，二是当你抵达和离开美国的时候。如果是工作关系可送些办公用品，也可选一些具有民族特色的精美工艺品。在美国，请客人吃顿饭，喝杯酒，或到别墅去共度周末，被视为较普遍的"赠礼"形式，你只要对此表示感谢即可，不必再作其他报答。去美国人家中做客一般不必备厚礼，带些小礼品如鲜花、美酒和工艺品即可，如果空手赴宴则表示你将回请。

2. 服饰礼仪

美国人衣着随意，在公众场合穿各种服装的都有，大多数时候喜欢穿 T 恤衫、夹克衫、牛仔裤、运动衫、旅游鞋，着装讲究整洁。男式裤子不能露出衬裤，女子裙装不能露出衬裙。裙子要盖过丝袜口，女式短裤不能配高跟鞋。任何人都不能在公众场合穿背心、睡衣。美国人的服饰追求体现个性、气质、风度，讲究舒适，在西方率先以简洁朴实的服装取代名牌服装。

在正式社交场合注重着装，宴会上都有着装要求。参加重要场合，应注意请柬上有关服装规定。如果不确定服装的要求，可以先问问其他参加者，以免尴尬。请柬上有些字如"casual"并不意味着你可以穿牛仔裤，"semi－formal"也并不表示你可以不打领带，最好问清楚。西装外套通常只扣上扣，也可全部不扣，切忌全扣。西装背心最下一个纽扣通常不扣。深色西装应着黑色皮鞋、深色袜子，切忌白袜黑鞋。正式场合或上班，女性以裙装为宜，男性应着领带及深色西服。着晚礼服裙摆应长及脚踝，并着高跟鞋。

3. 餐饮礼仪

美国的名小吃不少，快餐业发展很快，既方便又有营养的三明治成为讲究效率的美国人的主食。菜肴的品种数不胜数，最有名的有啤酒焖牛肉。早餐一般吃牛肉，午餐较随便，常吃三明治等。美国人请客人吃饭时，先用电话邀约，客人接到邀请要给予回答，参加者一般提前 5~10 分钟到达。若迟到 15 分钟以上，应先给女主人打电话。用餐时，要注意餐具应先由最外面的一副刀叉开始使用，食物要用叉子压紧，切成小块才放入口中，吃食物及喝汤时不可出声，喝咖啡的小汤勺是用来搅拌奶品及糖的，切记不可用汤勺来喝咖啡，并避免在餐厅中喧哗。进餐时饮酒种类应视当时主食而定，如吃鱼则饮用白酒，吃肉则喝红酒，红酒应与室温相同，且不可强邀宾客"干杯"，至于威士忌及白兰地等烈性酒，则多于饭后或饭前饮用。

4. 习俗禁忌

美国人非常看重别人对自己的印象。他们一致推崇那种受大家喜欢、具有吸引力的人。因此他们总是希望能同别人无拘无束地接触，并结识更多的朋友。美国人互相交往时，不喜欢服从别人，也不喜欢别人过分客气地恭维自己；他们不喜欢依赖别人，也不喜欢别人依赖他们；美国人从小便养成独立奋斗、不依赖父母的习惯；美国早期历史造就了他们善于在逆境中不气馁、认准目标孜孜以求的性格。他们认为，死要面子意味着一事无成，耽于幻想则意味着一无所有。他们钦佩的是那种精明强干的人。他们喜欢一切都自己动手，大小事情都能自己解决。多数美国人都懂得怎样使用机器、修理电器设备、油漆家具和粉刷墙壁。他们认为，做这些生活中的粗活理所当然，绝对无损体面。相反，那些书呆子、假绅士，健谈短行才会被人取笑；人们常说，美国人的性格是在激烈竞争的环境中形成的。生活在这样一个充满角逐的社会中，只有强者方能出头，只有打败所有的对手，才是成功者。

每种文化都有自己忌讳的话题。对许多美国人来说，年龄是个非常敏感的话题，特别是对年过三十的女人来说更是如此。在这个崇尚年轻的文化中，想到变老是很痛苦的。体重同样是最敏感的话题之一。在美国，长得瘦不是错，甚至会让人羡慕，但超重就让人极为难堪，是种罪过。同时，你绝对不要问别人的工资。但你完全可以问他们的工作头衔和职务。所以，不要对别人的爱情、婚姻和家庭情况提太多问题，直到你跟此人结成了朋友。

本章小结 \\\\

本章从遵守涉外礼仪规则的角度，详细介绍了涉外礼仪的原则、禁忌和主要国家的礼仪风俗。主要从社交礼仪、服饰礼仪、餐饮礼仪和习俗禁忌四个角度来介绍八个主要国家的礼仪风俗概况，包括日本、新加坡、马来西亚、泰国、澳大利亚、法国、俄罗斯和美国。

案例思考 \\\\

麦克具有丰富的产品知识，对客户的需要也很了解。在拜访客户以前，麦克总是先掌握了客户的一些基本资料。麦克常常以打电话的方式先和客户约定拜访的时间。

今天是星期四，下午4：00刚过，麦克精神抖擞地走进办公室。他今年35岁，身高1.8米，深蓝色的西装上看不到一丝的皱褶，浑身上下充满朝气。从上午7：00开始，麦克便开始了一天的工作。麦克除了吃饭的时间，始终没有闲过。麦克下午5：30有一个约会。为了利用下午4：00至5：30这段时间，麦克便打电话，向客户约定拜访的时间，以便为下星期的推销拜访而做安排。

打完电话，麦克拿出数十张卡片，卡片上记载着客户的姓名、职业、地址、电话号码资料以及资料的来源。麦克选择客户的标准包括客户的年收入、职业、年龄、生活方式和嗜好。在拜访客户以前，麦克一定要先弄清楚客户的姓名。例如，想拜访某公司的执行副总裁，但不知道他的姓名，麦克会打电话到该公司，向总机人员或公关人员请教副总裁的姓名。知道了姓名以后，麦克才进行下一步的推销活动。

麦克拜访客户是有计划的。他把一天当中所要拜访的客户都选定在某一区域，这样可以减少来回奔波的时间。根据麦克的经验，利用 45 分钟的时间做拜访前的电话联系，即可在某一区域内选定足够的客户供一天拜访之用。麦克下一个要拜访的客户是国家制造公司董事长比尔·西佛。麦克正准备打电话给比尔先生，约定拜访的时间。

思考：

麦克在进行拜访活动中进行了哪些准备性工作？

本章习题 ///

一、判断题

1. 日本人平时见面时，通常施握手礼。 （ ）
2. 日本人认为衣着不整齐便意味着没有教养，或是不尊重交往对象。 （ ）
3. 泰国人见面时，在非相当西化的场合不握手，而是双手合十放在胸前。 （ ）
4. 在俄罗斯民间，已婚妇女必须戴头巾，并以白色的为主；未婚姑娘则不戴头巾，但常戴帽子。 （ ）

二、简答题

1. 涉外礼仪的原则包括哪些？
2. 涉外礼仪的禁忌包括哪些？
3. 日本的社交礼仪包括哪些？

本章实践 ///

结合一个涉外活动案例，具体分析该案例涉外礼仪习俗。

参 考 文 献

［1］金正昆．商务礼仪［M］．北京：北京大学出版社，2005.

［2］金正昆．商务礼仪教程［M］．5版．北京：中国人民大学出版社，2016.

［3］金正昆．现代商务礼仪［M］．2版．北京：中国人民大学出版社，2014.

［4］姜红，侯新冬，王妙．商务礼仪［M］．上海：复旦大学出版社，2009.

［5］陈玲．商务礼仪［M］．北京：清华大学出版社，2013.

［6］何洁，付锋莉，叶甜甜．商务礼仪［M］．杭州：浙江大学出版社，2016.

［7］汤秀莲．商务礼仪［M］．北京：清华大学出版社，2012.

［8］杨路．高端商务礼仪：56个细节决定商务成败［M］．北京：北京联合出版公司，2013.

［9］万里红．最实战商务礼仪［M］．北京：机械工业出版社，2012.

［10］马飞．现代商务礼仪规范手册［M］．北京：金城出版社，2013.

［11］金正昆．接待礼仪［M］．2版．北京：中国人民大学出版社，2015.

［12］李月华，周一萍．商务礼仪［M］．武汉：华中科技大学出版社，2012.

［13］张晋．商务礼仪［M］．2版．北京：化学工业出版社，2012.

［14］汤玉慈．你值得更优雅——高端商务礼仪［M］．上海：上海文化出版社，2013.

［15］吕彦云．国际商务礼仪［M］．北京：清华大学出版社，2012.

［16］马什．国际商务礼仪入门［M］．广州：中山大学出版社，2014.

［17］李媛媛．商务礼仪实训［M］．成都：西南财经大学出版社，2016.

［18］康娜．职场新人商务礼仪［M］．北京：北京大学出版社，2015.

［19］周思敏．你的礼仪价值百万之商务礼仪［M］．北京：北京高教音像出版社，2009.

［20］杜明汉．商务礼仪——理论、实务、案例、实训［M］．2版．北京：高等教育出版社，2010.

［21］杨丽．商务礼仪与职业形象［M］．大连：大连理工大学出版社，2008.

［22］赵立华，米锦欣，周佳．现代实用商务礼仪实训教程［M］．北京：北京交通大学出版社，2012.

［23］罗树宁．商务礼仪与实训［M］．2版．北京：化学工业出版社，2012.

［24］李歆．商务礼仪与职业形象塑造［M］．北京：电子工业出版社，2015.

［25］胡爱娟，陆青霜．商务礼仪实训［M］．2 版．北京：首都经济贸易大学出版社，2014.

［26］于立新．国际商学礼仪实训［M］．2 版．北京：对外经济贸易大学出版社，2011.

［27］陈乾文．别说你懂职场礼仪［M］．北京：科学出版社，2010.

［28］杨静．形体礼仪实用教程［M］．北京：中国戏剧出版社，2013.

［29］纪亚飞．优雅得体中西餐礼仪［M］．北京：中国纺织出版社，2014.

［30］翟文明，夏志强．每天学点礼仪学［M］．北京：中国华侨出版社，2010.

［31］卢新华，康娜．社交礼仪［M］．2 版．北京：北京大学出版社，2012.

［32］文天行．我最想要的职场礼仪书［M］．北京：中国华侨出版社，2011.

［33］程起翊．职场礼仪与沟通［M］．北京：北京师范大学出版社，2010.

［34］［英］爱德华·西斯特，弗兰西斯卡·杨．10 天读懂现代礼仪［M］．梁雨晨，译．北京：科学出版社，2013.

［35］［美］谢东尔·艾伯利．我的第一本礼仪书［M］．彭晓忆，译．海口：南海出版社，2010.

［36］［日］西出博子．快乐职场礼仪：让别人从内心欣赏你［M］．胡晓丁，译．北京：中国友谊出版公司，2012.

［37］［美］罗蕾莱·博韦，卡拉·拉罗．餐桌上的礼仪故事［M］．牛哆啦，译．北京：机械工业出版社，2015.

［38］［美］里奇·费里德曼．别让不懂礼仪害了你［M］．刘小群，译．南京：江苏文艺出版社，2014.

［39］［美］玛格丽特·维萨．餐桌礼仪［M］．刘晓媛，译．北京：新星出版社，2007.

［40］［美］玛丽·默里博斯罗克．欧洲商务礼仪［M］．李东辉，译．北京：东方出版社，2009.